北京大学"双一流"建设成果
方李邦琴北京大学人文学科文库出版基金赞助

北京大学人文学科文库 | 北大中国语言学研究丛书

汉语语法史专题研究

Monographic Studies on the
Historical Grammar of Chinese

杨荣祥 著

北京大学出版社
PEKING UNIVERSITY PRESS

图书在版编目(CIP)数据

汉语语法史专题研究 / 杨荣祥著. —— 北京:北京大学出版社,2025.6.
(北京大学人文学科文库). ——ISBN 978-7-301-36299-0

Ⅰ.H14-09

中国国家版本馆 CIP 数据核字第 20257P0D10 号

书　　名	汉语语法史专题研究 HANYU YUFASHI ZHUANTI YANJIU
著作责任者	杨荣祥　著
责任编辑	赵明秀
标准书号	ISBN 978-7-301-36299-0
出版发行	北京大学出版社
地　　址	北京市海淀区成府路 205 号　100871
网　　址	http://www.pup.cn　　新浪微博:@北京大学出版社
电子邮箱	zpup@pup.cn
电　　话	邮购部 010-62752015　发行部 010-62750672　编辑部 010-62752028
印刷者	北京中科印刷有限公司
经销者	新华书店 650 毫米×980 毫米　16 开本　21.5 印张　376 千字 2025 年 6 月第 1 版　2025 年 6 月第 1 次印刷
定　　价	82.00 元

未经许可,不得以任何方式复制或抄袭本书之部分或全部内容。
版权所有,侵权必究
举报电话:010-62752024　电子邮箱:fd@pup.cn
图书如有印装质量问题,请与出版部联系,电话:010-62756370

总 序

袁行霈

人文学科是北京大学的传统优势学科。早在京师大学堂建立之初，就设立了经学科、文学科，预科学生必须在五种外语中选修一种。京师大学堂于1912年改为现名，1917年，蔡元培先生出任北京大学校长，他"循思想自由原则，取兼容并包主义"，促进了思想解放和学术繁荣。1921年北大成立了四个全校性的研究所，下设自然科学、社会科学、国学和外国文学四门，人文学科仍然居于重要地位，广受社会的关注。这个传统一直沿袭下来，中华人民共和国成立后，1952年北京大学与清华大学、燕京大学三校的文、理科合并为现在的北京大学，大师云集，人文荟萃，成果斐然。改革开放后，北京大学的历史翻开了新的一页。

近十几年来，人文学科在学科建设、人才培养、师资队伍建设、教学科研等各方面改善了条件，取得了显著成绩。北大的人文学科门类齐全，在国内整体上居于优势地位，在世界上也占有引人瞩目的地位，相继出版了《中华文明史》《世界文明史》《世界现代化历程》《中国儒学史》《中国美学通史》《欧洲文学史》等高水平的著作，并主持了许多重大的考古项目，这些成果发挥着引领学术前进的作用。目前,北大还承担着《儒藏》《中华文明探源》《北京大学藏西汉竹书》的整理与研究工作,以及《新编新注十三经》等重要项目。

与此同时,我们也清醒地看到,北大人文学科整体的绝对优势正在减弱,有的学科只具备相对优势了;有的成果规模优势明显,高度优势还有待提升。北大出了许多成果,但还要出思想,要产生影响人类命运和前途的思想理论。我们距离理想的目标还有相当长的距离,需要人文学科的老师和同学们加倍努力。

我曾经说过:与自然科学或社会科学相比,人文学科的成果,难以直接转化为生产力,给社会带来财富,人们或以为无用。其实,人文学科力求揭示人生的意义和价值,塑造理想的人格,指点人生趋向完美的境地。它能丰富人的精神,美化人的心灵,提升人的品德,协调人和自然的关系以及人和人的关系,促使人把自己掌握的知识和技术用到造福于人类的正道上来,这是人文无用之大用!试想,如果我们的心灵中没有诗意,我们的记忆中没有历史,我们的思考中没有哲理,我们的生活将成为什么样子?国家的强盛与否,将来不仅要看经济实力、国防实力,也要看国民的精神世界是否丰富,活得充实不充实,愉快不愉快,自在不自在,美不美。

一个民族,如果从根本上丧失了对人文学科的热情,丧失了对人文精神的追求和坚守,这个民族就丧失了进步的精神源泉。文化是一个民族的标志,是一个民族的根,在经济全球化的大趋势中,拥有几千年文化传统的中华民族,必须自觉维护自己的根,并以开放的态度吸取世界上其他民族的优秀文化,以跟上世界的潮流。站在这样的高度看待人文学科,我们深感责任之重大与紧迫。

北大人文学科的老师们蕴藏着巨大的潜力和创造性。我相信,只要使老师们的潜力充分发挥出来,北大人文学科便能克服种种障碍,在国内外开辟出一片新天地。

人文学科的研究主要是著书立说,以个体撰写著作为一大特点。除了需要协同研究的集体大项目外,我们还希望为教师独立探索,撰写、出版专著搭建平台,形成既具个体思想,又汇聚集体智慧的系列研究成果。为此,北京大学人文学部决定编辑出版"北京大学人文学科文库",旨在汇集新时代北大人文学科的优秀成果，弘扬北大人文学科的学术传统，展示北大人文学科的整体实力和研究特色，为推动北大世界一流大学建设、促进人文学术发展做出贡献。

我们需要努力营造宽松的学术环境、浓厚的研究气氛。既要提倡教师根据国家的需要选择研究课题，集中人力物力进行研究，也鼓励教师按照自己的兴趣自由地选择课题。鼓励自由选题是"北京大学人文学科文库"的一个特点。

我们不可满足于泛泛的议论，也不可追求热闹，而应沉潜下来，认真钻研，将切实的成果贡献给社会。学术质量是"北京大学人文学科文库"的一大追求。文库的撰稿者会力求通过自己潜心研究、多年积累而成的优秀成果，来展示自己的学术水平。

我们要保持优良的学风，进一步突出北大的个性与特色。北大人要有大志气、大眼光、大手笔、大格局、大气象，做一些符合北大地位的事，做一些开风气之先的事。北大不能随波逐流，不能甘于平庸，不能跟在别人后面小打小闹。北大的学者要有与北大相称的气质、气节、气派、气势、气宇、气度、气韵和气象。北大的学者要致力于弘扬民族精神和时代精神，以提升国民的人文素质为己任。而承担这样的使命，首先要有谦逊的态度，向人民群众学习，向兄弟院校学习。切不可妄自尊大，目空一切。这也是"北京大学人文学科文库"力求展现的北大的人文素质。

这个文库目前有以下17套丛书：

"北大中国文学研究丛书"

"北大中国语言学研究丛书"

"北大比较文学与世界文学研究丛书"

"北大中国史研究丛书"

"北大世界史研究丛书"

"北大考古学研究丛书"

"北大马克思主义哲学研究丛书"

"北大中国哲学研究丛书"

"北大外国哲学研究丛书"

"北大东方文学研究丛书"
"北大欧美文学研究丛书"
"北大外国语言学研究丛书"
"北大艺术学研究丛书"
"北大对外汉语研究丛书"
"北大古典学研究丛书"
"北大人文学古今融通研究丛书"
"北大人文跨学科研究丛书"

这17套丛书仅收入学术新作,涵盖了北大人文学科的多个领域,它们的推出有利于读者整体了解当下北大人文学者的科研动态、学术实力和研究特色。这一文库将持续编辑出版,我们相信通过老中青学者的不断努力,其影响会越来越大,并将对北大人文学科的建设和北大创建世界一流大学起到积极作用,进而引起国际学术界的瞩目。

丛书序言

北京大学的中国语言学研究可以追溯到京师大学堂所设国文门，新文化运动时期的新旧两派人物胡适、钱玄同、刘复、黄侃等，同时也是语言学研究者。刘复《四声实验录》（1924）更是开中国实验语音学之先河。此后，罗常培、白涤洲、唐兰、何容、陆宗达、俞敏、李荣等学者先后在老北大任教。1952年院系调整后，北京大学中文系大师云集，如王力、袁家骅、魏建功、岑麒祥、杨伯峻、高名凯、周祖谟等名家，朱德熙、林焘等年轻一代也崭露头角，北大中文系成为全国语言学研究的重镇。20世纪70年代末改革开放后，王力、朱德熙、林焘等老一辈学者迎来语言学研究的高峰，唐作藩、郭锡良、曹先擢、裘锡圭、何九盈、蒋绍愚、石安石、贾彦德、徐通锵、叶蜚声、陈松岑、索振羽、吴竞存、王福堂、王理嘉、陆俭明、侯学超、符淮青、马真、苏培成等中年学者和沈炯、张双棣、李家浩、张联荣、宋绍年、张卫东、刘勋宁等青年学者也大放异彩，成为中国语言学界的中坚力量。从20世纪80年代末开始，恢复高考后培养的新一代语言学者逐步成熟，担负起北大中文系语言学教学科研的重任。本丛书即是北大中文系新一代语言学者的最新研究成果。

本丛书年龄最小的作者是20世纪80年代出生，不过多数作者是五六十年代出生。放入丛书的，是作者几年甚至十几年的研究心血。目前计划收入丛书的有18部专著，内容涉及汉语方言学、汉语语法史、汉语语音史、现代汉语语法、汉语语义和语用、语言学史、少数民族语言等不同方面，基本囊括了北大中文系语言学教研室、古代汉语教研室、现代汉语教研室和语音实验室的所有研究领域。随着研究的继续，还将有新的成果入选。

北大中文系的语言学研究者，其实成果并不算多，但却独具个性。这也许与老北大的学风有关。前人有云："北大的学风仿佛有点迂阔似的，有些明其道不计其功的气概，肯冒点险却并不想获益。""北大该走他自己的路，去做人家所不做的而不做人家所做的事。北大的学风宁可迂阔一点，不要太漂亮，太聪明。"朱德熙师也说，"以中国之大，在北大这样的学校里，让一部分愿意并且也习惯于坐冷板凳的人去钻研一些不急之务，是合理的，也是必要的"。学风大概是可以遗传的，当代北大的语言学者大抵也是如此。做研究，凭的是自己的兴趣和好奇心，绝无功利之想。这样的学风，在当今的环境下，有些不识时务。但是正是这种只顾耕耘、不问收获的境界，如小孩玩泥巴一般的乐趣，让北大中文系的语言学研究，多了一点为学术而学术的纯粹，少了一些为论文而论文的庸俗。

不过，既然付出了耕耘之苦，收获的思想之光也理应传之于世。北大要做的，应该是把那些冷板凳上的语言学者的成果尽入毂中，促成其发表出版，推动中国语言学的进步。这应该也是北大设立"北京大学人文学科文库"的初衷吧。

郭　锐　王洪君

2020年11月12日

目 录

第一章　绪论··· 1
　　第一节　研究现状·· 2
　　第二节　努力方向·· 20
　　第三节　奋斗目标·· 38

第二章　汉语词类历时演变专题研究·· 50
　　第一节　《马氏文通》的词类划分与汉语划分词类的观念变化········ 51
　　第二节　汉语史的词类划分··· 59
　　第三节　"类"与"类"结合关系的变化······································· 71
　　第四节　结语··· 74

第三章　上古汉语综合性动词专题研究··· 79
　　第一节　个案研究：对象自足动词"聚"的语义句法演变············· 80
　　第二节　从古文字字形看对象自足动词的句法表现······················ 89
　　第三节　个案研究：古汉语中"杀"的语义特征和功能特征········· 98
　　第四节　结果自足动词的语义句法特征······································· 110

第四章　词类活用问题专题研究·· 128
　　第一节　如何看待词类活用··· 128
　　第二节　上古汉语综合性动词的特点··· 132

第三节　词类活用与上古汉语综合性动词的关系……………… 138
　　第四节　余论………………………………………………………… 146

第五章　连动共宾结构历时演变专题研究………………………… **151**
　　第一节　上古汉语的连动共宾结构………………………………… 151
　　第二节　上古汉语连动共宾结构的衰落…………………………… 167
　　第三节　连动共宾结构与动结式的关系…………………………… 182

第六章　上古汉语连词"而"专题研究……………………………… **199**
　　第一节　"而"的基本功能：标记"两度陈述"…………………… 203
　　第二节　"名而动"结构的来源及其语法性质…………………… 224
　　第三节　"而"在上古汉语语法系统中的重要地位……………… 239

第七章　虚词历时演变专题研究……………………………………… **255**
　　第一节　上古汉语语气词"乎"的功能变化……………………… 256
　　第二节　处置介词的语法化………………………………………… 273
　　第三节　"者"的衰落与"底（的）"的产生…………………… 291
　　第四节　近代汉语副词"白"的释义与来源……………………… 305

后　　记……………………………………………………………………… **329**

第一章　绪论

汉语语法史属于历史语言学范畴的历史语法学，历史语法学的范围因为对"语法"（grammar）的理解不同而有所不同。广义的语法指的是一种语言结构关系的整个系统，包括形态、句法、语义和音系诸层面，狭义的语法指的是语言结构中的形态、句法层面。后者，国外语言学界又分为历史形态学（historical morphology）、历史句法学（historical syntax）。我们讲的汉语语法史大概同时包括这两个方面，如王力的《汉语史稿》（中册）就分为"历史形态学"和"历史句法学"两部分。其实，就汉语语法来说，涉及历史形态学的内容并不多，王力早在《中国语法理论》导言里就提到："西洋古代所谓语法，本包含三部分：（一）音韵学（phonology）；（二）形态学（morphology）；（三）造句法（syntax），后来音韵学的部分渐渐扩大，现在已经独立成为一种科学，于是现代普通所谓语法，就只剩有形态学和造句法两部分。所谓形态的部分，是叙述各词的屈折形式，例如英语'饮'字，因人称和时间的不同而有drink, drinks, drank, drunk, drinking的分别。所谓造句的部分，是叙述各词的任务和句子的结构方式，如词在句中的次序，事物关系的表现等。汉语没有屈折作用，于是形态的部分也可取消。由此看来，中国语法所论，就只有造句的部分了。"（王力，1944/1984：9）这就是说，我们研究汉语语法史，主要的内容就是历史句法学。

汉语语法的系统研究，严格地说是从《马氏文通》开始的，至今才一百二十多年，而汉语语法史的研究则是到20世纪三四十年代才真正开始的。1937年，王力在《清华学报》上发表了著名的论文《中国文法中的系词》，首次运用历史语言学的方法研究汉语语法问题的历时演变，拉开了汉语语法史研究的序幕。此后到40年代，吕叔湘发表了一系列的研究汉语历史语法的论文，同时，王力的《中国语法理论》也对现代汉语中的许多语法现象作了初步的溯源研究，吕叔湘的《中国文法要略》也涉及一些汉语语法历史演变的问题（主要是通过古今汉语的对比来看语法的发展）。但汉语语法史作为一个学科（或者说汉语研究的一个领域）的形成是在20世纪50年代后期，其标志是王力的《汉语史稿》（中册）的出版和日本汉学家太田辰夫的《中国语历史文法》的出版。这两部著作可谓汉语语法史研究的双璧。此后半个多世纪以来，汉语语法史的研究取得了非常可观的成就，挖掘出了许多值得注意的语言现象。我们有必要对已经取得的成就加以总结，同时也需要对许多重大问题作进一步的研究。

今后的汉语语法史研究，就基本内容来说，无非是将已有研究进一步深化，同时发现和解决新的问题，努力为现代汉语语法研究以及丰富普通语言学理论作出应有的贡献。但要在已有研究的基础上取得突破，则不仅需要发掘新的研究材料，还需要引进新的理论和研究方法，确定正确的研究观念，明确奋斗的目标并努力向目标逼近。

第一节　研究现状

汉语语法史的已有研究可以从研究对象和研究方法两个方面来回顾总结。半个多世纪以来，研究对象和研究方法都经历了很大的变化，近年来，研究对象多取纵向的历时研究，研究方法则是不断丰富，尤其是在借鉴国外语言学理论方面，不少学者进行了有益的探索，也取得了很多值得注意的成绩。

一、研究对象的取舍

汉语自有完整片段的文字（甲骨文）记载以来，已有三千多年的历史，理论上讲只要不是以当今口语语法为研究对象的汉语语法研究都可以归入汉语语法史的研究范围。这样说来，对汉语语法史研究对象的取舍就主要有三种形式：把不同时代的汉语当作同质的语言现象加以研究，这就是泛时语法研究；截取某一共时平面的语言进行研究，这就是共时语法（专书、断代语法）研究；区分不同时代的语言，对语法现象作纵向的描写分析，观察各种语法现象的发展演变，这就是历时语法研究。

1. 泛时语法研究

自《马氏文通》以后，各种文言语法的研究都可以视为泛时语法研究。这种研究的贡献主要是描写了古代汉语书面语的种种语法事实，构建了古代汉语书面语的基本语法体系。其中贡献最大者当然首推《马氏文通》。

（1）《马氏文通》以前的研究。在《马氏文通》之前，关于汉语语法只有一些零散的研究，主要是虚词研究，基本上只是依附于训诂学，研究方式也基本上是"某，某也"之类训诂式的。如东汉至唐宋注疏家注疏古文时对一些语法现象的零星解释〔这方面，孙良明的《古代汉语语法变化研究》作了很好的整理，又见孙良明《中国古代语法学探究》（增订本）〕，元代卢以纬的虚词著作《语助》〔成书于元泰定甲子年，1324年（与《中原音韵》同年）〕对一些文言虚词用法的解释和一些同义虚词的辨析。清代出了好几部虚词著作，有袁仁林的《虚字说》、刘淇的《助字辨略》、王引之的《经传释词》等。这些虚词著作可以分为两派，一是修辞派，主要讲文言虚词的表情达意的作用和如何正确运用文言虚词，如《语助》《虚字说》；一是训诂派，如《助字辨略》《经传释词》（何九盈，1985）。其中《助字辨略》略具一点历史的观点，表现在讲了一些中古、近代产生的虚词，有时也讲到某个文言虚词相当于后代的什么虚词，但很不成系统，还常有举例与释义不符的情况。

（2）《马氏文通》的成就。《马氏文通》是中国第一部系统研究汉语语法的著作，①对于汉语语法学的建立功不可没。王力《中国语言学史》指出："在当时的历史条件下，马建忠的著作算是杰出的。具体表现在：（1）马氏精通拉丁语和法语，他拿西洋语言来跟汉语比较，是全面而精到的……（2）马氏精通古代汉语，此书以古代汉语为对象，唯有像他那样对文言文能读能写的人，才有很好的条件对古代汉语进行深入的分析。（3）马氏在著作中有许多独到之处，《马氏文通》可以说是富于创造性的一部语法书。他开创中国语法学的功劳是很大的，正所谓'不废江河万古流'。照搬西洋语法的地方固然也不少，但不能因此抹杀此书的价值。"（王力，1981：175）《马氏文通》揭示了汉语的许多特点和结构规律，直到今天，无论是研究现代汉语语法、古代汉语语法还是汉语语法史，《马氏文通》都具有重要的参考价值。尤其是其重视材料，不回避问题，为后人研究汉语历史语法打下了很好的基础。《马氏文通》全书共举例句约7326个，"在王力之前，几乎没有第二个人像马建忠那样收集大量的原始材料，并对这些材料作出理论性的整理，构成自己独特的体系"（何九盈，2008：85）。但《马氏文通》取例上自史传诸子，下至《史记》《汉书》以及唐代韩愈文，把上下一千多年的汉语看成一个不变的同质的系统来研究，还没有明确的历史的观念，其研究当然只能归入泛时语法。

（3）《马氏文通》以后的研究。《马氏文通》以后研究文言语法的重要著作有陈承泽《国文法草创》，王力评价说："陈承泽的《国文法草创》是一部较好的语法理论著作。他对马建忠的讲法有许多修正，主要是做到词有定类，分别本用与活用。"（王力，1981：179）吕叔湘《重印〈国文法草创〉序》："陈承泽先生的《国文法草创》是《马氏文通》以后相当长的一个时期内最有意思的一部讲文言语法的书。"（陈承译，1982：3）杨树达《高等国文法》，举例丰富是该书的价值，就语法学来说，贡献不多，邢公畹评价说："如其说在文法方面，不如说在训诂方面——一种受了西洋文法学影响的新训诂学。"（何九盈，2008：117）

---

① 是"中国第一"，因为在此之前有西方人写过汉语语法著作，如［英］艾·约瑟（Joseph Edkins，上海广学会会员）《上海话文法》；［美］高第丕（T. P. Crawford）和中国人张儒珍《文学书官话》、［德］甲柏连孜（Gabelentz，又译为嘉贝兰、加贝伦兹）《汉文经纬》等（何九盈，1985）。

刘景农《汉语文言语法》，重在对比现代汉语，探讨文言文的语法特点，特别注重虚词和句式的关系。杨伯峻在20世纪50年代出版了《文言语法》，基本上是比附现代汉语语法，解释文言文的例子。1992年，杨伯峻和何乐士合作出版了《古汉语语法及其发展》，该书重点是讲古汉语语法，同时也讲一点发展，但算不上讲语法史。该书举例丰富（8000多例句，比《马氏文通》多），内容全面，古汉语语法的方方面面几乎都考虑到了，对认识古代汉语语法及其与后代的差异具有一定的参考价值。加拿大学者蒲立本（Edwin G. Pulleyblank）的《古汉语语法纲要》（*Outline of Classical Chinese Grammar*）是一部与国内学者研究风格不大一样的文言语法著作，该书以句型、语法结构、语法功能为线索，讨论文言文的语法特点，特别是对虚词（该书叫"小品词"）提出了许多独到的见解。此外还有很多文言虚词工具书以及多种古代汉语教科书中的语法知识部分，也体现了其对文言语法研究的成就。

2. 共时语法（专书、断代语法）研究

由中国人自己著述的汉语共时语法的开创之作当是黎锦熙的《新著国语文法》（如前所述，早在19世纪就有外国人出版汉语语法的著作），但黎著是讲现代汉语的。对清代以前的某一历史时期或某一部专书作语法研究的论著出现得比较晚，应该说是"历时语法"研究开始之后，人们认识到对古代某个时期的汉语语法作"共时"研究的重要性，才有了这种视角的研究。这方面的早期成果如管燮初的《殷虚（墟）甲骨刻辞的语法研究》、陈梦家的《殷虚（墟）卜辞综述》第三章"文法"关于甲骨文的语法研究。周法高的《中国古代语法》也可以归入共时语法研究——周法高先后出版了《称代编》《造句编上》《构词编》，计划中的《造句编下》和《虚词编》没有出版。根据作者的《自序》，其本意是要写一部六朝以前的汉语语法史，但实际上写的是一部"以春秋战国的文献为主"的先秦汉语语法。日本学者太田辰夫很早就作过专书和断代的语法研究。1964年（日本昭和三十九年）出版的《古典中国语文法》，就是《论语》《孟子》《檀弓》三书的专书语法研究，太田辰夫还撰写了《〈祖堂集〉语法概说》，"是笔者把1956年度和1981年度开特殊讲座课时发行的讲义合在一起，进行全面增补而写成的"（太田辰夫，1991：107）。主要内容是按词类揭示了《祖堂集》中能够反映晚唐五代时期语法特点的若干现象。《中国语史通考》中还收录了《〈老乞大〉的语言》《〈红楼梦〉的语言》《〈儿女英雄传〉的语言》，重点也是揭示若干重要的专书语法特点，不过比较简略。另外，《中国语史通考》收录的《中古语法概说》以词类为纲介绍了中古语法所特有的事项，另有《唐代文法试探》（最初发表于《亚洲言语研究》1953年5号）、《宋代语法试探》（最初发表于《神户外大论丛》1953年4-2.3合并号），但主要是根据若干虚词的用字判断唐代（指中唐到五代时期）、宋代可用作语法史研究的资料的可靠性。

大约从20世纪80年代起，断代语法和专书语法论著不断问世，下面仅列举若干正式出版的比较有影响的专著，另有许多专书语法研究的博士学位论文暂略。

断代语法研究如朱歧祥《殷墟卜辞句法论稿》、张玉金《甲骨卜辞语法研究》、管燮初《西周金文语法研究》、张玉金《西周汉语语法研究》、易孟醇《先秦语法》、李佐丰《上古汉语语法研究》、梅广《上古汉语语法纲要》、姚振武《上古汉语语法史》、志村良治《中国中世语法史研究》、柳士镇《魏晋南北朝历史语法研究》、赵克诚《近代汉语语法》、冯春田《近代汉语语法问题研究》和《近代汉语语法研究》、祝敏彻《近代汉语句法史稿》、俞光中和植田均《近代汉语语法研究》、崔山佳《近代汉语语法历史考察》、蒋绍愚和曹广顺《近代汉语语法史研究综述》、李崇兴等《元代汉语语法研究》、吴福祥《近代汉语语法》等。

专书语法研究如钱宗武《今文尚书语法研究》、管燮初《左传句法研究》、许世瑛《论语二十篇句法研究》、廖序东《楚辞语法研究》、魏德胜《〈睡虎地秦墓竹简〉语法研究》、何亚南《〈三国志〉和裴注句法专题研究》、詹秀惠《〈世说新语〉语法探究》、吴福祥《敦煌变文语法研究》、张美兰《〈祖堂集〉语法研究》、祝敏彻《〈朱子语类〉句法研究》、许仰民《〈金瓶梅词话〉语法研究》等。刘坚、江蓝生曾主编"汉语史专书语法研究丛书"，包括先秦十部专书和近代十部专书，2003年后陆续由河南大学出版社出版，但因各书体例不尽相同，水平也比较参差，在此不一一介绍。

还有许多断代或专书的语法专题研究，如沈培《殷墟甲骨卜辞语序研究》、杨逢彬《殷墟甲骨刻辞词类研究》、齐航福《殷墟甲骨文宾语语序研究》、潘玉坤《西周金文语序研究》、李佐丰《先秦汉语实词》、何乐士《〈左传〉虚词研究》、刘利《先秦汉语助动词研究》、潘秋平《上古汉语与格句式研究》、苏颖《上古汉语状语研究》、殷国光《〈吕氏春秋〉词类研究》、何乐士《〈史记〉语法特点研究》、刘世儒《魏晋南北朝量词研究》、董志翘和蔡镜浩《中古虚词语法例释》、段业辉《中古汉语助动词研究》、魏培泉《汉魏六朝称代词研究》、高育花《中古汉语副词研究》、葛佳才《东汉副词系统研究》、吕叔湘《近代汉语指代词》、帅志嵩《中古汉语"完成"语义范畴研究》、刘坚等《近代汉语虚词研究》、曹广顺《近代汉语助词》、孙锡信《近代汉语语气词》、马贝加《近代汉语介词》、卢烈红《〈古尊宿语要〉代词助词研究》、唐贤清《〈朱子语类〉副词研究》、杨荣祥《近代汉语副词研究》、刘子瑜《〈朱子语类〉述补结构研究》、钟兆华《近代汉语虚词研究》、香坂顺一《水浒词汇研究（虚词部分）》、杨永龙《〈朱子语类〉完成体研究》、傅惠钧《明清汉语疑问句研究》、崔山佳《近代汉语动词重叠专题研究》等。此外还有很多专书语法研究的博士学位论文和专书专题研究的单篇论文，涉及历代的多种语料，如《诗经》《左传》《国语》《战国策》《尚书》《论语》《孟子》《荀子》《韩非子》《晏子春秋》《吕氏春秋》等。秦汉以后的文献如《淮南子》、《史记》、《世说新语》、《齐民要术》、《颜氏家训》、敦煌变文、《祖堂集》、《三朝北盟汇编》、《朱子语类》、《张协状元》、元代白话碑、《老乞大》、《朴通事》、《水浒传》、《西游记》、《金瓶梅》、《红楼梦》、《儿女英雄传》等都有人作过研究。

3. 历时语法研究

古今汉语差别巨大，仅从感性认识出发，学者们也能判断从古至今汉语发生了巨大的变化，但要从历时演变的角度来研究汉语语法并不是有简单的感性认识就可以做到的。胡适早在《国语文法概论》（见《胡适学术文集·语言文字研究》，中华书局，1993年）中就指出，研究文法有三种必不可少的方法,其中之一就是"历史的研究法",并亲自实践写了《尔汝篇》和《吾我篇》,后有黎锦熙《三百篇之"之"》、丁声树《释否定词"弗""不"》,都运用了历史的研究法,但这些还算不上严格意义的历时语法研究,严格意义的历时语法研究应该是从王力开始的。

（1）王力关于系词的研究。文言文是从上古一直到"五四"时期的书面标准语,文言语法实际上是一种泛时语法,因为后代的文言文首先不是实际口语,其次,不同时期的文言文总是有一些差异。泛时的语言内部是不同质的,总结的语法规律自然很难具有概括性。要真正认识汉语语法的历史面貌,必须具有历史的观念,对汉语语法作历时的研究。1937年,王力在《清华学报》上发表《中国文法中的系词》,标志着历时语法研究的真正开始。此前有一些谈古今语法比较的论著,如刘复的《中国文法讲话》"其中文白兼讲,求其彼此合参而易于贯通也"（刘复,1932：1）;黎锦熙的《比较文法》通过比较古今汉语语法,突出古文法的八大要点和四大难点。但这都只是简单的古今比较,还算不上对语法现象发展演变的研究。《中国文法中的系词》真正体现了历史的观点、发展的观点,对系词"是"的来源、判断句的发展演变以及系词"是"的产生对整个汉语语法系统的影响作了全面的研究。

（2）王力《汉语史稿》（中册）和太田辰夫《中国语历史文法》。《汉语史稿》（中册）于1958年出版,是作者在北京大学授课讲义的基础上改写成书的。该书的出版,标志着汉语历史语法学正式形成。全书分两大部分："历史形态学"讲各个词类的发展演变,"历史句法学"讲构词法、不同词类在句子中的分布和功能、词序、各种句式等。20世纪80年代,王力又在此基础上扩写为《汉语语法史》。

几乎与《汉语史稿》（中册）出版同时,日本学者太田辰夫出版了《中国语历史文法》。这两部著作堪称20世纪汉语语法史研究的双璧,但各有特点。王力是从源探流,即探讨从古代到现代的发展演变;太田辰夫是据流溯源,即从现代汉语出发,追溯各种重要语法现象的来源。这两部著作都是汉语语法史研究的原创,使用的例句都是经过精心挑选的一手资料。太田辰夫的著作因为是从现代汉语出发,其溯源基本上止于中古,对上古、远古语法基本上没作讨论。

王力、太田辰夫之后，对汉语语法史进行全面研究的著作还有潘允中的《汉语语法史概要》、孙锡信的《汉语历史语法要略》，向熹的《简明汉语史》等。

（3）语法专题的历时演变研究。历时语法研究更多的成果是对一些语法专题进行的纵向的历史演变研究。如张赪《汉语介词词组词序的历史演变》、王建军《汉语存在句的历时研究》、梁银峰《汉语动补结构的产生与演变》、石锓《汉语形容词重叠形式的历史发展》、张赪《汉语语序的历史发展》、李小军《先秦至唐五代语气词的衍生与演变》、宋亚云《汉语作格动词的历史演变研究》、李明《汉语助动词的历史演变研究》、潘国英《汉语动词重叠的历史研究》、袁健惠《汉语受事话题句历史演变研究》、徐朝红《汉语连词语义演变研究》、周生亚《汉语词类史稿》、刘敏芝《汉语结构助词"的"的历史演变研究》等。

此外还要特别提到的是，吕叔湘从20世纪40年代开始，陆续发表了一批研究近代汉语语法的论文，这些论文从历史来源到发展演变，对近代汉语中的一些重要语法现象作了非常深入的研究（吕叔湘，1984）。吕叔湘虽然没有写出一部完整的汉语历史语法著作，但他在研究中表现出的对历史语法现象敏锐的观察力、对语言材料的选择、对语法演变规律的探讨以及研究中展现的方法论意义，对后来的汉语语法史研究具有积极而重大的影响。20世纪80年代开始，近代汉语语法成为汉语语法史研究的热点，发表了大量的论文，综合研究的专著也出版了不少（见前文），改变了此前汉语语法史研究重上古轻近代的局面。

需要说明的是，前面我们分为泛时语法、共时语法（专书、断代语法）和历时语法，只是一个大致的分类。其实，好的共时语法（专书、断代语法）研究，一定会涉及历时语法的分析，而历时语法研究，必有共时语法（专书、断代语法）作为基础；即使是泛时语法（主要是文言文语法）研究，也经常会进行古今语法的对比，自然也涉及了语法的演变。所有这些研究，都是前辈时贤为汉语语法史研究作出的贡献，也是我们今后进一步研究的基础。

二、研究方法和思路

随着研究范围的不断扩大，随着对语言事实的挖掘、描写不断深入，汉语语法史研究的方法和研究思路也在不断地改进。

1. 描写与解释

语法史的研究，不仅要对语法演变作准确的描写，更要对语法演变作出科学的解释，但解释是以准确的描写为基础的。早期的汉语语法史研究多侧重语言事实的描写，这是很正常的，但描写毕竟只能说出什么时候有什么，什么时候没什么，什么变成了什么，而为什么会如此，就需要解释。

20世纪80年代开始，随着各个时代语法事实描写研究的不断积累、深入，现代汉语语法研究取得显著进展，国外语法学理论被大量引进吸收，汉语语法史研究开始由注重描写转向描写与解释并重。梅祖麟（1981）提出："所谓解释，一则是要把需要解释的现象和其他的类似的现象连贯起来，二则是要说明以前没有的结构怎么会在那时期产生。"蒋绍愚指出："什么叫'解释'？照我的理解，'解释'包括以下几方面：（1）寻找各种语言现象产生和发展的原因……汉语史研究的任务，不仅要正确地描写出各种现象何时产生，如何发展，而且要说明它为何在此时产生，为何朝这种方向发展……（2）揭示语言发展的机制……（3）探求语言发展的规律。"（石毓智、李讷，2001：1）不同时期的语法有差别，这种差别是如何形成的？新的语法形式是怎么来的？为什么会出现这种新的语法形式？旧的语法形式为什么会消失？简单地说，就是要分析语法演变的原因，从而总结出语法演变的规律。实际上，高质量的描写总是伴随着解释的，如王力的《中国文法中的系词》就是既有描写也有解释，他的《汉语史稿》（中册）、《汉语语法史》都在进行出色描写的同时作了许多非常有见地而又合理的解释，如对词尾"儿""子"的来源、被动句的形成、处置式的形成的解释，今天看来仍然是很正确的。吕叔湘的系列论文也常有精彩的解释。太田辰夫的著作写得很简练，在追溯现代汉语各种语法现象的来源时，不能只一味地简单描写，往往也要对某些语法形式产生、发展的原因提出自己的看法。

20世纪80年代开始，有些学者开始有意识地立足于理论解释来分析汉语语法的演变，如梅祖麟《现代汉语完成貌句式和词尾的来源》，虽然结论容有不同看法，但明确指出解释的重要性和意义，对推动汉语语法史研究的深入是具有积极意义的。此后梅在多篇论文中提到了"解释"的重要性，并试图对语法演变的事实作出合理的解释，如《关于近代汉语指代词——读吕著〈近代汉语指代词〉》《北方方言中第一人称代词复数包括式和排除式对立的来源》《汉语方言里虚词"著"字三种用法的来源》《唐代、宋代共同语的语法和现代方言的语法》等文章（梅祖麟，2000）。

自觉而又扎实地在描写的基础上寻求理论解释的学者，应以朱德熙最为突出。朱德熙是研究现代汉语语法的大家，其最受人们推崇的就是能够把语言学理论和汉语的实际相结合。朱德熙晚年极力主张将现代汉语语法研究同古代汉语语法研究以及方言语法研究结合起来，并发表了对现代汉语语法研究和汉语语法史研究都产生深远影响的著名论文《自指和转指——汉语名词化标记"的、者、所、之"的语法功能和语义功能》。该文的基本观点是：语言中的两种基本形式是指称形式和陈述形式，指称形式在语法功能上对应体词性成分，陈述形式对应谓词性成分。指称和陈述可以互相转化，上古汉语中，这种转化往往使用形式标记。文章把句法成分提取的理论运用于汉语研究，指出在陈述转化为指称的过程中，名词化标记提取动词的相关名词性成分即为转指，名词化标记不提取相关名词性成分，只是标记谓词性成分转化为体词性成分而词汇意义不变，即为自指。文章证明"者"既有转指功能，也有自指功能；"所"只有转指功能，"N之V"的"之"也是表示自指。这项研究，很好地解释了上古汉语高频词"者、所、之"的基本功能，也从理论上阐明上古汉语中陈述向指称转化的基本性质，同时对于上古汉语词类活用问题的研究也具有重要意义。该文可以说在一个很高的层次上重新审视古今汉语的"名词化"问题，触及汉语的本质特点。朱德熙的另外两篇论文《汉语方言里的两种反复问句》《"V-neg-VO"与"VO-neg-V"两种反复问句在汉语方言里的分布》考察了汉语反复问句在现代汉语方言中的差异及其历史演变，在事实描写和理论解释相结合方面也是做得非常好的。

蒋绍愚《把字句略论——兼论功能扩展》《抽象原则和临摹原则在汉

语语法史中的体现》等文章也是力求对汉语史上的一些重要问题作出合理的解释；刘坚等《论诱发汉语词汇语法化的若干因素》、洪波《论汉语实词虚化的机制》、吴福祥《汉语伴随介词语法化的类型学研究》则力图对汉语虚词的形成过程及其演变作出解释。近年来，注重理论解释的语法史论文越来越多，这是一种很好的发展趋势。

描写有怎么描写的问题。好的描写需要研究者具有敏锐的观察能力、独到的眼光和审视问题的角度，否则很有价值的语言事实就有可能被视而不见。描写也与研究目标有关系，如果只是要了解一个语法现象演变的历史过程，那么只要将这个语法演变的事实描写清楚就行了；如果要把这种演变过程同整个语法系统的演变联系起来，就需要在描写的基础上说明为什么会发生这种演变，就必须把描写和解释结合起来。实际上，任何好的描写都离不开解释，而解释是绝对离不开描写的。

解释也有怎么解释的问题。首先解释有程度的问题。比如我们说表处置的"把"是在"把NP+VP"这个句法格式中由动词演变为介词的，这是描写；这种演变是因为"把"后的"NP"同时是"VP"的受事，这是解释。如果再问：为什么这种条件下"把"就会演变为介词呢？这就要作更高程度的解释。有人进一步证明，人类语言中，表"握持"义的动词很容易演变为表处置或工具的介词，这是更高程度的解释。但我们还可以再问：为什么人类语言会有这种现象？答曰：这是人类的一种认知规律。还可以再问：为什么有这种认知规律？……其次解释还有采用什么方法的问题：用事实证明还是作逻辑推理，是用内部事实证明还是用外部事实（方言、亲属语言、人类其他语言）证明，是单独解释一个事实还是从整个系统出发来进行解释等。

注重理论思考，在描写的基础上努力作出解释，这是汉语语法史研究的重大进步，但解释一定要以事实描写为基础，切忌为了附会某种理论而强作解释。蒋绍愚指出："不言而喻，解释必须是在正确的描写的基础上进行的。如果对语言事实还没有弄清楚，或者对语言事实的把握不准确，那么，解释就无从谈起；如果基础不牢靠，那么，在此基础上的'解释'只能是空中楼阁，再漂亮也没有实际价值。"（石毓智、李讷，2001：2）"如果近代汉语的语法研究永远停留在对语法现象的静态描写，停留在例证的收集、排比、分类、统计,那我们的研究就无法深入,水平就无法提高。当然,理论思考不能空对空,而必须要有扎扎实实的材料作基础,要和对语法现象的深入细致的描写结合起来。语言研究有两种途径:一种是从下到上,即从语言事实出发,一步一步地进行概括,最后总结出规律。一种是从上到下,即从别人已经总结出来的规律出发,来观察和分析语言事实。后一种途径也是需要的,只要不是生搬硬套,不是强使语言事实迁就理论,而是正确地在理论指导下观察和分析语言事实,这种途径能使我们对语言事实看得更清楚。但是,前一种途径更加重要,要真正能从汉语的研究中总结出一些规律来,从而使汉语研究对世界作出贡献,必须通过这种'从下到上'的途径。如果能一步一步地从下往上做,汉语语法研究就能逐步深入。而且,如果我们在汉语史的研究中加强理论思考,我们就能根据汉语史的事实对已有的语言理论作出检验、补充和修正"(蒋绍愚、曹广顺,2005:24—25)。

2. 静态与动态

静态的研究大体相当于前面讲到的共时语法研究,这种研究将研究对象限定在一定时期、一定数量的语料甚至一部专书之内,对语法事实作全面的描写,对多种或一种语法现象作穷尽性的统计分析。这种研究可以告诉我们什么时代有什么、没有什么,这对语法史的研究当然是必要的,但不能理出语法现象历史演变的线索,光这种研究还算不上语法史的研究。

过去一段时间,静态的研究比较受重视,特别是出现了大量的专书研究的成果,但就在这些专书语法研究中,我们可以看出,凡局限于纯静态研究的,成就都不是很高,有些文章(包括一些博士学位论文),仅仅就是套用一个语法框架,然后罗列出一堆数据,分出各种类别,排比若干例句就完了,这种研究不可能有高水平。静态研究并不是不能做出成绩,但需要研究者有眼光,尤其需要有整个语法史的背景,这样才能知道什么现象是值得去描写的。比如说,郭锡良(1989)、洪波(1991)和贝罗贝、吴福祥(2000)分别对先秦指示代词和疑问代词作了全面细致的描写,这是静态的研究,但作者心中既有远古汉语的语法体系,也有汉代以后直至近代汉语的语法体系,所以能够很好地揭示上古汉语指示代词和疑问代词的特点，从而为研究汉语指示代词、疑问代词的发展提供非常好的研究基础。又如吴福祥（1996），作者在对敦煌变文各种语法现象进行静态研究的同时，对一些重要问题都会上推中古以至上古，下探宋元甚至现代汉语，通过这种比较来观察、分析晚唐五代汉语的特点，这种以历史演变为背景的静态研究就可能将语法史的研究引向深入。

汉语语法史属于历史语言学的范畴，而历史语言学是研究语言演变的学科，所以动态的、历时的研究才是汉语语法史研究的根本任务。事实上，两部汉语语法史的开创性著作，王力《汉语史稿》（中册）、太田辰夫《中国语历史文法》，都是以动态研究为基本内容的。王著从上古讲到现代，可以说是从源讨流；太田辰夫从现代汉语出发，上溯各种语法现象的形成、发展过程，可以说是据流探源，都属于动态的研究。吕叔湘20世纪40年代的论文有静态研究的，也有动态研究的。在研究初期，动态的研究可能会受到种种局限，因为历时的动态研究需要有不同时代的共时的静态研究作基础，所以20世纪50年代王力和太田辰夫的动态研究在有些方面还只是粗线条的，近几十年，随着研究的进展，很多问题是可以作深入动态研究的。这方面也已经取得了很可观的成就，可参看蒋绍愚、曹广顺（2005）。比较有影响的如蒋绍愚（1999b）等一组研究汉语动补（述补）结构的论文，魏培泉（2000）、刘子瑜（2004）对动补结构的历时演变研究，曹广顺（1995）、吴福祥（1998）、杨永龙（2009）等关于动态助词"了"的来源及其演变的研究，唐钰明（1987、1988）对被动句的历时演变研究，张赪（2002）对介宾结构语序的历时演变研究，朱冠明（2019）关于近指代词"这"的来源研究等。

3. 形式与意义

20世纪50年代丁声树等发表《现代汉语语法讲话》，成功地运用结构主义语言学理论来研究汉语语法，虽然那个时候没有公开声明运用结构主义语言学理论，但在现代汉语语法学界中产生了很大的影响。朱德熙的现代汉语语法研究也充分地吸收了结构主义语言学的理论，取得了令世人瞩目的成就，如关于现代汉语形容词的研究（朱德熙，1956）和关于"的"的研究（朱德熙，1961）。在结构主义语言学的影响下，汉语语法研究由原来注重语义关系和逻辑的分析转为注重形式标准,一度形成一种普遍看法:"意义"在语法研究中是没有地位的。20世纪80年代后期,现代汉语语法学界提出"语法、语义、语用"三个平面相结合的观点,在语法研究中"语义"重新受到重视。但这次的重视语义分析与此前的偏重语义关系和逻辑的分析有本质的不同,它是在注重语法形式分析的基础上来分析句子的语义结构和各成分之间的语义关系,把语义和语法分作不同的层面来处理并求得互相验证,这显然是受到了国外认知语言学的影响。这一研究方法和研究思路在现代汉语语法研究中得到了较好的运用并取得了可观的成绩,很快被研究汉语语法史的学者所接受。

动结式(使成式)的研究,过去主要根据补语是不是不及物动词或形容词来判断一个结构形式是否属于动结式,这主要是从形式上区分的(根据充当补语成分的词类属性)。但研究者又发现,"动词+结果补语"的这种形式,其补语的语义指向(即补语跟施事、受事以及动词本身之间的语义关系)是不一样的,因此可以再分为几个小类,而这些不同小类的动补结构产生的时代和产生的途径都是不一样的。这样就使得动补结构的研究深入了一步。如蒋绍愚(1999b)、吴福祥(1999)、刘子瑜(2004)等。实际上,除了语义指向外,演变为结果补语的成分自身的语义特征也是很重要的,已经有不少学者注意到了这一点(杨荣祥,2005;胡敕瑞,2005;徐丹,2005;宋亚云,2007;等等)。

虚词的历时研究,过去都是说词义由实到虚,这好像也是作语义分析,但那只是一种笼统的印象,既不讲"虚"的标准,也不讲为什么会虚化。近年来,随着语法化理论的引入,学者用大量的事实证明,虚词的形成都有一个完整的语法化过程,在这个过程中,不仅句法位置起着关键性作用,源词的语义特征也起着重要作用,通常来说,只有具有某种语义特征,才可能发生某种方向的语法化。语法化理论认为,"语义相宜"(semantic suitability)是一个词汇成分发生语法化的先决条件之一(吴福祥,2020),实际上也是强调在考察语法化现象时,离不开语义分析。刘坚等(1995)讲诱发词汇语法化的若干因素中就有"词义变化"一条,杨荣祥(2001)探讨副词形成的规律,也证明语义是一个词由实到虚的基础,李宗江(1999)提出"相关义群"的概念,说的也是具有某种语义特征的实词可能或容易演变为某一种语义类型的虚词。动态助词的"意义"是非常"虚"的，但即便如此，语义分析在动态助词形成和发展的研究中仍能发挥作用。学者已经注意到动态助词是由补语演变来的，而这种演变既与原充当补语的动词的语义类别有关，又与其前面的动词的语义类别有关。如"却"作谓语动词时是"退却"义，作补语时义近"掉、消失"，这种意义就能很自然地向表示完成的动态助词演变。但这种演变的实现还与其前面的动词的语义类别有关："却"作补语最初只跟在能造成"去除""消失"的结果的动词后面，后来"却"前面的动词范围扩大，不限于这类意义的动词，"却"也就进一步虚化，"却"所表达的意义变成了一种抽象的完成（刘坚等，1992）。"了"也是这样。作为动词"了"表示"完结"义，这能很自然地发展为表完成义的动态助词，这是"了"自身发生演变的语义基础。作为动态助词，其形成也与其前面的动词的语义类别有关：出现在持续动词后面，往往表示这个动作过程的结束，这时"了"还比较多的保留完成动词的原义；如果出现在瞬间动词的后面，"了"就进一步虚化成了表完成的动态助词（吴福祥，1996）。"着"的形成则与其后面的宾语的语义类别有关：早期的"V着"后面只带处所名词（少数时间名词），这时的"着"是介词或补语。后来"V着"后面出现了指人或指物的宾语，"着"前面动词的类别也扩大了，这样"着"就演变成了动态助词（刘坚等，1992）。这些都说明，语法形式的发展演变与语义是有密切联系的，因此，语义分析在语法史研究中的作用应该受到重视，可惜这方面的研究成果还不是太多。

介宾结构的语序，过去大家都有一个总的印象：上古汉语一般位于VP之后，到近代汉语转向位于VP之前。但据张赪（2002），上古汉语位于VP之前者也有一定的比例，近代汉语位于VP之后者也有一定的比例，介宾结构由VP后向VP前转移，是一个漫长的过程，哪些先移，哪些后移，哪些不移，与介宾结构表示的意义有关，其中时间顺序原则起着很大的作用，时间顺序原则是汉语中一项非常重要的临摹原则，而这个原则从本质上讲是建立在语义分析的基础上的。

4. 系统观念

研究语法史必须有系统的观念，不能就某个局部的问题自说自话，这本是基本的要求，但这一点在以往的研究中并不是所有学者都能够很好地做到的。我们知道，王力在写作《汉语史稿》（中册）之前出版了《中国现代语法》《中国语法理论》《中国语法纲要》等著作，吕叔湘在写作语法史系列论文的同时出版了《中国文法要略》，太田辰夫的《中国语历史文法》分一、二两部，第一部是他采用的一套现代汉语语法系统。这就是说，这三位大家，在研究汉语语法史的时候，脑子里都有一个完整的语法系统，因此，他们研究各种语法现象的历史时，也能够从系统出发去观察分析问题，重视各种语法现象之间的相互关系，不孤立地看待个别现象。当然，我们要讲的系统观念还不仅仅是说胸中装一个现代汉语语法系统，而是要明白，不同时期，语法有不同的系统性，分析任何一个历史语法现象，都必须与这种语法现象所处的时代联系起来。比如有人说《尚书》里的"扑灭"是动结式，有人说《论语》中的"伤人乎？不问马"应该断句为"伤人乎不？问马"，有人把《韩非子》中的"画孰最难者？曰：犬马最难"中的"孰"看作"画"的宾语，这都是因为没有历史的观念、没有系统的观念。《孟子》"钧（均）是人也"，有人说"是"必须看作系词，理由是"是"前面有副词"钧（均）"，这更是没有系统的观念。因为存在这种现象，就有学者反复强调系统观念的重要性。如郭锡良（1990、1997、1998）就反复强调这一点，指出"要特别重视语言的系统性，把每个虚词都摆在一定时期的语言系统中去考察，一个虚词的各个语法意义、语法功能之间都是有联系的，自身形成一个系统，不要孤立地看问题，随文释义，把一个虚词的语法意义系统搞得支离破碎，强给它设立一些非固有的义项"（郭锡良，1997）。

一个时代的语法系统中有什么没有什么，是由整个系统决定的，任何一种语法形式的存在都不是取决于自身，即每一种形式的价值并不是由自身决定。索绪尔曾经以词的意义为例说"语言既是一个系统，它的各项要素都有连带关系，而且其中每项要素的价值都只是因为有其他各项要素同时存在的结果""我们只看到词能跟某个概念'交换'，即看到它具有某种意义，还不能确定它的价值；我们还必须把它跟类似的价值，跟其他可能与它相对立的词比较。我们要借助于在它之外的东西才能真正确定它的内容。词既是系统的一部分，就不仅具有一个意义，而且特别是具有一个价值""在同一种语言内部，所有表达相邻近的观念的词都是互相限制着的"（费尔迪南·德·索绪尔，1980：160—162）。词汇是如此，语法也是如此。当我们说某个时代有某种语法形式时，一定要能够从当时的整个语法系统出发得到解释。

5. 时间与地域

在汉语语音史研究中，人们早就认识到，时间的差异往往表现为地域的差异，即现代汉语各方言之间的差异往往反映了汉语语音的时代变异。语法演变应该是同样的道理，特别是近代汉语中的一些语法现象，不少都还保留在现代汉语不同的方言中，反过来，方言中的许多语法现象，看起来与普通话迥然不同，却可以在近代汉语中找到其来源。如何运用方言资料来研究汉语语法史？这个问题已经引起了学者们的注意。汉语自古就存在着方言分歧，而目前我们构建的语法史，基本上是"一线制"，即假定汉语语法从古至今是一条直线发展下来的，而现代汉语语法往往只依据普通话（全民共同语），这显然不符合汉语发展的实际情况。比如大西克也（1998）通过考察并列连词"及""与"在睡虎地秦简和包山楚简中的分布，证明并列连词秦简用"及"而楚简用"与"，应是两地方言语法特征的反映，不可能是时间、文章体裁、个人嗜好等其他因素所致。文章还提到，秦简语言往往与六国不同，前者有很多特殊的语法现象，比如最早使用反复问句、句末语气词用"殹"代"也"、疑问代词"何"作"何以"用、不使用"主之谓"结构等，这说明至少在战国时期，汉语语法就存在着方言差异。又如朱德熙（1985、1991）证明，汉语历史上出现的两种反复问句"VP不VP"和"KVP"在现代汉语方言中的分布明显不同，大概南方方言使用"KVP"，北方方言使用"VP不VP"，如果我们讲汉语语法史，简单地说一种形式保留下来，一种形式消失了，那是不符合事实的。再如六朝时期所谓"新兼语式"（或所谓"VOC"结构）大量使用，而这种形式到近代汉语后期就逐渐少见，有些文献中则根本没有，由此我们会得到这种形式到近代已经衰落的结论，但是，这种形式在现代的一些南方方言中还存在。

既然方言中往往还保留着语法史上不同时期出现过的种种语法形式，而且各方言又都是由共同语分化形成的，那么我们也可以像语音史研究（通过方言构拟古音）那样，通过方言语法来构拟古代语法的发展过程，研究方言语法与古代语法的对应关系。这种想法，学者们原则上都是赞同的，但具体如何研究，目前还做得很不够。梅祖麟（1994）提出了一些原则性的问题，但真正要利用方言资料来研究语法史，还有待今后的进一步努力。

6. 语言类型学的视野

分析研究一种语言的语法，重要工作是找出其特点。何谓特点，即只有该语言具有的东西。可是，我们怎么知道这些东西是只有该语言才具有呢？不去了解别的语言，不去和别的语言比较，怎么能够看出汉语的特点呢？

人类语言有许多共性，不同语言又各有自身的特点。个别语言的特点可以通过若干参数加以描写。不同语言，参数不同，因而形成各自的特点。在同一种语言中，不同时代参数会有变化，所以同一种语言不同时代也有不同的特点。

不同语言的演变也有许多共性，所以，汉语语法的历时演变，有些可以从别的语言中找到类似的演变方式和演变路径（Heine and Kuteva, 2002）。蒋绍愚、曹广顺（2005：503）指出："我们不仅需要将汉语的语法演变放在汉语史的框架内来观察，而且更应该将汉语的语法演变置于人类语言形态句法演变的变异范围内来观察；我们不仅要研究汉语语法演变的特性，而且更应该了解汉语的哪些语法演变是例示了人类语言形态句法演变的共性。"

如握持义动词演变为工具介词，这种演变在人类许多语言中都存在；工具介词演变为处置介词或宾语标记，同样也是人类许多语言中都有的演变现象。汉语历史上，"以、持、将、取、捉、把"都曾发生过类似的演变（郭浩瑜、杨荣祥，2017），现代汉语北方话里的"拿"，也正在发生类似的演变。再如靠近义动词语法化为表短时的时间副词，

"即""就"就先后在汉语史上发生了相似的演变。还有如张敏（2003）论证的上古汉语定语标记"之"来源于指示代词，在人类许多语言中都存在这种演变。近些年，语言类型学的理论在汉语语法史研究中大受欢迎，也有不少学者在这方面取得了一些可喜的成绩。如吴福祥（2003a）、张敏（2003）等。

汉语语法史研究中的类型学视野，不仅有利于开阔我们的研究思路，也有利于帮助我们验证对某些语法演变的分析的可靠性，更重要的是能够使我们真正认识到汉语语法历史演变的独特之处，真正认识汉语的特点。

第二节　努力方向

一、语言事实的进一步发掘

1. 语言材料的挖掘和描写

随着计算机技术的不断发展，现在我们研究语法史已经有了比前人便利得多的条件，历朝历代的大量的文献，我们可以利用计算机很快地找到我们所需要的例句和各种数据，这也是近年来专书语法穷尽性研究成果较多的一个重要原因。前文我们简单介绍了学界关于断代和专书语法研究的成果，但是，我们对不同时代的语法系统还远没有搞清楚。所以，今后我们还需要继续对不同时代的语言材料进行进一步挖掘和细致的描写分析。

不同时期的语言材料对汉语语法史研究的重要性是不言而喻的。但是如何充分地运用好语言材料，却并不是很容易的事情。

前面我们介绍已有研究状况时提到，从甲骨文金文、先秦文献到明清小说，历代的重要文献，研究者都已经注意到了，并且利用这些文献进行了专书语法或某些重要语法专题的研究。但是我们认为，重要的语言资料，并不是有人研究过了，就可以不再利用了。同一种语言资料，不同的研究者，研究视角不同，研究的理论方法不同，发现的问题就会不一样，得出的结论自然也会不同。比如上古汉语虚词，从元代卢以纬的《语助》开始，一直有人研究，但是王引之的《经传释词》照样可以有许多新的发现。再如《世说新语》、敦煌变文、《金瓶梅》等文献，很多人都将其作为语法史研究的资料钻研过，都会有各自独到的研究成果。所以，只要是对汉语语法史研究有价值的语言资料，我们都应该反复研究，努力发现其中对证明汉语语法演变有帮助的现象。

与此同时还有不少重要语料，更是需要有人作全面深入的研究。这包括：

先秦和秦汉时期的出土简帛资料。目前已有一些研究涉及这方面的资料（冯春田，1984、1987、1994；大西克也，1998、2002；魏德胜，2000；周守晋，2005；李明晓等，2011；张玉金，2011、2018；伊强，2017；张显成、李建平，2017；等等），但还研究得很不够。出土简帛文献，在古文字学界普遍分为秦系和楚系，这从书写样式上可以区别，二者在语法上有没有差异，有多大的差异？大西克也（1998、2002）有很好的探索，但类似深入的研究还很少。近些年不断有新的出土简帛文献被发现，这是我们研究汉语语法史需要充分利用的重要资料。

中古时期的一些重要语料如《论衡》、佛典、注疏。《论衡》向来受到语法史研究者的重视，语法史专著和许多论文都涉及这部文献，但至今没见到比较令人满意的对该书语法的全面研究。东汉六朝的佛典，近年倍受重视，但也还缺乏全面的研究。东汉六朝的注疏是反映汉语语法由上古到中古演变的重要材料，从孙良明（1994）的研究来看，许多语法演变的事实在这些注疏中都有反映，这份材料还大可利用。

唐诗宋词的语法研究。诗词语言有其特殊性，它不是研究语法的最佳资料，但是近代汉语中许多新兴的语法现象都是在诗词中萌芽的，比如许多量词、"把"字句。蒋绍愚（1990）分析了唐诗中一些重要语法现象，但至今没有对唐诗宋词的语法作全面调查分析的成果。

元明时期一些重要语料的语法研究。元代语料的特殊性在于汉语与蒙古语的直接而深入的接触，导致出现很多特殊的语法现象，这在元代白话碑、《元典章》、《孝经直解》、元曲等文献中都体现得很明显。余志鸿（1983、1987、1988b、1992、1999）、江蓝生（1998、1999a、2003）、祖生利（2000、2001、2002、2003a、2003b、2007）、李崇兴（2005）、李崇兴等（2009）等对元代汉语语法的一些特异现象作了很好的研究，但运用语言接触理论全面研究元代汉语语法，还有待我们对元代语料的进一步发掘。明代语料的特殊性一方面在于可资利用的口语资料多，特别是大量的白话小说，还有民歌、笔记野史、朝鲜人学习汉语的会话书等。另一方面，明代的资料显示南北方言差异明显。我们知道，从语音上看，明代存在南方官话和北方官话的差别，语法上南北方言存在哪些重要差别呢？这需要我们进一步收集语料加以探索。

　　清代的满汉合璧材料、外国传教士留下的汉语教科书（从明代开始就有）。许多学者主张近代汉语的下限划到清代初年，清初之后属于现代汉语，于是清代似乎就不属于汉语语法史的研究范围。这种看法是不对的。我们把汉语语法史分为不同时期，主要是为了研究的方便，是为了揭示不同阶段语法演变的重要特点，其实语法的演变是无时无刻不在发生的，即使在现代汉语阶段，语法也处在不断演变之中。清代的语法演变，以至现代的语法演变，都是汉语语法史关注的内容。清代的语言资料，因为很少有释读的障碍，所以过去不太被重视，近些年有学者注意到清代宫廷的许多档案材料和满汉合璧会话书，对研究北京话的形成有重要价值（张美兰、刘曼，2013；竹越孝、陈晓，2016；王继红等，2018；张俊阁，2020；等等），但还有大量的语言资料有待调查分析。清代另一种重要语料是国外传教士留下的汉语文献，包括对汉语通语和方言的记录、分析以及大量的通语、方言会话书和教科书，还有传教士独立或参与翻译的科技文献。

　　从甲骨文到现在，汉语有文字记录的没有间断的历史达三千多年，历朝历代留下的文献浩如烟海，而这些文献对于我们研究汉语语法史，其价值是不同的。总的来说，能够反映各个时代的真实语言面貌的材料是最有价值的。但是，由于历史上用汉字记录的材料，包括传世文献和出土文献，情况异常复杂，所以利用起来还需要做许多语料甄别的工作。太田辰夫提出要区分"同时资料"和"后时资料"，这已经成了研究汉语语法史的基本准则，但真正做到其实也不是很容易。比如近年来的出土文献，肯定没有经过后人改动，但是，是不是每件出土资料就确实是其埋入地下时的真实语言的记录呢？未必。黄德宽（2017）明确提出，"许多出土文献应属于太田辰夫所说的'后时资料'""新发现的战国秦汉简帛资料并不能简单地等同于'同时资料'"。至于传世文献，流传过程中可能存在增删改订，更是需要在使用时加以注意的。怎样判断一种材料是否反映某个时代的真实语言面貌，判断起来也是需要下功夫的。近年来，关于如何鉴别研究汉语语法史、词汇史语料的价值问题，学界非常关注，涉及口语与书面语、文言和白话等概念，还有语体问题（不同语体存在语法特点的差异）。这个问题比较复杂，可参阅谢·叶·雅洪托夫（1986）、冯胜利（2010）、胡敕瑞（2013）、徐时仪（2015）、蒋绍愚（2019a、2019b）等。

2. 重要专题的历时的纵向研究

历时演变是语法史研究的根本任务，共时的研究只能说是为历时的研究作准备和打基础。目前虽然重要的专题历时研究已经有不少成果，但今后努力的主要方向应该还是在这个方面。

比如动补结构的历时研究，最近几十年，发表的论文数以百计（包括博士学位论文），还有一些专著，但还有很多问题有待深入。"动补结构"是汉语语法研究特设的一类短语，"补语"是汉语特设的一类语法成分，与西方一般的语法理论讲的"补语"（complement）、"补足语"（complementation）不是一回事，更不同于生成语法的"补语"（R.R.K.哈特曼、F.C.斯托克，1981；戴维·克里斯特尔，2000）。汉语语法研究中的"补语"是指在述谓性结构中对前面的谓词进行补充说明的成分，"补语只能是谓词性成分，不能是体词性成分""补语的作用在于说明动作的结果或状态"（朱德熙，1982：125）。经过众多学者的研究，现在一般认为动补结构是中古时期才形成的，但是其形成过程，判断标准，还存在不同看法。另外，动补结构有不带"得"的和带"得"的，很多学者还认为有连用式和隔开式两种形式，补语有表结果的、表趋向的、表动态的、表能性的等，产生的时代各不相同，来源也不一样。这些不同类型的动补结构究竟什么时候产生，怎样产生，怎样发展，彼此之间怎样相互影响，都是需要深入研究的问题。就其中的动结式来说，也有不少值得进一步深入研究的问题：动结式是由连动式演变而来的，其演变过程究竟如何？动结式有（Vt+Vi）和（Vi+Vi）两类，这两者是如何产生、如何发展的？动结式的结果补语的语义指向有各种区别，它们有什么不同的产生和发展过程？结果补语和动态补语如何区分？动补结构有带宾语和不带宾语的区别，宾语位置也有所不同，这和动补结构的发展有什么关系？各类述补结构中，述语和补语通常由哪些动词或形容词充当？这和这些动词或形容词的语义特征有什么关系？各个动补短语的使用频率有所不同，这和动补结构的发展和动补短语的词化有什么关系？所有这些，都必须通过历史的、动态的研究加以解决。

句子的述语部分有界化的历史研究。这个问题还没有人正面作过研究，但这是汉语语法演变的一个很重要的问题。我们知道，现代汉语一个独立的句子，述语部分一般具有"有界"特点，可是上古汉语并非如此，至少在句法形式上没有这种表现，那么从什么时候开始汉语句子的述语部分要求使用有界化的形式标志呢？现代汉语的各种完句要求在历史上是如何形成和发展的呢？

受事主语句也是关系汉语语法演变全局的一个大问题，远古汉语有没有受事主语句，没见到明确的研究（甲骨文多"兹用"之类的句子），上古汉语显然存在着大量的受事主语句，越往后，受事主语句的类型似乎越多，使用的频率似乎也越来越高。受事主语句经历了什么样的发展过程，它对汉语语法体系产生了什么样的影响？它和被动句的发展有什么关系？袁健惠（2015）对受事成分前置充当话题的现象的历史演变进行了详细的描写分析，但到底是哪些因素制约受事前置，受事充当主语与整个汉语语法系统的演变有哪些关系？受事充当主语是汉语"SOV"语序特征的表现吗？还有很多问题值得进一步研究。

再如汉语的语气词体系，甲骨文时代到底有没有语气词还存在不同看法，即便说有（执、抑），但到先秦就消失了，而先秦的一套语气词是怎么产生的呢？先秦的一套语气词到中古逐渐衰亡，近代兴起的一套语气词又似乎与先秦的一套语气词没有继承关系，整个语气词体系的发展到底经历了一个什么样的过程？新的语气词是怎样产生的？新旧语气词之间有什么样的关系？

即使是以前作过很多研究的专题，也还需要作更进一步的纵向研究。

如"把/将"字句，研究的成果很多，但分歧也很多。"把"字句和"将"字句的形成过程是一样的吗？现代汉语"把"字句的特点很难作出准确的归纳，这很可能与"把"字句在不同时期演化出不同的特点有关，特别是近代汉语时期，"把"字句的用法十分复杂，不能简单地用表"处置""提宾"几个特点来概括，那么它的各种不同的功能是怎么形成的？又如上古汉语副词与近代汉语副词的整体面貌有显著的不同，上古汉语副词、中古汉语副词、近代汉语副词都有人作过专门研究，但常用副词的历时替换关系究竟如何？为什么会发生这种替换？都需要进一步研究。

语法史的根本任务是进行历时演变的研究，这种研究应该先从一个一个专题开始，只有把若干个重要专题的历时演变研究得深入了，我们才能看出汉语语法历史发展的大趋势，逐步总结出汉语语法演变的规律。同时，纵向的专题研究也能为断代、专书的共时描写提供帮助，因为不把一些重要问题的历时演变搞清楚，对语法演变的事实了解甚少，是很难作出有价值的共时描写来的。共时描写中，描写什么、怎么描写，与我们对历时演变事实的了解程度有密切的关系。当然，二者是相辅相成的：共时描写的基础工作做得越好，纵向的历时研究就会越深入，反过来，历时研究做得越深入，共时描写就会越准确，越能把握各个时期语法的要点。

3. 多种相关问题的综合研究

相关问题的综合研究包括两个方面，一是将共时系统中相关语法现象联系起来进行研究，一是将历时的相关语法现象联系起来进行研究。

研究语法的人都知道语法是一个系统，也都强调或认为自己的研究是从系统出发的。什么叫系统？系统是若干成员按照一定的规则联系在一起且相互之间具有种种依存关系的体系，它至少包括两个方面，一是由若干成员组成，二是成员之间具有种种关系，这种关系确定每一成员在系统中的位置和价值。根据这个理解，任何一种语法现象的产生、发展或消失都不是一个简单的事件。一种新的语法现象的产生，首先它必须是系统所容许存在的，即能为系统所接纳；其次，它的出现，必然要与系统中的其他成员发生种种相互制约、相互依存的关系。一种语法现象的消失，首先一定是它在系统中失去了存在的价值；其次是它的消失不会破坏系统的完整性；最后是它与其他成员之间的种种关系也就自动解除。我们在观察一个共时系统中的某个语法现象时，往往需要与别的语法现象联系起来进行分析，这样才能真正看清该语法现象的特点以及该语法现象发生发展的系统环境，从而保证研究的深入。如"把"字句产生于唐代，早期这种句式的述语部分可以是单个的动词，但很快它的述语部分就要求是非单个动词了，这是近代汉语处置式的一大特点，上古的"以"字句没有这样的要求，中古产生的"将"字句也没有这样的要求，这是为什么？学者已经注意到这与汉语动补结构的发展有很大的关系（有人说动补结构的产生导致了处置式的产生，这显然不符合汉语的事实），除此之外，可能还与近代开始，汉语句子的述语要求有界化有关，与汉语句子焦点表达的方式有关，也与介宾结构的语序演变有关。再如上古汉语语气词"也"是一个使用频率非常高的虚词，为什么上古一出现就成了一个高频词？那是因为远古汉语只有极少的名词谓语句，而上古汉语大量使用名词谓语句，"也"就是用来加强判断、肯定语气的语气词，可见，上古汉语语气词"也"的大量使用与汉语名词谓语句的发展有密切的关系。进入中古，"也"逐渐衰落，中古、近代汉语中"也"作为语气词虽然还继续使用，但功能已经发生了变化，这又是为什么？这是因为到了中古，使用判断词的判断句已经发展成熟并普遍使用，判断句无须再用句尾语气词"也"来帮助表示判断。可见，语气词"也"的衰落与汉语系词的发展有密切的关系。再如介宾结构的语序变化，与方位词的产生有密切关系，与动补结构的产生也有一定的关系，也就是说，中古开始，介宾结构由VP后向VP前移动，与这个时期方位词的产生和普遍使用、动补结构的形成和发展等语法现象具有一定的依存关系。

  不同时期的相关语法现象之间也可以联系起来进行综合的研究，而且这种研究对认识语法史的变化与承继关系非常有意义。我们相信，一种旧有语法形式消失，它的功能一定有相应的继承者，继承者可能是一种语法形式，也可能是多种语法形式；反过来，一种新的语法形式的产生，也不会是突然冒出来的，它一定具有或包含原有语法系统中某一种语法形式的功能。我们不相信从甲骨文时代的远古汉语到现代汉语的三千多年间，汉语语法有什么"进化"的表现（或者说我们不相信从古至今汉语语法有什么不断"精密化"的变化）。语言一经产生就是一个完备的系统，没有任何一个民族、任何一个时代的语言是不能实现其用于思维和交际的任务的。正是因为不同民族、不同时代的语言都具有完备的系统性，它们之间才可以互相对译和解释，虽然这种对译和解释可能不是绝对等价的。基于语言发展观，我们认为任何时代的任何一种语法形式，都可以在别的时代找到其相关形式。比如过去讲"处置式"，认为是中古才产生的，先有"将"字句，唐代产生"把"字句，那么这种处置式表达的意义在上古汉语中有没有相应的表达形式呢？后来有人证明，上古汉语有一种"以"字句就有表达处置的功能，这样我们就可以把狭义处置式的产生和发展与上古汉语的"以"字句联系起来加以研究，弄清这两种句式之间的渊源关系（蒋绍愚，2005）。再如表完成的事态助词"了$_2$"的产生，是与完成貌句式联系在一起的，事态助词"了$_2$"是由动词"了"虚化成的，这没问题，但何以宋代就会产生"VO了"这种句式呢？其实，表示完成事态意义的句式先秦两汉就有，只不过句尾出现的不是助词，也不是动词"了"，而是动词"已"。这就是说，事态助词"了$_2$"的产生以及宋代的"VO了"完成貌句式与先秦两汉的完成貌句式"VO已"有联系，其间还出现过与"已"意义相近的"毕、讫、竟"等。把先秦两汉的完成貌句式和宋代的完成貌句式联系起来进行研究，就可证明，不仅后者是前者的继承，就是事态助词"了$_2$"也不是无源之水。再如比较句，现代汉语"X比Y+Z"这种形式产生于中古，要探讨它的来源和特点，就需要联系上古汉语的"X+Z于Y"句式以及用"比""如"的平比句，还要联系介宾结构的语序变化。

在将不同时期的多种语法形式联系起来作综合研究时，我们应该充分考虑和分析新旧语法形式之间的关系：是新旧形式的替换或取代——如词汇替换？还是部分转让或接收？还是新旧之间并无联系——新形式有自己完全独立的来源？

4. 各个时代的词类系统以及划分词类的标准

词类划分是汉语语法研究中的一个大难点，虽然较早全面研究汉语语法的著作如德国人甲柏连孜《汉文经纬》就把汉语实词分为九类，《马氏文通》借鉴印欧语的词类体系将文言文的词类分为九类，但到20世纪50年代，却又发生了汉语有无词类的争论，以高名凯为代表的一方坚持认为汉语无词类，20世纪90年代，徐通锵（1994）又提出印欧语中词类与句子成分是一对一的，因而有划分词类的必要，汉语既然是一对多的，就意味着根本没有词类。为什么会有人对汉语有无词类提出疑问？关键问题在于汉语缺乏形态。细说起来，郭锐（2002）提出五点：词无形式标记和形态变化；现代汉语中不同历史层次的成分混杂，使词的语法功能和句法规则复杂化；词的多功能现象普遍存在，使得在缺乏形态的情况下要利用语法功能划分词类更加困难；词的切分困难；句法结构的语法关系判定困难。

绝大多数学者都承认汉语有词类，但因划分词类的标准以及具体操作程序不同，不同的人分出的类有所不同（郭锐，2002）。分类不仅有标准问题，同时也有依据的问题。标准指鉴别一个对象属于哪一类所需满足的条件，是可以观察到的、便于操作的东西；依据指分类的内在基础，即类的本质，可以是不能直接观察到的东西。还有分类的目的问题，是为了实用的目的（比如为了讲语法的方便）还是为了揭示事物的本质规律。实际上，揭示了词类的本质规律，必然有利于语法研究。

自来研究文言语法或汉语语法史的人在讲到词类时，基本上都是比照现代汉语所分的类，而现代汉语的词类，大体上就是在《马氏文通》所分的九类基础上所作调整的类。我们现在要提出的问题是，不同时代的词类是不是一样的？采用什么方式和标准对不同时代的词类进行划分？我们现在比照现代汉语对各个时代词类的看法是不是能够满足于语法史的研究？

我的初步看法是：一，不同时代，词类有变化，表现在类别的多少不同，大类下的次类不同；二，和现代汉语对应的类，不同时代其功能可能并不完全一样。比如现代汉语状态形容词和性质形容词的功能是很不一样的，上古汉语有这种差别吗？现代汉语的普通名词和处所词的差别是明显的（朱德熙、郭锐都分为不同的类），上古汉语能分为不同的类吗？现代汉语的及物动词和不及物动词也是比较容易分清的，上古汉语也能分清吗？或者也能用类似的标准区分吗？再如，现代汉语的普通名词通常是不能直接作状语的，但是上古汉语可以。详见本书第二章。

所以，建立不同时代的词类系统并描写分析汉语词类系统的发展演变是我们今后必须努力去做的一项工作。

二、方法和视野

今后的研究工作，在研究方法和研究视野方面也有许多需要改进的地方。

1. 历时语法与方言语法相结合

前面曾经讲到，讲汉语语音史会很自然地联系到现代方言，而且还出现了不少研究古代方音的论著，但研究语法史，目前在与方言语法结合方面还做得很不够。

蒋绍愚、曹广顺（2005：17）指出："近代汉语语法研究和现代汉语方言语法研究的结合确实是大有可为的。它能开拓近代汉语语法研究的视野，解决一些单凭近代汉语语料所无法解决的问题。这种研究目前还不很多，但是是一个值得提倡的研究方向。"

以往的语法史研究，基本上是把不同时代的现象作为一条直线串联起来，这就给人一种错觉：历史上汉语语法是没有方言分歧的，这显然不符合汉语的实际。吕叔湘（1984：1）早就看出这种研究路子的问题，指出："在语言发展的过程中起作用的不但有时间因素，也还有地域的因素，应该先就每一种材料作一番分析，然后才能进行综合。"

梅祖麟（1994）指出，历史语法和方言语法结合在一起研究，也是早晚要走的一条路。

历时语法与方言语法结合，应该包括两个方面的内容。一是与现代方言语法结合起来，考察各种方言语法的历史来源或历史上的语法现象在现代方言中的保留、使用情况，并说明一种语法现象何以在别的方言或全民通语中消失而在该方言中保留下来。一是对历史语法现象本身进行方言的分辨，考察各种语法现象是否具有方言性质，具有何种方言性质，或者某种语法现象是从什么方言中开始兴起的。这有利于我们准确地分析一种语法现象的产生、发展过程。如梅祖麟（1980）通过对"动＋了＋宾"格式在唐宋文献中分布差异的考察，发现早期的"动＋宾＋了"12世纪初在汴京、燕京一带已经变成"动＋了＋宾"，进而推测"动＋宾＋了"到

"动+了+宾"这个词序的变化发生在汴京、燕京为中心的中原及华北，渐渐传播到江南。这个结论是否可靠还可以再讨论，但这种观察问题的方法是值得充分肯定的。又如曹广顺（1990）考察"动+将"格式从南北朝到宋代的变化，发现晚唐到宋"动+将"结构的发展北方较南方为慢，这一发展差异甚至可能直接影响到现代。

汉语自古就有方言分歧，如果我们今后仍然只用单线发展的观点来研究汉语语法史，是很难了解其全貌的。

2. 汉语自身的发展与外族语言的影响

语言的接触是导致语言变异的重要因素，在语言接触中，引起变化最大的是词汇，其次是语音，但语法也会受到一定的影响。远古、上古汉语是否受到过外族语言的影响，现在还没有很充足的证据，但东汉佛教的传入，梵文对汉语的影响是很明显的，这方面，学者们在词汇史方面做出了卓有成效的研究，语法方面也已经引起了学者们的注意。晋朝"五胡乱华"，随后南北分裂，北方为少数民族所统治，异族语言也应该多少对汉语产生影响，但至今没有切实的研究报告。五代十国时期，北方少数民族更是和中原汉族杂居，异族语言的接触，对汉语的影响也是可想而知的。南宋时期北方由金人统治，随后是元代蒙古人入主中原，清代由满族统治全国；此外还有中国南方从上古开始就和非汉族有密切的接触，而且一直延续到现代。这么频繁地与异族语言接触，不可能对汉语语法不产生一点影响。

目前梵文对汉语语法的影响仅有少数研究提到，还很不深入。比如"NP1（，）NP2是"这种句式，早先多以为是近代汉语中才有的，甚至有人认为这是受北方阿尔泰语影响产生的，其实不然。多位学者已经注意到翻译佛典中该句式已经很常见，很可能是受了梵文一种强调表达的影响而形成的（龙国富，2010）。再如佛典中表实现态的句子后面常用"已"，蒋绍愚（2001）指出，"已"对应于梵文的绝对分词，它已不同于早期汉语固有的"已"只能用在持续动词之后表示动作行为的"完结"，而是可以用在非持续动词之后表示动作行为的完成（实现），后一种功能显然是受了梵文的影响。不仅如此，"已"表完成（实现）的功能，对后来表实现的"了₂"的产生又产生了影响（蒋绍愚，2007）。

蒙古语对汉语的影响，近来比较受到重视，前面我们提到了余志鸿、江蓝生、祖生利、李崇兴等人的研究成果，其中祖生利对"蒙式汉语"进行了专门的研究。元代不少文献中都可以见到受蒙古语影响的语法现象，典型的如元代白话碑、《元典章》等，元刊本《老乞大》是朝鲜人学习汉语的课本，其中的语言也很明显地受了蒙古语的影响，这说明这种"蒙式汉语"在当时是很流行的。蒙古语乃至元代以前北方阿尔泰语系给整个汉语语法演变带来的影响应该比较大，刘一之（1988）和梅祖麟（1988）证明汉语北方话第一人称代词复数区分包括式和排除式，就是历史上受了阿尔泰语言的影响形成的，桥本万太郎（1987）认为汉语被动句的南北差异也可能是北方汉语历史上受阿尔泰语言影响的结果。

历史上汉语受到过异族语言的影响，这是不争的事实，太田辰夫（1991）对历史上汉语受北方阿尔泰语言影响的历史进行了梳理，并认为白话的通行，与历史上异族统治有很大的关系："在给语言输入新的生命力方面起作用的，正是那些在异民族铁蹄下挣扎的被遗弃的民众及作为统治者的异民族自身。"（太田辰夫，1991：206—207）但这种影响对汉语语法的演变到底有多大，有多少，是需要很好的研究的，我们既不能漠视这种影响，也不能夸大这种影响。一种语言的语法受异族语言的影响，主要有两种情况：句法借用和句法影响。前者指的是甲语言的某种语法范畴或句法形式被复制到乙语言中来，后者是指乙语言在甲语言的影响下产生或发展出某一语法形式或语法功能（吴福祥，2005）。通俗地说，句法借用就是将外族语言中的某种语法形式照搬到自己语法系统中；句法影响就是自己的语法系统本来可以演变出某种语法形式，因受外族语言的影响，促使这种演变很快发生，而且这种新的语法形式明显地与外族语言具有对应性。汉语受异族语言的影响，可能主要属于后一种情况，但到底有哪些情形，具体过程如何，这方面的研究还做得很不够。

3. 从语言类型学看汉语语法演变的个性和与人类语言的共性

语言类型学的研究证明，人类语言存在大量的普遍语法特征，也存在着许多相同或相似的语法演变模式。汉语语法的历时演变有许多与人类其他语言演变相似的情形,这是因为人类语言具有许多相同的语法演变机制和认知语用动因。因此,我们在考察汉语语法演变时,不仅要着眼于汉语语法系统内部作出解释,还应该从语言类型学的角度来进行分析。

过去的汉语语法史研究成果,有很多与语言类型学所揭示的人类语言的演变模式相似(Heine and Kuteva,2002;吴福祥,2005;李小军,2021)。如:

"孩子"义名词→小称后缀:"儿""子"

给予动词→使役标记→被动标记:"给"

完成动词→完成体标记:"了"

"执持"义动词→工具格标记→宾格标记:"将""把"

限定副词→转折连词:"只""但""不过"

使役结构→被动结构:"教""让"

把汉语语法史的研究置于语言类型学的背景来进行,是很有意义的。首先,这样可以知道哪些演变是汉语所特有的,哪些演变是人类其他语言也存在的。其次,可以用人类语言常见的演变类型来帮助证明汉语的哪些演变可能发生,证明我们对某些演变的研究是合理的,从而对这种演变的分析作出更高层次的理论概括。再次,为语言类型学提供汉语的证据。比如,汉语历史上介词"与、及、共、将、和"有相似的形成经历,又都有相似的发展,即发展出连词用法。这个问题,刘坚(1989)、马贝加(1993)、于江(1996)都作过很好的研究,其结论大体都是可信的。后来吴福祥(2003a)在他们研究的基础上,结合语言类型学理论,证明"伴随动词—伴随介词—并列连词"这种语法化过程,不仅从历代文献中得到证明,在现代许多方言中也是如此,在世界许多其他"SVO"型语言中也是如此。与此相对的,在"SOV"型语言中,其演变模式则是"伴随介词—工具介词—方式介词"。可见,从语言类型学的角度来研究汉语语法史,不仅能够更好地发掘、研究语言事实,而且能够从更高的理论层次对语言事实进行分析,从而看出汉语语法演变的个性和与人类其他语言演变的共性。

还可以从汉语自身演变的类型来比较研究。如梅祖麟(1978)认为选择问句的标记"还"是"为"的替换形式,"还"字选择问句只是"还对"为"的词汇替换。李崇兴（1990）则指出"还"是自身由表转折的用法演变来的。李文以"可""却"由表转折的用法发展成选择问句标记来支持其观点，这就是运用汉语自身的演变类型来证明，是比较可信的。又如结构助词"底"到底是来源于"之"还是"者"，一直有不同看法（章太炎、王力认为来源于"之"，吕叔湘认为来源于"者"）。除此二者之外，"底"有无可能是别的来源呢？冯春田（1990）认为"底"与"之"没有渊源关系，"底"字结构与"之"字结构有着性质上的根本区别，"底"也不是由"者"演变来的，"底""者"之间只是词汇替换关系。他推测结构助词"底"来源于代词"底"。[①]此后石毓智、李讷（1998）对冯说加以推演，但演绎多于实证，并没将问题引向深入。江蓝生（1999b）受冯文的启发，提出结构助词"底"是由方位词"底"演变来的，除了对"底"自身的演变加以论证外，还指出六朝时有"所""许"由处所词发展成结构助词，元代结构助词"根底"也是由处所词发展来的。这就是说，由方位词演变为结构助词，在汉语语法史上是一种常见的演变类型。"底"的来源到底是什么还可以讨论，但这种通过演变类型来分析问题的方法是值得肯定的。当然，类似的现象只能作为某种语法形式产生或发展的可能性的旁证或证据之一，重要的还必须是本证。

梅祖麟（1998）提出："值得尝试的是收集一些同类型的语法演变，或许可以归纳出来一些通则。"这颇有历时类型学的意味。"历时类型学是当代类型学与功能学派的历史语言学（特别是语法化理论）相结合的产物，也称'类型学的历史语言学'（Typological historical linguistics）。历时类型学研究人类语言演变的共性制约和变异模式，从而揭示语言演变的规律。就形态句法演变而言，历时类型学的研究可以告诉我们：什么是可能的形态句法演变，什么是不可能的形态句法演变，哪些形态句法演变是普遍可见的，哪些形态句法演变是极其罕见的"（吴福祥，2005）。随着汉语语法史研究的深入，被揭示的具有类型学意义的语法演变现象越来越多，如遭受义动词演变为被动标记（"被""吃"），呼叫义动

[①] 张敏（2003）证明上古连接修饰限定语和中心语的"之"也是由指示代词演变来的。

词演变为使令/使役标记[甲骨文中的"乎(呼)/令"、近代汉语中的"教""叫"],限定副词演变为转折连词["但""只(是)""不过"]等。

4. 语法成分的语法化过程与方向

过去我们讲语法史有一个很自然的认识:只有由实到虚的语法演变,没有由虚到实的语法演变。语法化理论所说的单向性语法化过程实际上也就是讲的这个事实。但是,语法化理论是一种理论的概括,不是就单个语法成分的演变来说的,它适用于各种语法成分的形成和发展过程,也适用于语法格式的形成、发展过程。

虽然不断有人提出反方向的语法化证据,但至今人类语言中发现的反方向语法化事实是极其有限的。汉语语法史的研究中似乎还没有明显的反方向语法化事实。语法化理论是值得汉语语法史研究借鉴的理论,它可以帮助我们检验对一些语法演变事实的分析是否合理可信,其单向性原则也可以帮助我们推测各种语法形式的形成和发展过程,还可以用来预测某种语法演变的发生。

关于语法化过程和方向,重要的是两个原则,一个是循环原则,一个是单向性原则,这两个原则是互相联系的。一个语言单位的语法化是有方向性的,如果朝着一个方向不断地语法化,那会是什么结果呢?有人提出,一个成分虚化到了极限就会跟实词融合在一起,自身变成了零形式。具体的循环模式是:

  自由的词→黏附于词干的词缀→与词干融合的词缀(→自由的词)(沈家煊,1994)

Givón根据他的"章法成分句法化"和"句法成分词法化"的思想,又提出了一个模式:

  章法成分→句法成分→词法成分→形态音位成分→零形式(→章法成分)(沈家煊,1994)

当然,并不是每一个语法成分都会有这样清晰的循环过程。汉语的融合型词缀是很少见的，典型的只有一个"儿"（沈家煊，1994），"们"在北京话中也有与前面的代词在语音上融合的趋势。

什么是语法化的单向性？据吴福祥（2003b），在历时语法化研究中，单向性是一个最重要的假设。所谓单向性，指的是语法化的演变过程是以"词汇成分＞语法成分"或"较少语法化＞较多语法化"这种特定方向进行的。比如在下面的演变序列中，若一个形态—句法演变只能按照由左向右的方向进行，那么我们就说这个演变是单向性的，或者说是不可逆的，反之则是单向性的反例。

实义词＞语法词＞附着词＞屈折词缀＞（零形式）（Hopper and Traugott，1993）

因为一个典型的语法化过程包括语用—语义、形态—句法和语音—音系三个子过程，所以单向性通常在以上三个层面都有相应的表现。

语用—语义　抽象性逐渐增加：具体义＞较少抽象义＞更多抽象义
　　　　　　主观性逐渐增加：客观性＞较少主观性＞更多主观性
形态—句法　黏着性逐渐增加：自由＞较少黏着＞更多黏着
　　　　　　强制性逐渐增加：可选性＞较少强制性＞强制性
　　　　　　范畴特征逐渐减少：多范畴特征＞较少范畴特征＞完全丧失范畴特征
语音—音系　音系形式的逐渐减少或弱化：完整的音系形式＞弱化的音系形式

单向性在汉语语法史中是表现得相当明显的，用这种理论来分析汉语语法史中的一些现象，有可能将研究引向深入。比如判断词"是"，过去主要研究其来源和产生时代，从事实描写的角度看，这就可以了，但如果我们再继续关注"是"的发展，首先我们应该说明什么时候开始"是"成为判断句所必需的，其次"是"后来还有什么样的语法化过程。至少我们会发现，从六朝开始，"是"就具有了标记焦点的功能。从一个判断词，发展成表主观认定的具有主观化的成分，再发展成焦点标记成分，这是完全符合语法化的单向性原则的。再如"被"用于所谓"零主语被动句"("被"前不能出现受事,如"路上被雷横走了""却被店里人多,不敢下手"),这也是"被"的进一步语法化,"被"主要作用是表示主观上认为不如意。"是""被"的进一步语法化,都是语法化单向性的很好例证。

5. 虚词与句式的关系

传统训诂学讲虚词,完全是以概念意义的"有解""无解"为依据来讲解的。首先,"有解""无解"的标准难以确定;其次,"无解"并不是不为义,任何语言成分都是有意义的。虚词的意义主要是语法意义,这种意义通过其在句法结构和篇章结构中的作用体现出来。现在从语法的角度讲虚词,多只讲其语法意义是什么,比如介词是引介什么成分,连词是连接什么成分,语气词表达什么语气等。我们认为,从语法史的角度讲虚词,还有一项更重要的内容,即虚词与句式的关系。

刘坚等(1992)在讲到一些虚词的历时演变时,就比较注意虚词与句式之间关系的变化。如表完成义的事态助词"了"的形成和发展就与汉语的完成貌句式的发展有关,梅祖麟(1981)对这个问题有很好的研究;疑问副词"可""还"的产生与汉语选择问句的发展有关。用于是非问句的句尾语气词"吗"的来源与汉语反复问句的发展有关。至于介词"将、把"与处置式的关系,动态助词"了、着、过"的形成与动结式的关系,这是大家都知道的。再如介词"连、和"与"也、都"搭配构成的"连/和……也/都……"句式,时间副词"即、便、就""方、始、才"与顺承复句、条件复句的关系,副词"难道"与反问句的关系等,都值得很好的研究。

6. 语义特征分析的运用

"所谓语义特征分析,是指通过分析某句法格式的各个实例中处于关键位置上的实词所具有的共同的语义特征,来解释、说明代表这些实例的句法格式之所以独具特色、之所以能与其他同形句法格式相区别、之所以只允许这一部分词语进入而不允许那一部分词语进入的原因。"(陆俭明,2003:121)语义特征分析在汉语语法史研究中是否也能起到重要作用？我们认为，研究一种没有形态变化的语言的历史演变，[①]语义特征分析的作用是不言而喻的，以往的研究实际上已经自觉不自觉地运用了这种方法。

现代汉语语法研究运用语义特征分析法，"为的是做两件事：一件事，用以解释造成同形多义句法格式的原因；另一件事，用以说明在某个句法格式中，为什么同是动词，或同是形容词，或同是名词，而有的能进入，有的不能进入"（陆俭明，2003：106）。如何运用语义特征分析法来研究语法史，这还需要进一步探讨。但有一点是可以肯定的，任何语法形式的演变，都与它的语义特征有关。语法化理论有一项词义滞留原则，就是说一个高度语法化的成分，总是保留它的源词的一些意义特点，这是从语法化成分的结果来看语义特点；当讲语法化的诱因时，一定要讲语义基础，即一个成分发生语法化，一定在语义上有某种特点，这是从语法化成分的起点来看语义特点。为什么表遭受义的动词容易演变为被动标记，为什么表握持义的动词容易演变为工具介词和处置式标记，处置式标记总是与工具介词有联系，这些都可以通过语义特征的分析得到解释。再如"V得C"最先是表结果的，为什么有些后来变成了表能性？哪些"V得C"变成了表能性呢？这也必须作语义特征的分析。至于动结式的研究，离开了语义特征的分析，几乎是难以进行的。还有，我们认为上古汉语的语法系统到中古发生了结构性的变化，这种变化与一大批动词的语义特征发生变化是密切相关的，这一点我们后面再专门讨论。

语义特征分析与传统训诂学的词义训释是不同的。语义特征分析不是简单地训释哪个语法单位本身表示了什么意义，而是要分析一个语法单位的功能和意义之间的关系：为什么同样一个句法位置，同属于一个语法类别中的成分有的能够进入，有的不能进入？为什么不同的词可以朝着相同的方向发生演变？为什么能够通过证明一个成分的语义发生了变化来判断该成分的语法性质也发生了变化？等等。比如一个动词演变为介词，功能变了，其语义特征也一定不一样了，如果能证明其语义特征发生了变化，就可以帮助判断由动词向介词的演变是否实现（马贝加，2003）。又

[①] 有些学者认为上古汉语是有形态变化的，但还有待进一步论证。

如"给"由表给予到表被动、"教"由表使役到表被动,固然是多种因素引发的(蒋绍愚,2002、2004),但"给""教"的功能演变也一定伴随着语义特征的变化,通过对动词"给""教"的语义特征分析,可以说明他们为什么会演变为表被动的标记,通过分析其语义特征的变化,可以证明它们的功能是否发生变化。有些语法成分的演变,可能是因为与之在句法结构中共现的别的成分的语义特征不同引起的,如表能力义的动词演变为能愿动词(或情态动词),关键原因是其后的谓词性成分的语义特征不同:其后谓词性成分如果是具有[+自主][+可控][+动态]语义特征的动词,则表能力义;如果是具有[-自主][-可控][+状态]语义特征的动词,则会变成能愿动词(或情态动词)(柯理思,2003)。这些都说明,语义特征分析,对于研究汉语语法史是能够发挥很大的作用的。

第三节 奋斗目标

汉语语法史研究的最终目标是什么?最终目标是与本学科所属性质联系在一起的。语法史属于历史语言学的范畴,历史语言学的根本任务是描写一种语言历史上不同时期的系统,并整理其历史演变线索;追索这种语言的来源——它与别的语言的亲属关系,它的原始祖语;解释语言演变的原因,总结语言演变的规律。汉语语法史的最终目标就是要建立汉语语法发展演变的完整的历史,解释演变的原因,总结演变的规律。

一、汉语语法通史的建立

建立汉语语法通史,是汉语语法史研究的基本任务。现在我们离这个目标还很远。要建立汉语语法通史,我们至少要先走完以下两步。

1. 断代语法系统

首先必须研究清楚各个时代的语法系统,这个任务还非常艰巨。我们讲语法史,通常最多分四个时期:远古、上古、中古、近代,加上现代,也就是五个时期。可是远古从公元前13世纪到前8世纪,五六百年,其间语法没有变化吗?上古从公元前8世纪到公元1世纪,约九百年,其间语法没有变化吗？别说这么长，就春秋战国的四五百年间，我们仅凭语感也会觉得变化不小，更不用说春秋早期与西汉的语法了。再如近代，即便从晚唐五代算起到清初，这近九百年间又该有多大的变化？不说我们要给每一百年建立一个语法系统，就说二百年分一个段，而且就从公元前13世纪算到现在，我们就需要建立十六七个系统，还有公元前13世纪以前呢？这还是假定汉语语法的演变是单线条的，如果把各个时代的方言考虑进去（有人认为商代就存在着方言的差别），要做的工作就更多了。而且，这种分段描写应该采用什么方法，也还值得探讨。我们现在是脑子里先有了一个语法框架，然后去看不同时代的语法有什么，没有什么，严格地讲这是不科学的。科学的做法应该是像对一种陌生语言作田野调查那样去研究各个时代的语法，不存先入之见，这样才能客观准确。

2. 各个时代的对比研究（承继、差异、对应关系）

建立了各个时代的语法系统之后，就要进行对比研究，看看前后时代有哪些继承，继承的语法形式在系统中处于什么样的地位；有哪些差异，这些差异在系统中又处于什么样的地位；论证前后系统的对应关系——继承的形式是否完全等价，差异之间是否有联系，为什么前一时期的语法形式到后一时期消失了，后一时期又产生了前一时期没有的形式，新旧语法形式之间具有什么样的关系。

历史语言学在讲到语音演变时强调每个语音都有自己的历史，语法史中应该同样每个语法形式都有自己的历史，这种历史需要我们通过对不同时代的比较研究才能看得比较清楚，因为我们不仅要知道什么时代有什么，没有什么，还要看有什么对系统有何影响，没什么对系统有何影响。任何形式的演变都不仅仅是其自身的孤立的事件。

只有通过比较，才能找出对应关系，才能建立起完整的历史。这是历史比较语言学的基本原理。

二、描写—解释—规律

描写—解释—规律，这是语言研究的三大步骤，也是任何一门科学研究的基本步骤。描写和解释实际上是分不开的，无论是历时研究还是共时研究。任何描写都隐含着解释，尤其是历时研究，因为为什么要描写这些事实，为什么这样描写而不那样描写，都隐含着作者的某种解释在里面。解释就预示着可以总结出规律。

过去的汉语语法史研究比较偏重于描写，这样做是对的，但我们不能老停留在偏重描写的阶段，历史语法学的任务不仅仅是描写。就最近二三十年国外的历史句法学所倡导的研究范围和实际所做的研究工作来看，主要包括以下一些方面。

（1）研究一种语言的某个早期阶段的语法特点或者已经死亡的语言的语法特点。
（2）描写语法形式由A到A'的演变，包括对演变方式的说明。
（3）对语法形式由A演变成A'作出解释，包括演变的原因、机制。
（4）研究某一语言中各种新的语法形式的来源及其发展，证明新形式是由旧形式的用法扩展构成的还是全新的形式。
（5）一种语言或一组亲属语言从历史上的一个阶段到另一个阶段的语法系统的演变。
（6）解释语言的分化，通过方言或亲属语言推测、构拟祖语和原始语言的语法面貌。
（7）解释为什么一种语言会发生这样的演变而不发生另外的演变，进而解释人类语言能够发生哪些类型的语法演变而不会发生另外类型的语法演变。
（8）解释共时语法的变异现象，对未来语法演变作出预测。

这个研究范围，归纳起来无非也就是对历史语法的描写、解释、总结规律。

1. 描写：有什么、是什么

什么是描写，描写就是说明有什么，没有什么，是什么，不是什么。汉语史研究中有句名言："说有易，说无难。"后来又有人说，"说有也难"。"说无难""说有也难"都是因为我们面对两个问题。一是对文献资料的掌握，包括掌握的文献资料的数量，对文献资料的时代判断，对文献资料反映实际语言的程度的认识。二是对某种语法形式的性质的确认标准。比如可能把不是某种语法形式的东西认作这种语法形式，如把先秦的"扑灭"看作动结式。"是什么，不是什么"同样涉及对各种语法形式的性质的确认标准。在确定是什么不是什么的时候，我们必须坚持历史的观念、系统的观念，说它是什么的时候，要看它在当时的语法系统中所属的地位，它在系统中的价值，从而判断它在这个时代应该属于什么性质。

2. 解释：为什么（动因）

解释就是要证明为什么，包括说明演变的原因，造成演变的机制。

3. 规律：如果怎么样，就会/可能怎么样

什么是规律？《现代汉语词典》（第7版）："事物之间的内在的本质联系。这种联系不断重复出现，在一定条件下经常起作用，并且决定着事物必然向着某种趋向发展。也叫法则。"

语法演变的规律，简单地说，就是在对事实的描写和解释的基础上，总结出来的"如果怎么样，就会/就可能怎么样"的法则。

任何人都相信，语法演变的规律是客观存在的，但规律需要我们去总结，既要总结汉语语法自身的规律，也要联系人类其他语言，探求语言演变的普遍规律。

4. 描写—解释—规律的相对关系

描写—解释—规律之间的关系不是绝对的。我们前面讲过描写与解释的相对关系，尤其是解释具有相对性。解释具有不同的层次，一种语言学的处理往往对下一层的描写而言是解释，对上一层解释而言又是描写。层次分析法、配价语法，都是有理论的，有理论就是解释，但我们也可以把对句法结构划分各个层次、对句法结构中各成分之间的语义关系的分析，尤其是对动词与各名词性成分之间的关系的分析，看作是一种对语言事实的描写。至于规律，也不能说是绝对的，没有绝对的真理，我们今天总结的规律，明天有可能被否定，但我们应该努力去发现规律，总结规律。

参考文献

R.R.K.哈特曼、F.C.斯托克（1981）《语言与语言学词典》，黄长著、林书武、卫志强等译，上海辞书出版社。

贝罗贝、吴福祥（2000）上古汉语疑问代词的发展与演变，《中国语文》第4期。

曹广顺（1990）魏晋南北朝到宋代的"动+将"结构，《中国语文》第2期。

曹广顺（1995）《近代汉语助词》，语文出版社。

曹广顺（1999）试论汉语动态助词的形成过程，《汉语史研究集刊》第二辑，巴蜀书社。

陈承泽（1982）《国文法草创》，商务印书馆。

陈梦家（1956/1988）《殷虚（墟）卜辞综述》，中华书局。

大西克也（1998）并列连词"及""与"在出土文献中的分布及上古汉语方言语法，载郭锡良主编《古汉语语法论集》，语文出版社。

大西克也（2002）从方言的角度看时间副词"将""且"在战国秦汉出土文献中的分布，载《纪念王力先生百年诞辰学术论文集》编辑委员会《纪念王力先生百年诞辰学术论文集》，商务印书馆。

戴维·克里斯特尔编（2000）《现代语言学词典》，沈家煊译，商务印书馆。

费尔迪南·德·索绪尔（1980）《普通语言学教程》，高名凯译，商务印书馆。

冯春田（1984）《睡虎地秦墓竹简》某些语法现象研究，《中国语文》第4期。

冯春田（1987）秦墓竹简选择问句分析，《语文研究》第1期。

冯春田（1990）试论结构助词"底（的）"的一些问题，《中国语文》第6期。

冯春田（1994）秦简简文的"……（之）谓殹（也）"式及其相关句式，载高思曼、何乐士主编《第一届国际先秦汉语语法研讨会论文集》，岳麓书社。

冯胜利（2010）论语体的机制及其语法属性，《中国语文》第5期。

管燮初（1953）《殷虚（墟）甲骨刻辞的语法研究》，中国科学院。
郭浩瑜、杨荣祥（2017）关于汉语处置介词语法化的几个问题，《古汉语研究》第2期。
郭　锐（2002）《现代汉语词类研究》，商务印书馆。
郭锡良（1989）试论上古汉语指示代词的体系，载吕叔湘等《语言文字学术论文集——庆祝王力先生学术活动五十周年》，知识出版社。
郭锡良（1990）关于系词"是"产生时代和来源论争的几点认识，载《王力先生纪念论文集》编委会编《王力先生纪念论文集》，商务印书馆。
郭锡良（1997）介词"于"的起源和发展，《中国语文》第2期。
郭锡良（1998）介词"以"的起源和发展，《古汉语研究》第1期。
何九盈（1985）《中国古代语言学史》，河南人民出版社。
何九盈（2008）《中国现代语言学史》（修订本），商务印书馆。
洪　波（1991）上古汉语指代词书面体系的再研究，《语言研究论丛》第六辑，天津教育出版社。
洪　波（1998）论汉语实词虚化的机制，载郭锡良主编《古汉语语法论集》，语文出版社。
胡敕瑞（2005）动结式的早期形式及其判定标准，《中国语文》第3期。
胡敕瑞（2013）汉译佛典所反映的汉魏时期的文言与白话——兼论中古汉语口语语料的鉴定，载冯胜利主编《汉语书面语的历史与现状》，北京大学出版社。
黄德宽（2017）汉语史研究要避免落入新材料的陷阱，《文汇报》2017年2月3日。
江蓝生（1992）助词"似的"的语法意义及其来源，《中国语文》第6期。
江蓝生（1998）后置词"行"考辨，《语文研究》第1期。
江蓝生（1999a）从语言渗透看汉语比拟式的发展，《中国社会科学》第4期。
江蓝生（1999b）处所词的领格用法与结构助词"底"的由来，《中国语文》第2期。
江蓝生（2003）语言接触与元明时期的特殊判断句，《语言学论丛》第二十八辑，商务印书馆。
蒋绍愚（1990）《唐诗语言研究》，中州古籍出版社。
蒋绍愚（1997）把字句略论——兼论功能扩展，《中国语文》第4期。
蒋绍愚（1999a）抽象原则和临摹原则在汉语语法史中的体现，《古汉语研究》第4期。
蒋绍愚（1999b）汉语动结式产生的时代，《国学研究》第六卷，北京大学出版社。
蒋绍愚（2001）《世说新语》《齐民要术》《洛阳伽蓝记》《贤愚经》《百喻经》中的"已""竟""讫""毕"，《语言研究》第1期。
蒋绍愚（2002）"给"字句、"教"字句表被动的来源——兼谈语法化、类推和功能扩展，《语言学论丛》第二十六辑，商务印书馆。
蒋绍愚（2004）受事主语句的发展与使役句到被动句的演变，载高岛谦一、蒋绍愚主编《意义与形式——古代汉语语法论文集》，Lincom Europa。
蒋绍愚（2005）《近代汉语研究概要》，北京大学出版社。
蒋绍愚（2007）语言接触的一个案例——再谈"V（O）已"，《语言学论丛》第三十六辑，商务印书馆。
蒋绍愚（2019a）也谈文言和白话，《清华大学学报（哲学社会科学版）》第2期。
蒋绍愚（2019b）汉语史的研究和汉语史的语料，《语文研究》第3期。
蒋绍愚、曹广顺主编（2005）《近代汉语语法史研究综述》，商务印书馆。
柯理思（2003）试论谓词的语义特征和语法化的关系，载吴福祥、洪波主编《语法化与语法研究》（一），商务印书馆。
李崇兴（1990）选择问记号"还是"的来历，《语言研究》第2期。
李崇兴（1992）处所词发展历史的初步考察，载胡竹安、杨耐思、蒋绍愚编《近代汉语研究》，商务印书馆。
李崇兴（2005）论元代蒙古语对汉语语法的影响，《语言研究》第3期。
李崇兴、祖生利（2011）《〈元典章·刑部〉语法研究》，河南大学出版社。
李崇兴、祖生利、丁　勇（2009）《元代汉语语法研究》，上海教育出版社。

李明晓、胡 波、张国艳（2011）《战国秦汉简牍虚词研究》，四川大学出版社。

李小军（2021）《汉语语法化词库》，中国社会科学出版社。

李宗江（1999）《汉语常用词演变研究》，汉语大词典出版社。

刘 复（1932）《中国文法讲话》，北新书局。

刘 坚（1989）试论"和"字的发展，附论"共"字和"连"字，《中国语文》第6期。

刘 坚、曹广顺、吴福祥（1995）论诱发汉语词汇语法化的若干因素，《中国语文》第3期。

刘 坚、江蓝生、白维国等（1992）《近代汉语虚词研究》，语文出版社。

刘景农编著（1958）《汉语文言语法》，中华书局。

刘一之（1988）关于北方方言中第一人称代词复数包括式和排除式对立的产生年代，《语言学论丛》第十五辑，商务印书馆。

刘子瑜（2004）汉语动结式述补结构的历史发展，《语言学论丛》第三十辑，商务印书馆。

龙国富（2010）从语言渗透看汉译佛经中的特殊判断句，载遇笑容、曹广顺、祖生利主编《汉语史中的语言接触问题研究》，语文出版社。

陆俭明（2003）《现代汉语语法研究教程》，北京大学出版社。

吕叔湘（1942/1982）《中国文法要略》，商务印书馆。

吕叔湘（1984）《汉语语法论文集》（增订本），商务印书馆。

马贝加（1993）介词"同"的产生，《中国语文》第2期。

马贝加（2003）在汉语历时分析中如何区分动词和介词，《中国语文》第1期。

马建忠（1898/1983）《马氏文通》，商务印书馆。

梅祖麟（1978）现代汉语选择问句法的来源，《"中研院"历史语言研究所集刊》第四十九本第一分，"中研院"历史语言研究所。

梅祖麟（1980）《三朝北盟会编》里的白话资料，《中国书目季刊》十四卷二期，书目季刊社。

梅祖麟（1981）现代汉语完成貌句式和词尾的来源，《语言研究》创刊号。

梅祖麟（1986）关于近代汉语指代词，《中国语文》第6期。

梅祖麟（1988）北方方言中第一人称代词复数包括式和排除式对立的来源，《语言学论丛》第十五辑，商务印书馆。

梅祖麟（1994）唐代、宋代共同语的语法和现代方言的语法，《中国境内语言暨语言学》第二辑，"中研院"历史语言研究所。

梅祖麟（1998）汉语语法史中几个反复出现的演变方式，载郭锡良主编《古汉语语法论集》，语文出版社。

梅祖麟（1999）先秦两汉的一种完成貌句式——兼论现代汉语完成貌句式的来源，《中国语文》第4期。

梅祖麟（2000）《梅祖麟语言学论文集》，商务印书馆。

蒲立本（2006）《古汉语语法纲要》，孙景涛译，语文出版社。

桥本万太郎（1987）汉语被动式的历史·区域发展，《中国语文》第1期。

沈家煊（1994）"语法化"研究综观，《外语教学与研究》第4期。

石毓智、李讷（1998）汉语发展史上结构助词的兴替——论"的"的语法化历程，《中国社会科学》第6期。

石毓智、李讷（2001）《汉语语法化的历程——形态句法发展的动因和机制》，北京大学出版社。

宋绍年、郭锡良（2000）二十世纪的古汉语语法研究，《古汉语研究》第1期。

宋亚云（2007）再论动结式的判断标准和产生时代，载沈家煊、吴福祥、李宗江主编《语法化与语法研究》（三），商务印书馆。

孙良明（1994）《古代汉语语法变化研究》，语文出版社。

孙良明（2005）《中国古代语法学探究》（增订本），商务印书馆。

太田辰夫（1991）《汉语史通考》，江蓝生、白维国译，重庆出版社。

唐钰明（1987）汉魏六朝被动式略论，《中国语文》第3期。

唐钰明（1988）唐至清的"被"字句，《中国语文》第6期。

王继红、李聪聪、陈前瑞（2018）清代满汉合璧语料中双"了"句的用法研究，《语言学论丛》第五十八辑，商务印书馆。

王　力（1937）中国文法中的系词，《清华学报》第1期。
王　力（1944/1984）《中国语法理论》，《王力文集》（第一卷），山东教育出版社。
王　力（1958）《汉语史稿》（中册），科学出版社。
王　力（1981）《中国语言学史》，山西人民出版社。
魏德胜（2000）《〈睡虎地秦墓竹简〉语法研究》，首都师范大学出版社。
魏培泉（2000）说中古汉语的使成结构，《"中研院"历史语言研究所集刊》第七十一本第四分，"中研院"历史语言研究所。
吴福祥（1996）《敦煌变文语法研究》，岳麓书社。
吴福祥（1998）重谈"动+了+宾"格式的来源和完成体助词"了"的产生，《中国语文》第6期。
吴福祥（1999）试论现代汉语动补结构的来源，载江蓝生、侯精一主编《汉语现状与历史的研究——首届汉语语言学国际研讨会文集》，中国社会科学出版社。
吴福祥（2003a）汉语伴随介词语法化的类型学研究——兼论SVO型语言中伴随介词的两种演化模式，《中国语文》第1期。
吴福祥（2003b）关于语法化的单向性问题，《当代语言学》第4期。
吴福祥（2005）汉语历史语法研究的检讨与反思，《汉语史学报》第五辑，上海教育出版社。
吴福祥（2020）汉语语法化研究的几点思考，《汉语学报》第3期。
谢·叶·雅洪托夫（1986）《汉语史论集》，唐作藩、胡双宝编选，北京大学出版社。
徐　丹（2005）谈"破"——汉语某些动词的类型转变，《中国语文》第4期。
徐时仪（2015）《汉语白话史》，北京大学出版社。
徐通锵（1994）"字"和汉语研究的方法论——兼评汉语研究中的"印欧语的眼光"，《世界汉语教学》第3期。
薛凤生（1994）"把"字句和"被"字句的结构意义——真的表示"处置"和"被动"，载戴浩一、薛凤生主编《功能主义与汉语语法》，北京语言学院出版社。

杨荣祥（2001）汉语副词形成刍议，《语言学论丛》第二十三辑，商务印书馆。

杨荣祥（2005）语义特征分析在语法史研究中的作用——"V_1+V_2+O"向"V+C+O"演变再探讨，《北京大学学报（哲学社会科学版）》第2期。

杨永龙（2009）不同的完成体构式与早期的"了"，《历史语言学研究》第二辑，商务印书馆。

伊　强（2017）《秦简虚词及句式考察》，武汉大学出版社。

于　江（1996）近代汉语"和"类虚词的历史考察，《中国语文》第6期。

余志鸿（1983）元代汉语中的后置词"行"，《语文研究》第3期。

余志鸿（1987）元代汉语"—行"的语法意义，《语文研究》第2期。

余志鸿（1988a）"宾动"倒句和语言交融，《民族语文》第3期。

余志鸿（1988b）《蒙古秘史》的特殊语法——论元代汉语的时体制，《语言研究》第1期。

余志鸿（1992）元代汉语的后置词系统，《民族语文》第3期。

余志鸿（1999）元代汉语假设句的后置标记，《语文研究》第1期。

遇笑容、曹广顺、祖生利主编（2010）《汉语史中的语言接触问题研究》，语文出版社。

袁健惠（2015）《汉语受事话题句历史演变研究》，中西书局。

张　赪（2002）《汉语介词词组词序的历史演变》，北京语言文化大学出版社。

张俊阁（2020）清代满汉合璧会话书汉语部分方所词特殊用法研究，《古汉语研究》第3期。

张美兰、刘　曼（2013）《〈清文指要〉汇校与语言研究》，上海教育出版社。

张　敏（2003）从类型学看上古汉语定语标记"之"语法化的来源，载吴福祥、洪波主编《语法化与语法研究》（一），商务印书馆。

张显成、李建平（2017）《简帛量词研究》，中华书局。

张玉金（2011）《出土战国文献虚词研究》，人民出版社。

张玉金（2018）《出土战国文献动词研究》，暨南大学出版社。

志村良治（1995）《中国中世语法史研究》，江蓝生、白维国译，中华书局。

周法高（1959—1962）《中国古代语法》，"中研院"历史语言研究所。
周守晋（2005）《出土战国文献语法研究》，北京大学出版社。
朱德熙（1956）现代汉语形容词研究，《语言研究》第1期。
朱德熙（1961）说"的"，《中国语文》12月号。
朱德熙（1982）《语法讲义》，商务印书馆。
朱德熙（1983）自指和转指——汉语名词化标记"的、者、所、之"的语法功能和语义功能，《方言》第1期。
朱德熙（1985）汉语方言里的两种反复问句，《中国语文》第1期。
朱德熙（1991）"V-neg-VO"与"VO-neg-V"两种反复问句在汉语方言里的分布，《中国语文》第5期。
朱冠明（2013）汉语语法史研究中的几个例句辨析，《中国语文》第6期。
朱冠明（2019）再谈近指代词"这"的来源，《中国语文》第6期。
竹越孝、陈 晓（2016）满语助词dabala与汉语句末助词"罢了/罢咧"相关关系研究，《民族语文》第6期。
祖生利（2000）《元代白话碑文研究》，中国社会科学院研究生院博士学位论文。
祖生利（2001）元代白话碑文中方位词的格标记作用，《语言研究》第4期。
祖生利（2002）元代白话碑文中助词的特殊用法，《中国语文》第5期。
祖生利（2003a）《元典章·刑部》直译体文字中的特殊语法现象，《蒙古史研究》第七辑，内蒙古大学出版社。
祖生利（2003b）元代文献中"一般"和"也者"的特殊用法，《民族语文》第6期。
祖生利（2007）元代的蒙式汉语及其时体范畴的表达——以直译体文献的研究为中心，《当代语言学》第1期。

Heine B. and Kuteva T. (2002) *World Lexicon of Grammaticalization*. Cambridge: Cambridge University Press.龙海平、谷峰、肖小平译《语法化的世界词库》，世界图书出版公司，2012年。

Hopper P. J. and Traugott E. C.(1993) *Grammaticalization*. Cambridge: Cambridge University Press.

第二章　汉语词类历时演变专题研究[①]

语法研究为什么要划分词类？汉语能不能划分词类？汉语的词类系统古今是否相同？汉语史上不同时期的词类如何划分？如何通过词类系统的变化来观察整个汉语语法史的变化？本专题打算就这些问题提出一些初步的思考。

对任何事物进行研究，都必须先作分类，开始所作的分类可能会随着研究的深入而加以调整，但不作分类，研究是不可能进行的，因为没有分类，就无法说明事物内部的种种关系。语法是讲句子的构造规则，讲构造就得先讲构造的部件，不把部件的类别搞清楚，就无法说明构造规则。谁都说句子是由词或词组构成的，既然如此，对词的分类就是语法研究所必需的。但是，给汉语的词分类，并不是一件简单的事情，就是现代汉语，究竟如何分类，分多少类，至今也没有一致的意见。汉语不同时期的词类系统是什么样子？如何对不同历史时期的汉语进行词类划分？很少有人正面提出这样的问题，然而这却是我们讲汉语语法史面对的一个非常困难而又不能不认真探讨的问题。

首先，我们相信汉语是有词类的，现代汉语有，上古汉语、远古汉语也有。其次，我们相信不同时代的词类系统可能不完全一样。限于目前的研究进展，我们研究各历史时期的词类系统还

---

① 本章主要内容曾以《关于汉语词类系统演变的思考》为题发表于《历史语言学研究》第十三辑（商务印书馆，2019年）。

不得不以现代汉语的词类体系作为参照,这样做的好处是可以通过对比分析异同,不好的是容易犯先入为主的错误。严格地说,研究某一历史时期的汉语,应该像研究一门独立的语言那样,用独立的描写方法整理它的系统,对于词类来说,就是要调查一个一个断代平面所使用的所有的词,分析出每个词的语法功能,然后根据一定的分类标准各归其类,但这项工作难度很大。

不同时期,汉语的词类系统当然不会一样,但不一样表现在哪些地方呢?我们应该如何分析不同历史时期的差异?本专题尚无法对不同历史时期汉语的词类系统进行全面描写,也不打算对如何给不同历史时期的汉语进行词类划分确定标准,仅就如何看待汉语不同历史时期词类系统的演变提出一些不成熟的看法,希望能够引起学界的进一步探讨。

第一节 《马氏文通》的词类划分与汉语划分词类的观念变化

现代汉语的词类体系源自《马氏文通》,虽然马建忠之前的外国人写的汉语语法著作里也有词类划分,但那基本上是比照印欧语作的分类。马建忠的分类当然也带有模仿印欧语的痕迹,但首先他确实发现了汉语词类的一些特点,如"助字"一类就是"华文所独",又如把"数字"归入"静字",这都是很有见地的。其次是他毕竟第一次给汉语建立了一个完整的词类(马建忠叫"字类")体系,做到词各有类,虽然有些归类不一定正确,又有所谓"假借"之说。此后的词类划分,基本上就是在《马氏文通》的基础上修改增补。所以讲汉语的词类划分,是不能忘记《马氏文通》的。

一、《马氏文通》的词类划分

《马氏文通》将汉语的词(字)分为九类:名字、代字、动字、静字、状字、介字、连字、助字、叹字。前五类是实字,后四类是虚字。吕叔湘、王海棻(1986:5)评价说:"这九类字的划分大体上是合理的,发展到现在,除把'字'改为'词',也还没有什么大变化。"

类下再分次类。名字下分公名、本名、群名、通名。动字下以不同的标准分出内动、外动,这是动词的基本分类,又分受动,又有同动字、助动字、无属动字、坐动、散动等从不同角度给动词作的分类。静字分象静(大致相当于通常所说的形容词,包括部分状态形容词)、滋静(数词)。代词的范围有点乱,与今天的通行看法差别较大;状字的划分也存在比较大的问题(杨荣祥,1996)。

就名字、动字、静字三类的下属分类来看,《马氏文通》还没有找到很好的划类标准。公名、本名之类,显然完全是从逻辑概念意义出发来划分的;内动、外动是根据能不能带受事宾语这个标准分出来的。受动并不是动词的一个下属类,它是根据句子中动词与主语的语义关系给具体动词的命名。同动字、助动字、无属动字是动词中的一些特殊的成员,坐动、散动则是根据谓语动词与主语的关系来命名的。①静字的两个下属类的差别比较清楚,但主要也是根据意义来划分的。

由于《马氏文通》深受印欧语语法的影响,而汉语与印欧语却有很大的差别,尤其是汉语缺乏严格意义的形态,所以在划分词类时,马建忠遇到了很大的困难。汉语中的一个词应该归属何类,形式上是看不出来的,所以他不得不主要根据意义。可是根据意义又会遇到麻烦:意义上是名词,但在句子中却又出现在动词该出现的位置,意义上是动词,在句子中却又出现在名词该出现的位置。对此,马建忠只好用"名字假借""动字假借"来解释,这种解释,实际上就是后来陈承泽词类活用说的滥觞,也是黎锦熙"依句辨品,离句无品"说的滥觞。由于马建忠没有规定一个划分字类的标准和依据,所以他在确定词类(字类)时,总是显得摇摆不定,并且存在明显的矛盾。如他一方面讲字类假借,一方面又说"字无定类":"故字类者,亦类其义焉耳。""义不同而其类亦别焉。"(马建忠,1898/1983:23)"字无定义,故无定类。"(马建忠,1898/1983:24)"夫字无定类,是惟作文者有以驱遣之耳。"(马建忠,1898/1983:112)他的这种自相矛盾,受到了后人的批评,何容(1985:31)一针见血

---

① 《马氏文通》的散动,大约是对应印欧语的不定式,不仅有"承坐动之行者",还有其他功用(吕叔湘、王海棻,1986)。

地指出:"字既然有其'本为'之类,还不就是字有定类吗?既说是字无定类,又按有定类来讲,这就是自相矛盾了。"

《马氏文通》的"字类假借"讲得很乱,除了助字、叹字不牵涉假借外,其他各类都有假借或被假借。这样一来,类与类之间到底如何划界,具体到各个词到底归入何类,最终都很难落实了。

二、划分词类的观念变化

但《马氏文通》毕竟第一次给出了一个汉语的词类体系。此后的语法书都要讲词类,在对《马氏文通》的体系进行修改的同时,划分词类的观念也不断发生变化。

马建忠虽然也讲到词的句法位置,如主次、宾次、语词、表词之类,但他的词类划分主要是根据意义。后来黎锦熙提出"依句辨品,离句无品",但他的心中实际上是先有一个"品"的判断标准的,这个标准就是意义,这从他给几个实体词类下的定义可以看出名词"是事物的名称,用来表示观念中的实体的"(黎锦熙,1924/1992:18),动词"是用来叙述事物之动作或变化的"(黎锦熙,1924/1992:18),形容词"是用来区别事物之形态、性质、数量、地位的,所以必附加于名词之上"(黎锦熙,1924/1992:19)(这完全是比照英语的形容词,无视汉语的形容词可以充当谓语的事实)。再看他用附注的形式举的一个例子:"譬如一个'人'字,一望而知其为名词,但若多找出句子来作例,就可证明用法无限制,因为它有时也作述语用,如古文中之'人其人'(韩愈《原道》)是;有时又可作形附来用,如普通语词里的'人熊''人参''人鱼'都是;有时更可作副附用,如古文中'豕人立而啼'(《左传》)是。人字在所表观念的性质上,是一个纯粹确定的名词,已经没有疑义,犹且能够如此活用,而活用的时候,成分虽改,形体仍旧,并不像西洋文字都有词头(Prefix)或词尾(Suffix)种种形态变化的表示;这就不必跟他们一样地都说为词类转变,只须'从句法成分上辨别出它的"用法"来',名词就始终是名词,只把它区别为几个'位'就行。"(黎锦熙,1924/1992:17)"依句辨品",最后必然得出"离句无品"的结论。所以黎锦熙虽然分了词类,实质上跟不分词类没有什么差别。

《马氏文通》后很长时间的语法著作的词类划分基本上都是以意义为标准，所分类别与《马氏文通》没有什么本质差别。20世纪40年代，吕叔湘（1942/1982）、王力（1943/1985）采用叶斯柏森的"三品说"，通过"品"来调和词类与句子成分之间不一一对应的关系，但词类的划分仍然主要是根据意义。吕叔湘分七类：名词、动词、形容词、限制词（副词）（包括时间词；处所词；动态动相限制"来、去、上、下、起、住、已、方、将、着、了"；判断限制"能、得、会、可、必、足"）、指称词（称代词）（包括数词、量词）、关系词、语气词。王力分九类：名词、数词、形容词、动词（包括助动词），此四类为实词；副词，属半实词；代词、系词为半虚词；联结词、语气词为虚词。另加"记号"一类。

20世纪50年代，汉语语法学界发生了一次汉语有无词类的争论。以高名凯为代表的一方认为汉语不存在词类，王力、吕叔湘、朱德熙等人认为有词类。争论的起因是：苏联学者康拉德《论汉语》认为苏联的马尔和西方语言学家马伯乐、高本汉等人关于汉语是原始语言的看法不对，指出汉语词汇丰富，表现力强，是世界上最发达的语言之一，这些人认为汉语没有语法范畴和词类的观点是错误的（郭锐，2002）。汉语有丰富的形态，因而汉语有词类分别。康拉德证明汉语有词类的依据就是汉语有丰富的形态。对此，高名凯（1953）提出反驳，支持汉语无词类的观点。高名凯是这样证明的：

大前提：词类分别根据的是词的形态；

小前提：汉语实词没有形态（或没有足以分词类的形态）；

结论：所以汉语实词没有词类的分别。

高名凯的这个逻辑推断没有问题，但他的小前提和大前提受到了学者们的普遍质疑。开始很多人都是质疑其小前提，即认为汉语实词是有形态的，这种质疑不足以驳倒高名凯的观点。后来吕叔湘（1954）指出："如果有一种或几种东西，能用来给词分类，即使不能叫做形态，那又有什么关系呢？换句话说，可以把高先生的小前提暂时放在一边，把他的大前提动摇一下试试看。"

汉语缺乏形态，所以不能根据形态划分词类，那么根据什么来划分词类呢？朱德熙（1960）指出，根据形态划分词类只是一种方法，一种手段，这种方法和手段之所以成为可能是因为它仍然建立在词的句法功能基础上。不同的词有不同的句法功能，表现在不同的句法位置允许进入的词是不同的，这说明不同类的词受到不同的句法位置的选择限制。据此，许多学者运用结构主义语言学的观点，根据分布来划分词类。

朱德熙（1982）是极力主张根据分布来划分词类的，所谓分布，即一个词所出现的句法位置的总和。但汉语里到底有多少个句法位置？恐怕谁也说不出来。所以，讲根据分布划分词类的人，实际上都是采用部分分布来划分词类。这就出现了新的问题——用哪些分布？朱德熙主要是根据句法成分和鉴定字（测试槽）。可是，为什么要用这些分布作为根据而不用别的分布作为根据呢？根据不同的分布划类，结果是很不一样的。为什么只用一部分分布而不用全部的分布呢？根据全部分布划类，将会得出几乎一个词一个类的结果，因为几乎不存在分布完全相同的词。对此郭锐（2002）提出了质疑，郭锐认为分布不是词类的本质，分布本质论是一个悖论。

根据分布划分词类，忽略了一个应该交代清楚的问题：分布只能作为划类的标准，但不是依据，分布仍然只是词类的外在表现。所以郭锐（2002）提出，词类的本质是词的表述功能的差异。词类实际上是以词的词汇层面的表述功能为内在依据进行的分类。词的词类性质的差异先于词的分布的差异，词的词类性质是词固有的，而不是在使用中临时产生的，词类是初始概念（郭锐，2002）。

20世纪50年代的汉语词类问题大讨论之后，词类问题一直是汉语语法学界非常重视的问题，不断有学者发表相关研究成果。原因很简单，不分清词类，无法讲语法。1988年5月，第五次现代汉语语法学术讨论会在北京举行，会议的主题就是讨论汉语的词类问题，会后编辑出版的《语法研究和探索》（五）集中收录了朱德熙等学者的十多篇讨论汉语词类的文章。2009年，《语言学论丛》编辑部发起"新视野下的汉语词类问题"系列讨论，从第四十辑（2009）开始至第五十七辑（2018）陆续发表了约二十篇讨论汉语词类问题的文章。这次讨论大概与沈家煊（2007）提出汉语的名、动、形三大实词类是"包含模式"（名词包含动词、动词包含形容词）的观点有些关系。为了论证"包含模式"，沈家煊发表了一系列的文章，并出版了专著《名词和动词》，与此同时，《英汉对比与翻译》第二辑设立"沈家煊词类观讨论专栏"，集中发表了十篇讨论汉语词类的文章。最近的这次讨论，不仅对汉语词类的性质、划分策略、区分词类的标准等问题作了许多有益的探索，而且对过去不同学者提出的划分汉语词类的观点进行了比较客观的回顾评述。比如马建忠、黎锦熙等人主要依据意义给实词分类，曾一度多受訾议，但这次讨论也有学者认为，就汉语的特点来看，根据意义判断实词类别的观点也有其合理的一面（陆俭明，2014；史有为，2014）。又如郭锐（2012）认为，一直以来受到批判的高名凯的词类观，其实也包含了不少有价值的理论探索。

综观历年来关于汉语词类问题的讨论，虽然达成了不少共识，比如大家都认识到，汉语划分词类必须依据汉语自身的特点确定标准，但究竟怎么分类，分哪些类，其实至今仍未能达成一致意见。沈家煊的"名动包含"说确实能够解释过去汉语词类划分中难以解释的一些疑难问题，但是最终也还是难以论证名、动、形之间的绝对界限，且理论上是否完全自洽，也还有待进一步论证，所以不少人对其观点提出了质疑（袁毓林，2010a、2010b；陆丙甫，2014；陆俭明，2014；史有为，2014；杨炎华，2018；等等）。我们比较倾向朱德熙、郭锐的观点，但不否认分布是划分汉语词类的最主要的根据。首先，词的表述功能固然是词类的本质属性，但表述功能是词固有的、内在的属性，我们对它的认识只有通过它的外在表现才能总结出来，它的外在表现无非是它在系统中所处的位置，而这种位置只有通过其实现的功能才能确认，其实现的功能就是它的分布。其次，说某类词的表述功能是指称、陈述、修饰、辅助，实际上还是根据它的分布总结出来的。最后，是根据全部分布划分词类还是根据部分分布划分词类，这是很多人质疑的问题，其实这完全取决于划类的目的。根据全部分布划类，即使最终结果是一个词一个类，从方法上讲也没有什么错，世界上本来没有两颗完全一样的露珠。任何分类的终极点就是将一个个的个体区别开来。只是终极类应该根据一定的标准进行再归并，归并的类再逐层归并，直至归并到最利于认识整个系统为止。赵元任曾提出过"词类的细分和总括"，说："对于某种分类要不要再分小类或总括成大类，总的原则是问，关于这样建立起来的单位是不是能作有意义的说明。"（赵元任，1979：231）所以，如果根据全部分布划类，应该补充的一项工作是，将不同的分布区分出不同的层次来。根据部分分布划分词类，只要能够将不同词类的本质特点区分开，就是可行的，而且所用分布应该越少越好。这样做最需要解决好的就是选择哪些对分类最有效的分布。

三、现代汉语的词类划分

现代汉语的词类划分至今意见不统一，以《马氏文通》为代表的根据意义分类，各家差别不是很大，根据功能分布分类的各家，所分出的类有比较大的差别，这种差别实际上就是由于采用不同分布为根据带来的。

丁声树等（1961）按照性质和用法分十类：名词、代词、数词、量词、动词［附助动词、次动词（介词）］、形容词、副词、连词、语助词（啊、吧、吗、嚜、呢、了、的）、象声词。

赵元任（1979）首先分为体词、动词和别的词类两大类，体词包括：名词、专有名词、处所词、时间词、D-M复合词（如三磅、这回）、区别词（三、每）、量词、方位词（里、上）、代名词九类；动词和别的词类包括：动词（包括形容词）、介词、副词、连词、助词、叹词六类。赵元任的分类标准基本上是部分分布，这些分布没有明确地都列举出来，并且提出了"词类的细分和总括"原则，同时申明："是否有足够的差别值得据以划分小类，是否有足够的共同性质值得据以建立大类，有时候是个大有选择余地的问题。"（赵元任，1979：231—232）

朱德熙（1982：37）明确指出："给汉语的词分类不能根据形态，只能根据词的语法功能。""一个词的语法功能指的是这个词在句法结构里所能占据的语法位置。"根据这个标准，朱德熙（1982：40）将汉语分出17个词类：

实词	体词	1. 名词　水 树 道德 战争
		2. 处所词　北京 图书馆 邮局
		3. 方位词　里 上 里头 东边
		4. 时间词　今天 现在 从前 星期一
		5. 区别词　男 女 金 银 新式 高级
		6. 数词　一 二 十 百 千 万
		7. 量词　个 只 块 条
		8. 代词（体词性）　我 谁 这 那 什么
	谓词	代词（谓词性）　这么 那么样 怎么
		9. 动词　来 写 买 研究
		10. 形容词　红 大 干净 多
虚词		11. 副词　很 也 已经 再
		12. 介词　把 被 从 连
		13. 连词　可是 如果 即使 和
		14. 助词　的 所 得 似的
		15. 语气词　啊 吗 呢 吧
		16. 拟声词　啪 哗啦 叮叮当当 叽里咕噜
		17. 感叹词　哦 哎 呀 嗐

郭锐（2002：96—98）认为："划分词类实际上就是根据可观察的外在特征推断词内在的语法性质（表述功能）。所以，严格说，分类实质上是去发现类，识别类。""分类标准不一定是类的本质特征，形态不是词类的本质，我们可以拿它来作为划类的标准；同样分布也不是词类的本质，我们只是拿它来作为划类的标准。""词性是先于语言学家的划分存在的，是语言本身的组织构造的一部分。以词性为基础的词类不是分布类，分布只是词性的外在表现……我们根据分布划分词类，实质是通过分布来推断导致分布差异的词本身的性质差异。这种性质就是词性的本质。""分布差异只是表述功能的外在表现，我们要从分布异同中求得表述功能的异同，这样我们并不是简单地根据分布异同定类，而是忽略一些分布上的差异（如能受'没'修饰还是能受'不'修饰的差异），也忽略一些分布上的共性（如名、动、形都能做主语），通过分布相容度的分析找出制约分布的表述功能，使一定的分布与一定的表述功能相联系（见第6章）。"郭锐比以前的研究前进了一步：区分词类的本质和划分词类的标

准。词类的本质是表述功能,划分词类的标准是语法功能(就是分布)。

郭锐(2002)按层级划分词类,基本词类共二十个:其中十九类是根据语法功能划出的,只有代词是特殊类。二十类是:动词、形容词、状态词、名词、量词、方位词、时间词、处所词、区别词、数词、数量词、指示词、副词、拟声词、介词、连词、语气词、助词、叹词、代词。这是目前我们见到的数目最多的汉语词类体系,其中有些类是否可以归并,当然还有讨论的余地,比如拟声词和叹词(朱德熙也分属不同类),邢福义(2004)就认为应归并为一个类。

上面之所以要介绍现代汉语词类的划分情况,是因为古代汉语、汉语史研究中几乎无人独立地对古代某一时期的汉语作过词类划分,基本上都是套用现代汉语的词类划分体系,而且主要是套用自《马氏文通》以来按语义分出的词类体系。然而,事实上汉语不同时代的词类体系是否就是如此,却还是很值得研究的。

第二节 汉语史的词类划分

王力(1958)讲了名词、单位词、数词、人称代词、指示代词、疑问代词、动词、形容词、介词、连词、语气词的发展;后来王力(1989)增添了副词,如果将三种代词合并,所讲词类是十个。太田辰夫(1958/1987)先讲现代汉语的词类,分名词、代名词、数词、量词、动词、形容词、介词、副词、连词、助词、叹词十一类(有些类下又分小类或附类),讲历史发展时也就按这十一类讲。其他讲语法史的著作如向熹(1993)的词类大体与王力相似。这些论著基本上没有讲各个词类是如何划分出来的。李佐丰(1994)分动词、形容词、名词、时间词、方位词、数词、量词、代词八类,分类的标准虽然强调功能,但大体上还是从意义出发,与现代汉语的词类划分差别不大。殷国光(1997)分名词、形容词、动词、数词、量词、代词、副词、介词、连词、助词、叹词十一类,与通行的现代汉语教科书的词类划分几乎没有什么不同,类数和名称与太田辰夫(1958/1987)完全一样。姚振武(2015)分名词、动词、形容词、数词、量词、代词、副词、介词、连词、结构助词、语助词、语气词十二类，如果按照多数人的做法，将结构助词和语助词合并，也就和太田辰夫（1958/1987）所分的十一类一样了。周生亚（2018）也是分十个类，与王力基本相同，只是将语气词、"所"、"者"、"的、地、得"等都归入助词一类。其他一些断代语法或专书语法的著作，词类划分也都基本上是这个样子。①这种对不同历史时期汉语词类的划分当然不是不可以，只要能够把语言事实讲清楚就行。问题是，第一，至今没有人对任何一个历史时期的汉语的词语作过穷尽的归类，都是举典型的例子。第二，没有人讨论过不同历史时期汉语划分词类的标准和依据的问题。第三，没有人从系统出发讨论过汉语词类的发展问题。第四，可以说，大多数人都是心中有一个现代汉语的词类名目，然后去看古代不同时期的词语可以放到哪一个类中，这样给人的感觉就是汉语的词类是没有变化的，变化的只是每个词类中的成员而已。

我们认为，汉语的不同时期，词类系统是有变化的，虽然类目的变化不大。其次，即使我们使用现代汉语的词类名目来给不同时期的汉语词类命名，也应该知道，虽然同样叫名词、动词、形容词，其功能古今是有差异的，比如上古汉语的名词能够比较自由地充当谓语、状语。当然，不同时期的词类系统、不同语言的词类系统肯定存在着许多共性，这是因为人类语言是有共性的。就词类系统来说，任何一种语言，都有名词（表示事物名称）、动词（表示动作行为）、形容词（表示性质状态）。"语言是现实的编码体系。现实为编码提供的客观基础大体上可以分为空间、时间和性状三大类。名物占有一定的空间，表现出事物的大小、高低、宽窄、厚薄、聚散、离合等的特点，大多是一些离散的、有形的现实现象；和空

---

① 倒是有些外国学者对汉语史上的词类提出了一些独特的看法，如蒲立本（2006：12—13），没有分词类讨论问题，但是提出了一些很值得注意的观点，如："就其本性而言，动词是要求另有一个或几个名词或名词性短语以足其义的词……名词以及名词短语（参看第七章）就其意义而言是独立的；如果它们要充任谓语就需要有特殊结构，比如有句末小品词'也'或特殊否定词'非'的结构（参看第三章）。""在汉语中，形容词只是动词的一个次类。不过……形容词的一些特质使得它又有点儿像是名词。数词或表示量的结构从句法上看类似于动词。相当于英语介词的词在古汉语中是动词的一个特殊的类型，即次动词。"

间的表现形式不同,时间是无形的,它只有通过名物的运动变化才能表现出自己的存在;性状也是无形的,它存在于不同的名物及其运动的状态中。空间、时间、性状是语言对现实进行编码的客观基础,不同语言都需要将这三类不同的现象编成'码'"(徐通锵,1997:334),这就是说,任何语言都会有名词、动词、形容词,只是编码方式可能有差别,不同语言,三类之间的差异可能不同。我们还没有见到哪种语言不能区分名、动、形三类实词的观点。任何语言都有称代表示法,那就是代词,有数的表示,那就是数词。所以,先用现代汉语的词类观点来观察历代汉语的词类,并非不可,但要进一步通过比较来考察不同时代汉语的词类系统的特点。

一、不同时代的词类系统[①]

1.远古汉语的词类

援用现代汉语词类名称,远古汉语有名词、时间词、动词、形容词、代词、数词、副词、介词、连词、语气词十个词类。如果用郭锐(2002)给现代汉语分出的二十类比较,远古汉语没有状态词、量词、方位词(注意,远古汉语有"东、西、南、北、中、上、下、左、右"等词,但它们的功能与普通名词的差别远不如现代汉语大,所以可以归并到名词一类)、处所词(性质与方位词同)、区别词、数量词、指示词(有"兹、之"两个词,但不容易与其他代词区分,所以不宜独立成类)、拟声词、助词、叹词(西周金文中有几个词可能看作叹词)十个词类。

各词类包含的小类与后代也有很大的差别。如动词里边,有没有助动词?有人说甲骨文中有"克",义同上古汉语的"克",这个字过去释为"骨",徐宝贵释为"肩",训"克", 裘锡圭表示赞同(张玉金,2001)。但仅一个词,似乎不宜定为一个小类。甲骨文里可能也没有谓宾动词。又如形容词,甲骨文中不存在性质形容词和状态形容词的差别,而且整个甲骨文中形容词就极少,杨逢彬(2001)更认为甲骨文只有

---

① 我们把汉语史粗略地分为五个时期,殷代盘庚迁殷至西周为远古汉语,东周至西汉为上古汉语,东汉至隋朝为中古汉语,唐至清初为近代汉语,清初以后为现代汉语。

十一个形容词。代词与后代的差别更大,人称代词只有"我、余、朕"和"女、乃"(或说还有"尔"),指示代词只有"兹、之",没有疑问代词,指示代词也不像后来有远近之分。语气词到底有没有还有不同的看法,即便有,甲骨文中也只有裘锡圭(1988)论证过的"抑、执"二词,①而且在西周金文中不再能见到。西周金文中有用在句尾的"哉(作'才''戋'),但用例很少(管燮初,1981)。张玉金(2004)认为西周汉语还有许多其他句尾语气词,但依据的材料是《尚书》和《诗经》之《雅》《颂》篇什,是否西周汉语的真实面貌,很难说。另外,数词、副词、介词、连词各类,词的数量不多,下级分类也都很简单。

2. 上古汉语的词类

上古汉语有十二个词类,和远古汉语比,增加了一类量词,一类拟声词。

有人认为甲骨文中就已经有量词了,不大可信。西周金文中的"匹""两(辆)",已经用于计量,但搭配对象固定,可看作量词的萌芽状态。如"王易兮甲马四匹"(兮甲盘)、"孚车十两"(小盂鼎)。王力(1989:26)认为"表示天然单位的单位词在先秦已经萌芽了"。② 到上古后期,秦汉简帛中量词使用频率增高,常用量词如"枚",在《史记》和汉简中都大量使用(张万起,1998),《史记》中还有"个""发(矢)""头(牲畜)"等,《睡虎地秦墓竹简》中有"乘(车)、封

---

① 甲骨文中是否有句尾语气词?郭沫若、陈梦家认为有"乎""才(哉)""曰"(相当于先秦时期的"矣"),李学勤提出有"叀""执",裘锡圭(1988)认为只有"叀""执"可以看作语气词,而郭锡良(1988)认为"叀""执"也不是语气词。

② 王力(1989:26):"(先秦时代)表示天然单位的单位词还是很少的。据我们所知,只有'匹'、'乘'、'两'(指车和屦)、'张'(指幄幕)、'个'(指矢)等极少数的几个字。我们可以说,表示天然单位的单位词在先秦已经萌芽了,但真正的发达还在汉代以后。"贝罗贝(1998)认为真正的量词最早出现于公元前2世纪,王力举出的那些词都可以作不同的解释。很多讲早期量词的论著都提到《孟子·告子下》中的"一匹雏",这个"匹",其实是很可疑的。赵岐注:"人言我力不能胜一小雏。"是以"小"释"匹",孙奭音义:"匹,丁作疋……今案《方言》:'尐,小也。'音节。盖与疋字相似,后人传写误耳。"

（书信）、两（车、履）、匹（马）、束（成捆的东西）"等（张显成、李建平，2017）。

拟声词《诗经》里很多，如"呦呦""关关"等。应该说，拟声词这个类不是根据语法功能划分出来的，而是根据词源特征设立的，即这类词是对现实世界中的声音的模拟。西周金文中有"呜呼（哀哉）"，先秦文献中有"嗟""咄"，比照现代汉语，应该叫感叹词，我们将其归入拟声词，因为感叹词也是对现实世界中声音的模拟，只是感叹词一般都是单独使用，不能进入句子结构。

动词类中已经形成了助动词小类，如"克、能、得、足、足以；可、可以、宜、当、欲"等（李明，2016），另外有一类动词，不带宾语时像不及物动词，带宾语时像及物动词，应该独立为动词的一个小类，有人称之为"作格动词"，我们叫"结果自足动词"。这类动词可以出现在如下三种格式中（杨荣祥，2017）：

"$NP_1\_\_NP_2$"：壬戌，公**败**宋师于菅。（《左传·隐公十年》）

"$NP\_\_$"：秦师轻而无礼，必**败**。（《左传·僖公三十三年》）

"$NP_1+V\_\_NP_2$"：兄弟甥舅，侵**败**王略，王命伐之，告事而已。（《左传·成公二年》）

远古汉语中似乎没有这类动词，中古时期这类动词就逐渐衰落了（杨荣祥，2011）。

数词也有很大的发展。甲骨文中只有基数词，上古汉语产生了分数、约数。如：

（1）先王之制，大都不过参国之一，中五之一，小九之一。（《左传·隐公元年》）

（2）出门，使以三分之一行；半道，使以二乘。（《左传·哀公八年》）

（3）纣有亿兆夷人，亦有离德；余有乱臣十人，同心同德。（《左传·昭公二十四年》）

（4）冠者五六人，童子六七人，浴乎沂，风乎舞雩，咏而归。（《论语·先进》）

远古汉语的数词能够充当定语（直接加于名词前），如"十羌""十有五羌"；充当谓语，如"羌五""鼎簋一"。上古汉语里，数词单独充当谓语逐渐减少，但增加了充当状语的用法，如"三战，子常知不可，欲奔"（《左传·定公四年》）。

形容词从语义上可分为性质形容词和状态形容词两类。但又不像后代两类存在明显的功能差异，还不能独立分出两个不同的大类（杨建国，1979）。

代词系统变得十分繁复，新产生了疑问代词，指示代词又可以分为好几类，还有一些特殊的代词。第一人称代词有"我、余、予、吾、朕、卬、台"，其中"我""吾"两个最常用，并存在分布上的对立，可能还有单复数的差异。第二人称代词有"尔、女（汝）、乃、而、若、戎"，它们之间有什么差异，还不是很清楚（周生亚，1980）。指示代词更加复杂，郭锡良（1989）讨论了上古汉语的十三个指示代词，分为五组：（1）泛指和特指"之、兹、其"；（2）近指和中指"此、斯、是"；（3）远指"彼、夫"；（4）无定"他、莫"；（5）谓词性指代"尔、若、然"。其认为五组指示代词不仅指代功能有别，语音上还存在系统对立。此外，上古汉语中具有指代功能的词还有"或""所""者"，都各有特殊的指代功能。甲骨文中没有疑问代词，西周金文中也没有，张玉金（2004）认为西周汉语里已经产生疑问代词，但是所举用例都是《诗经》《尚书》等传世文献中的，所以不能十分肯定西周就有疑问代词了。上古汉语出现了一套疑问代词，有多种形式，根据语音关系可以分为三组（王力，1958：286）：①

禅母：谁、孰

匣母：何、奚、胡、曷（害）、盍（盖、阖）

影母：安、恶、焉

---

① 周法高（1959）分四组，多喻（以）组"台""以"。

三组疑问代词之间在指代功能和句法分布上都具有一些明显的差异。

语气词形成了一个既不同于远古汉语,也与后代不同的体系,而且使用频率非常高。

3. 中古汉语的词类

和上古汉语相比,中古汉语增加了一个大类:方所词。这样,中古汉语应分为十三类。郭锐对现代汉语的词类划分区别方位词和处所词,但汉语历史上这两类恐怕是划不清楚的,所以我们合起来叫方所词。方位词是上古后期开始陆续产生的,它的产生与汉语的语序演变、介词的发展都有很大的关系(李崇兴,1992)。由于方位词的产生,表处所的名词的功能与普通名词的区别变得明显。中古汉语中,方所词的分布与普通名词是很不一样的,最突出的分布差异是与介词的结合。另外,方所词和名词对应的指代词也从中古开始逐渐形成对立(李崇兴,1992)。

持续态的助词"着(著)"已经萌芽,但是不是要独立出"助词"一个大类,还值得考虑。状态形容词是否应该独立为一个大类,还有待研究。

其他变化也是很大的,表现在:(1)动量词产生,名量词也大量增加,这样,中古汉语的量词就应该分为两个小类了;(2)上古汉语繁复的代词体系到中古变得简洁,内部的系统性发生了很大变化,第一人称代词基本上用"我",第二人称代词主要用"汝"和"尔","尔"的替代形式"你"在中古后期已经出现,出现了真正的第三人称代词"渠"和"伊",但"他"作第三人称代词还没见到确切用例,疑问代词基本上归并为"谁""何"两个,指示代词只有远指和近指两类;(3)动词类中的结果自足动词小类已经分化并趋于消失;(4)如果状态形容词不独立为大类,至少也应该在形容词这个类中独立为小类,与性质形容词分开;(5)语气词的内部体系发生了很大的变化。

4. 近代汉语的词类

近代汉语的词类由中古的十三类至少增加到十五类,增加的词类是:

(1)状态词——由形容词类分出,特别是宋元以后,状态词的分布与性质形容词有明显的差别。其分布特点,就句法功能来说,主要是作谓语和状语；就与别的词的组合能力看，不能受程度副词修饰，一般不能直接充当名词性结构的修饰语。

（2）助词——助词已经形成体系，包括结构助词"的、地、得"，时态助词"却、了、着（着）、过"，事态助词"了、来、去"等（曹广顺，1995）。

（3）区别词在近代汉语中似乎还很难从形容词中分出来。

（4）指示词是否要独立，有待研究。

如果不算（3）（4）项，近代汉语可分为十五个词类。和郭锐的二十类比，没有数量词、区别词、指示词，合并方位词和处所词，合并叹词和拟声词。

5. 小结

从远古到近代，汉语的词类是有变化的，基本上是在增加。虽然有些类是否应该独立为一个大类，还可以讨论，比如说"时间词""方所词"是否也可以归为名词的下属类？上古的拟声词是否可以将部分归为形容词的下属类中的表状态义的形容词，部分归到语气词里？这就涉及上文提到的赵元任提出的分类原则的问题，到底是"细分"还是"总括"。但是"量词"这个类肯定是上古汉语开始形成的，"助词"这个类是近代汉语开始形成的，这一点学界的意见应该比较一致，还有一些大类的下属类的变化更是明显。由此看来，讨论汉语史上的词类问题，如果简单地用现代汉语的分类去套，显然是不合适的。

至于说为什么汉语在演变过程中会产生一些新的词类，这当然是与汉语的整个语法系统发生变化有关，有关具体细节，则需要进一步深入研究。

二、"类"与功能的对应关系

1. 词类功能的变化

虽然我们给不同时期的汉语词类采用相同的命名，但我们必须明确，命名相同的类，不同时期的功能分布并不是完全相同的。到底有哪些不同，这需要通过详细的断代描写来确定，下面仅列举一些比较明显的差异。

甲骨文中没有典型的名词谓语句，也就是说普通名词是不能直接充当谓语的；金文中开始出现名词谓语句，表示判断；上古汉语普通名词在判断句中充当谓语则十分常见。中古开始，普通名词逐渐不能自由地充当谓语了，判断句要使用系动词"是"。上古汉语的普通名词可以充当状语，到中古，名词的这项功能逐渐消失（苏颖，2011）。

远古、上古汉语的数词可以直接修饰名词，上古汉语数词还可以直接修饰动词，反过来，远古、上古汉语的名词以及上古汉语的动词都可以直接受数词的修饰，到了中古，名量词、动量词普遍使用，数词、名词、动词的分布功能就都有了一项非常明显的变化——数词需先与量词结合才能与名词、动词发生结构关系。

上古汉语的名词、形容词都有一部分用在述语位置带宾语，过去都说这是词类活用。到底是活用，还是它们自有的功能？就算是活用，为什么上古能活用，到中古就不能活用了？其中的条件和机制是什么？这些问题还值得研究（杨荣祥，2013）。

上古汉语的数词可以直接充当谓语，大约到中古后期，数词的这种功能消失。

上古汉语的代词作定语，除了"余、谁"有时候用"之"与中心语连接，其他都是直接加于中心语之前，现代汉语代词作定语，如果与中心语在语义上是不可转让关系，可以不用结构助词"的"，如果是可转让关系，就得后加结构助词，这种变化大概发生于近代汉语。

中古以前，单个动词、形容词充当谓语（或述语）而句子可以独立（完句），现代汉语则多数情况下需附带完句成分句子才能独立，或曰在形式上需要"有界化"，这种变化也是在近代汉语阶段开始的。

上面说的各项，都是实词在不同时代其分布有所不同。虚词的分布古今也不是完全一样。比如上古的代表性介词"于（於）"引介处所，其典型分布是"V+于（於）L"，后代的代表性介词"在"的典型分布则是"在L+V"。上古汉语有一个专门连接陈述性成分的连词"而"，"以"也有类似的功能，中古时期这种连词衰落，而且汉语里没再产生与其功能类似的连词。上古汉语出现的一套语气词，中古逐渐衰落，到近代汉语中，发展出一套新的语气词，而近代汉语中新产生的语气词，与上古汉语的语气词几乎没有渊源关系。

为什么不同时代功能分布不同的词我们要命名为相同的词类呢？过去讲词类就是分布类，对这个问题无法回答。不同语言、同一语言的不同时代，分布并不完全相同的词，我们都看作相同的词类，比如英语的形容词和汉语的形容词，分布是不完全相同的，上古汉语的动词、形容词、名词与后代的分布也不是完全相同的，之所以都叫作名词、动词、形容词，是因为词类的本质不是分布或句法功能，而是另有一种本质属性。这种本质属性，根据郭锐（2002），就是词的表述功能。虽然上古汉语的名词的分布与后代不同，但其表述功能都是指称；虽然不同时代动词的分布不同，但其表述功能都是陈述；形容词的表示述功能都是"陈述/修饰"，介词、连词的功能都是"辅助"。

2. 名词、动词、形容词的划界问题

词的表述功能是词类本质的、内在的属性，是不容易观察到的，所以就汉语来说，我们不可能直接根据词的表述功能给词分类，只能根据词的表述功能的外在表现——功能分布来给词划类。这样，我们要给不同时期的汉语划分词类，就得对不同时期的汉语的词的功能分布作充分的调查分析，可是目前这项工作还做得很不够。而且从现有研究看，这项工作困难是很大的，仅语言的基本词类名词、动词、形容词的划分，就不是件简单的事情。

我们直接观察到的一个事实是远古汉语的形容词非常少，上古汉语有很大的增加，上古以后仍然在不断地增加。为什么形容词会由少变多？徐通锵（1997：338）认为："性状作为一种独立的编码对象在汉语的早期还没有分离出来。它寄托于名物，在编码的时候大体上都是通过某一类名物的摹写来衬托某种特定的性状。"徐通锵用《尔雅》《说文》所收词为证，其实远古汉语就有这样的词，如"羊—羔""豕—豚""木—林—森"，这是通过对事物的分类，把事物的性状包含在名物之中。这与人们对客观世界的认识有关，与人们选择现实世界的哪些东西形成概念有关（蒋绍愚，1999），不过远古汉语中能够明确指出包含了特定性状的名物词并不是太多。我们认为，一个时代的语言，就是那个时代的现实的编码体系。远古时代，人们的交际中可能并不需要很多关于性状的说明，可能因为现实生活中对许多事物的性质状态没必要辨别、认识，或者根本就不认识，所以这一类概念就没有投射到语言中，所以出现的形容词就很少。

杨逢彬（2001）认为甲骨文中的形容词非常少，而管燮初（1953）、张玉金（2001）等认定的形容词要多得多，这是为什么？这不仅是对词的定类的标准问题，对词在不同时代的功能的判断问题，还是个是否认识到词类系统也是发展变化的观念的问题。我们不能根据今天对词义的理解判断去确定历史上一个词的归类。远古汉语的名词、动词、形容词的界限未必与今天名词、动词、形容词的界限相同，即便是上古汉语，名词、动词、形容词的界限也不如现代汉语清晰，所以我们在给历史汉语划分词类的时候是不能完全采用现代汉语划分词类的标准的。

我们过去讲词类活用，主要是名词、形容词活用为动词，从某个角度讲，所谓词类活用正是名词、动词、形容词的界限不清晰的一种表现，这种现象会给我们根据分布来划分远古、上古汉语的词类带来麻烦。杨荣祥（2013）认为，上古汉语多词类活用与上古汉语存在一批综合性动词有关，其实，上面所列的"羊—羔"等例子，也可以说"羔"这样的名词是综合性名词，即在表示事物的同时还表示了性状（既有空间性的意义，也有性状意义）。杨荣祥（2013）说"聚""启""牧"这样的动词表示的是"动作+对象"，是对象自足动词，也就是动词的词义中还包含事物的意义。也有一些公认的名词，如"衣""冠"，上古汉语中大量用作动词，是否这样的词本来就是将"事物"和"动作"综合在一起了呢？陈承泽（1982：18—19）在讲活用时说："如名字，主要为表物之字。然物大抵有其象，而象字所形容者，往往不过其一部分；欲形容其全象或浑漠之象，必即以该名字为象，用如'君君''臣臣'第二之'君'字'臣'字，指具有君或臣所应具之德言，即象用也。物又有其动（最广义），而动字所表出，往往不过其一部分；欲表出其全动或其特有之动，必即以该名字为动用，如'天雨'之'雨'，即自动用也。此全部分之动或其特有之动，其本身及物时，或人假之以及物时，则为他动用，如'夏雨雨人'之第二'雨'字，'锄而去之'之'锄'字，是也。"可见，词类活用，对我们划分上古汉语名词、动词、形容词三大类实体词会形成很大的干扰。

还有一个音变构词的问题。这个问题非常复杂，它牵涉远古、上古汉语有无形态变化的问题，目前说有说无都还很难证实或证伪。如果远古或上古一个字形既表指称又表陈述不是构词问题，而是句法问题，那就会给我们划分名、动、形增加更大的困难。比如"鱼—鱼（渔）"（甲骨文已经有写作"渔"的）、"田—田（畋）"、"子—子（养育孩子）"。如果这是属于构词问题，那么就是两个不同的词，根据不同的分布来推断它们的表述功能就可以了。如果看作同一个词，我们就得对其分布作出解释。这几个"字"从字形上看，似乎是用于表示实体名物的，但也有一些字，字形显示的是动作，如"伐（杀伐）—伐（被杀者）""孚（俘获）—孚（俘虏）"。还有"雨"这样的词，有人说作动词是活用，有人说是兼类，有人说是两个不同的词项。从字形上我们很难判断它表示的是实体还是过程。这些现象，是同一个汉字记录了两个词，还是一个词的活用，还是一个词的不同分布？如果是两个词，是否有形态变化？如果是一个词的不同分布，那么我们就需要寻找新的划类标准。

就名词、动词、形容词的句法功能来看，我们认为至少上古时期动词和形容词的界限是不清楚的，如在句法结构中动词与动词之间用连词"而"连接，形容词与形容词之间也用"而"连接；动词作谓语后面带语气词"矣"，形容词也带"矣"；动词作定语后面可以带也可以不带"之"，形容词作定语也是后面可带可不带"之"，特别是形容词作谓语还可以带宾语（所谓活用、使动用法、意动用法）。仅就句法功能而言，动词能充当的句法成分，形容词也都能充当，不过是比例有所不同而已。所以有不少人在讲上古汉语语法时，不严格区分动词和形容词，有人就笼统称为谓词。[①]动词与名词的界限也并不是十分清楚，如名词可以活用为动词作谓语，带宾语，动词、形容词可以作主语、宾语。名词充当判断句的谓语，动词、形容词带语气词"也"也可以充当判断句的谓语。名词可

---

① 统称为谓词当然是没有问题的，但是与谓词相对的是体词，这是更概括的类，朱德熙、郭锐的分类都是分层级的，谓词、体词不是我们讲语法时使用的基本类。

以充当状语，动词、形容词也可以充当状语。

既然上古汉语名词、动词、形容词的界限如此不清楚，为什么我们还是叫作"名词""动词""形容词"呢？第一是为了表述的方便，第二是我们相信名词、动词、形容词是有界限的，只是我们需要重新考虑划分这三大词类的标准问题，不能套用现代汉语的分类标准，应该明白不同时代这三大类实词的分布规律是不一样的。

三、以发展的观点看汉语词类的演变

用发展的观点看汉语词类的演变，主要应该强调两点：一是不同时代，词类的多少有别；二是不同时代，词类的本质属性是一样的，但词类的外在表现则不尽相同。因此，确定划类标准就必须根据不同时代语法系统的特点来确定。我们现在讲历史汉语的词类，基本上是先从意义上作出判别，然后借鉴现代汉语划分词类的标准去看从意义出发所作的判别是否说得过去。这样，我们的判断往往是见仁见智。特别是在大的词类中的次类判别方面，分歧更是严重，尤其是对动词的次类划分，如对及物动词和不及物动词的划分。

今后我们对历史汉语的词类研究，首先要做的工作是充分描写所有词的分布特点，再确定利用哪些分布来作分类的标准——这需要对各种分布在划分词类的价值方面进行研究（不是每种分布对划分都有价值，而且，不同的分布，价值还有大小之分）。这种标准是不能从现代汉语借鉴的，各个时代的标准不可能一样。

第三节 "类"与"类"结合关系的变化

一、名词、动词、形容词的结合关系

上古汉语里当一个谓词（动词、形容词）在句法上用于指称时，其前可以通过"之"加上名词性的修饰限定语，到中古，这种"之"消失了，名词修饰限定谓词的组合规则也就发生了变化。

早期汉语里名词可以直接修饰名词形成"定·中"关系，如"王师、

王事、民心、戎行、狄难、农功"等。现代汉语的单音节名词加单音节名词给人的感觉都是双音节词,而双音节名词加双音节名词一般不能直接形成"定·中"关系,要中间加入"的"来确定语法关系。①

远古、上古汉语中,动词可以直接修饰名词形成"定·中"关系,如"降祸、鸣鸟、围戎、悬瓠、蔓草"等。现代汉语的单音节动词一般都不能直接作定语,但双音节动词可以。如"工作时间、学习资料、游泳健将"等。据郭锐(2002),现代汉语中,31%的动词可以直接作定语,但多为双音节动词。

历史上有多少名词可以直接加于另一个名词前作限定语,有多少动词能够直接加于名词前作定语?哪些名词可以直接作定语,哪些动词经常直接作定语?这需要详细的调查分析。

上古汉语普通名词可以直接修饰动词形成"状·中"关系,如"蛇行、人立、橐载、房使、师事、瓦解"等。这种现象在上古汉语中十分常见,中古逐渐少见,到近代基本上消失。

二、实词与虚词的结合关系

上古汉语两项谓词性成分可以通过"而"组织在一个句子中,两项谓词性成分表达的事件或性质状态可以有时间先后顺序,也可以没有时间先后顺序,前者从语义关系上讲一般为顺承关系、条件关系等,后者为并列关系、转折关系等。所以在上古汉语中谓词性成分有一项分布特征——前后两项可以用"而"连接。到中古汉语,"而"已经衰落,这项分布特征便失去了效力。上古汉语也有名词通过"而"与谓词性成分连接的,这时的名词一定在句法层面上具有陈述功能。有人认为上古汉语的名词具有陈述功能,这个说法不准确,名词的表述功能是指称,只是在句法层面上有时具有陈述功能(杨荣祥,2010)。

上古汉语常用"矣"加于由谓词充当的谓语之后,除了表达一定的语气外,还具有表达实现或完成的时间意义。中古"矣"已经衰亡,这项分布也就没有了。但中古有在谓语后加"已、讫、毕、竟"的句式,这种句

---

① 类似"木头桌子"这种结构,郭锐(2002)认为"木头"具有区别词的性质。

式从时间意义上说与加"矣"的句式接近,但二者的分布是很不一样的,形容词谓语句后一般不能加"已"。二者的功能也不同,"矣"是语气词,"已"是动词,在句子中是充当谓语。

近代汉语中产生了动态助词"了、着、过",但早期并不是很多动词都可以带"了、着、过"的,后来才逐渐增多〔郭锐(2002)认为现代汉语中85%的动词可以带"了、着、过"〕,为什么会发生这样的变化?现代汉语中,72%的形容词可以带"了"或"过、着"(带"着"的比较少),但在近代汉语中,能够带"了、着、过"的形容词是不多的,为什么后来就增多了呢?能否带"了、着、过"是现代汉语中区分体词和谓词(动词、形容词)的重要标志,但是在"了、着、过"产生后的早期近代汉语中,能够后接"了、着、过"的动词、形容词却是不多的,所以即使在近代汉语阶段,也很难以能否带"了、着、过"作为确定动词、形容词的标准之一。

在现代汉语词类划分时,程度副词"很"是很重要的区分动词和形容词的"鉴定词"(朱德熙,1982),形容词可以受"很"修饰,动词除了表心理活动的动词,别的动词不能够受"很"的修饰。可是在近代汉语中,程度副词却可以修饰动词和多种动词性结构。[①]如《朱子语类》中有"孟子最发明此处""他最说打坐不是""极说道学恁地不好""其实甚夺人志""极说得性、情、心好""则明日决不分外饮食",《水浒传》《金瓶梅》里也能够见到类似的用法(杨荣祥,1998)。这说明,近代汉语中,程度副词不仅可以与形容词组合,还可以与动作动词(或动词性结构)组合。那么,通过"很"或别的程度副词来测试近代汉语动词和形容词的区别就不是十分有效。还有,现代汉语中,状态形容词、动词或动词性结构作定语,一般需要后接"的"才行,但近代汉语并不全是这样。如"当是民生日用最要紧事耳""极白好面""然而其德本是至明物事""只孙从之是朝中煞好人""方好用微微火养教成就""爱饮酒人""不会记性人""才不足人"(以上见《朱子语类》);

[①] 程度副词"很"产生得比较晚,元代有作"哏"的用例,但很少见,"很"到清代才普遍使用。所以我们只能用别的程度副词来说明问题。

"最好性格""最高亭子"（以上见《金瓶梅》）；"极好刀笔"（见《水浒传》）；等等。可见，和现代汉语相比，近代汉语中状态词（状态形容词）、动词与结构助词"的"的结合关系也不是完全一样的。

第四节　结语

汉语的词组也好、句子也好，都是有组织规则的，他们都是由构成成分构成的，构成成分各有其位，各有身份，各有功能，那么当然就可以归类。词类是客观存在的，但不同语言，划分出来的词类可能不同；按照郭锐（2002）的说法，我们今天给汉语划分词类，实际上是去发现类。如何去发现并总结，就需要找出不同类之间的差异，差异越明显，分类越容易。印欧语因为不同的类有身份标记，容易区分，汉语的词没有身份标记，就需要想别的区分办法。用充当句法成分的差异也不容易区分，因为汉语的词类和句法成分不是一一对应的。所以说，汉语词类划分困难，关键原因就是这两点，一是词形没有形式标记，二是词类与句法成分不是一一对应的关系。沈家煊（2007）提出名动包含，可以更好地解释词类与句法成分一对多的问题，但是如何确定不同类之间的界限，仍然需要寻找并总结划类的标准。

词形没有形式标记，词类与句法成分不一一对应，汉语自古而然。因此，给现代汉语划分词类需要寻找别的划类标准，给不同历史时期的汉语划分词类，同样需要寻找别的划类标准。我们认为，这个标准大概就是词与词的组合规则，也就是不同时期各个词类的分布特点。什么词能与什么词结合，哪些类别的词不能与哪些别类词结合，某类词共有哪些与别类词的组合，把这些问题搞清楚，或许能够看清不同时期词类的大致面貌。

不同时代的汉语，语法系统是不一样的，词与词的组合规则当然就不一样。所以，给不同历史时期的汉语划分词类，必须依据不同时期汉语语法系统的特点。研究汉语词类的历史演变，历史的观点、发展的观点、系统的观点尤其重要。

参考文献

贝罗贝（1998）上古、中古汉语量词的历史发展，《语言学论丛》第二十一辑，商务印书馆。

曹广顺（1995）《近代汉语助词》，语文出版社。

陈保亚（1985）论句法结构，《西南师范学院学报》第2期。

陈承泽（1982）《国文法草创》，商务印书馆。

丁声树、吕叔湘、李荣等（1961）《现代汉语语法讲话》，商务印书馆。

高名凯（1953）关于汉语的词类分别，《中国语文》10月号。

管燮初（1953）《殷虚（墟）甲骨刻辞的语法研究》，中国科学院。

管燮初（1981）《西周金文语法研究》，商务印书馆。

郭　锐（2002）《现代汉语词类研究》，商务印书馆。

郭　锐（2012）高名凯先生的汉语词类研究，《语言学论丛》第四十六辑，商务印书馆。

郭锡良（1988）先秦语气词新探（一），《古汉语研究》第1期。

郭锡良（1989）试论上古汉语指示代词的体系，载吕叔湘等《语言文字学术论文集——庆祝王力先生学术活动五十周年》，知识出版社。

郭锡良（2000）先秦汉语名词、动词、形容词的发展，《中国语文》第3期。

何　容（1985）《中国文法论》，商务印书馆。

蒋绍愚（1999）两次分类——再谈词汇系统及其变化，《中国语文》第5期。

黎锦熙（1924/1992）《新著国语文法》，商务印书馆。

李崇兴（1992）处所词发展历史的初步考察，载胡竹安、杨耐思、蒋绍愚编《近代汉语研究》，商务印书馆。

李　明（2016）《汉语助动词的历史演变研究》，商务印书馆。

李佐丰（1994）《文言实词》，语文出版社。

陆丙甫（2014）沈家煊"名动包含"理论正反说，载潘文国主编《英汉对比与翻译》第二辑，上海外语教育出版社。

陆俭明（2014）怎么认识汉语在词类上的特点——评述黎锦熙、高名凯、朱德熙、沈家煊诸位的词类观，载潘文国主编《英汉对比与翻译》第二辑，上海外语教育出版社。

吕叔湘（1942/1982）《中国文法要略》，商务印书馆。

吕叔湘（1954）关于汉语词类的一些原则性问题（上），《中国语文》9月号。

吕叔湘、王海棻编（1986）《马氏文通读本》，上海教育出版社。

马建忠（1898/1983）《马氏文通》，商务印书馆。

蒲立本（2006）《古汉语语法纲要》，孙景涛译，语文出版社。

裘锡圭（1988）关于殷墟卜辞的命辞是否问句的考察，《中国语文》第1期。

沈家煊（2007）汉语里的名词和动词，《汉藏语学报》第1期。

沈家煊（2014）汉语"名动包含"说，载潘文国主编《英汉对比与翻译》第二辑，上海外语教育出版社。

沈家煊（2016）《名词和动词》，商务印书馆。

史有为（2014）第一设置与汉语的实词，载潘文国主编《英汉对比与翻译》第二辑，上海外语教育出版社。

苏　颖（2011）古汉语名词作状语现象的衰微，《语文研究》第4期。

太田辰夫（1958/1987）《中国语历史文法》，蒋绍愚、徐昌华译，北京大学出版社。

王　力（1943/1985）《中国现代语法》，商务印书馆。

王　力（1955）关于汉语有无词类的问题，《北京大学学报（人文科学）》第2期。

王　力（1958）《汉语史稿》（中册），科学出版社。

王　力（1989）《汉语语法史》，商务印书馆。

向　熹编著（1993）《简明汉语史》，高等教育出版社。

邢福义（2004）拟音词内部的一致性，《中国语文》第5期。

徐通锵（1997）《语言论——语义型语言的结构原理和研究方法》，东北师范大学出版社。

杨逢彬（2001）关于殷墟甲骨刻辞的形容词，《古汉语研究》第1期。

杨建国（1979）先秦汉语的状态形容词，《中国语文》第6期。

杨荣祥（1996）试析《马氏文通》状字部分存在的问题，《语言研究》第2期。

杨荣祥（1998）《朱子语类》中程度副词组合功能试析，载《语苑撷英》

编辑组编《语苑撷英——庆祝唐作藩教授七十寿辰学术论文集》，北京语言文化大学出版社。

杨荣祥（2010）"两度陈述"标记：论上古汉语"而"的基本功能，《历史语言学研究》第三辑，商务印书馆。

杨荣祥（2011）上古汉语连动共宾结构的衰落，《中国语言学》第五辑，北京大学出版社。

杨荣祥（2013）论"词类活用"与上古汉语"综合性动词"之关系，《历史语言学研究》第六辑，商务印书馆。

杨荣祥（2017）上古汉语结果自足动词的语义句法特征，《语文研究》第1期。

杨炎华（2018）从汉语的词类问题看汉语，《语言学论丛》第五十七辑，商务印书馆。

姚振武（2015）《上古汉语语法史》，上海古籍出版社。

殷国光（1997）《〈吕氏春秋〉词类研究》，华夏出版社。

袁毓林（2010a）汉语和英语在语法范畴的实现关系上的平行性——也谈汉语里的名词/动词与指称/陈述、主语与话题、句子与话段，《汉藏语学报》第5期。

袁毓林（2010b）汉语不能承受的翻译之轻——从去范畴化角度看汉语动词和名词的关系，《语言学论丛》第四十一辑，商务印书馆。

张万起（1998）量词"枚"的产生及其历史演变，《中国语文》第3期。

张显成、李建平（2017）《简帛量词研究》，中华书局。

张玉金（2001）《甲骨文语法学》，学林出版社。

张玉金（2004）《西周汉语语法研究》，商务印书馆。

赵元任（1979）《汉语口语语法》，吕叔湘译，商务印书馆。

中国语文杂志社编（1991）《语法研究和探索》（五），语文出版社。

周法高（1959）《中国古代语法：称代编》，"中研院"历史语言研究所。

周生亚（1980）论上古汉语人称代词繁复的原因，《中国语文》第2期。

周生亚（2018）《汉语词类史稿》，中国人民大学出版社。

朱德熙（1960）关于划分词类的根据，《语言学论丛》第四辑，商务印书馆。

朱德熙（1982）《语法讲义》，商务印书馆。

朱德熙（1983）自指和转指——汉语名词化标记"的、者、所、之"的语法功能和语义功能，《方言》第1期。

朱德熙（1988）关于先秦汉语里名词的动词性问题，《中国语文》第2期。

朱德熙（1990）关于先秦汉语名词和动词的区分的一则札记，载林祥楣主编《汉语论丛》，华东师范大学出版社。

第三章　上古汉语综合性动词专题研究

　　动词是语法研究的核心，一种语言的句法特点，往往是和动词的语法表现紧密相关的。不同历史时期，汉语动词的语法表现有没有什么变化？自《马氏文通》以来，讲汉语语法通常把动词分为及物动词（他动词）和不及物动词（自动词），可是上古汉语的动词如此二分，却有许多现象说不清楚，为什么？为什么上古汉语有些动词既有不及物动词的语法表现，又有及物动词的语法表现？为什么有些动词语义上是及物的，但进入句子后，却可以甚至不能带形式上的宾语？我们把上古汉语一些有特殊语法表现的动词叫作"综合性动词"，包括对象自足动词、结果自足动词、方式/工具自足动词三类。综合性动词不是从语法属性给动词分出的类，而是根据动词的语义特征命名的，但是动词的语义特征可以制约其句法表现。本专题主要讨论对象自足动词和结果自足动词，方式/工具自足动词还缺乏具体研究，在第四章中将有所涉及。

第一节　个案研究：对象自足动词"聚"的语义句法演变[①]

《左传》选篇《郑伯克段于鄢》（见《左传·隐公元年》）中的"大叔完聚，缮甲兵，具卒乘，将袭郑"一句，历来对"聚"的解释有两种不同意见，一种认为"聚"是聚积粮食或粮草，一种认为"聚"是聚集民众。东汉服虔作《春秋左氏传解谊》，首先提出"聚为聚禾黍"的意见，后杜预为《左传》作注，在"大叔完聚"下云："完城郭，聚人民。"唐孔颖达疏云："服虔以聚为聚禾黍也。段欲轻行袭郑，不作固守之资，故知聚为聚人，非聚粮也。"从此两种意见并行，各家取舍不同。王力（1981：11）、郭锡良等（1981：128）认为是"聚集百姓"；杨伯峻（1990：13）则说："聚，谓聚粮食，襄公三十年传'聚禾粟'可证。杜注以为聚人民，非。"徐中舒（1963：2）释为"收集粮草"。两种意见孰是孰非，读者难以确定，因为都未对"所以如此"作出说明，孔颖达、杨伯峻说了一点，但还言之不详。本文认为，"聚"应解为"聚民众"，不能解为"聚粮草"。这可以从"聚"在《左传》中的使用条例、"聚"的语义句法特征、大叔袭郑的实际需要三个方面加以论证。

一、"聚"在《左传》中的使用条例

我们先来考察一下"聚"在《左传》中的用例。《左传》中"聚"共出现38次，除去3例作专有名词（2例地名，1例人名）、6例作普通名词（指聚积的财物，如《左传·昭公三年》"公聚朽蠹"、《左传·昭公二十年》"输掠其聚"；其中1例为"积聚"，《左传·襄公九年》"晋侯归，谋所以息民。魏绛请施舍，输积聚以贷"）外，余下29例都是动词，根据其语义句法特点，可以分为以下六类。

[①] 本节内容的初稿写于1982年，曾以《"大叔完聚"考释》为题发表于《荆州师专学报》（试刊）（非公开发行，1983年）。后经修改补充，以《"大叔完聚"考释——兼论上古汉语动词"聚"的语义句法特征及其演变》为题发表于《语言学论丛》第二十八辑（商务印书馆，2003年）。

第一类，（主语）+聚+宾语（众人）。7例：

（1）公子商人骤施于国。而多聚士，尽其家，贷于公有司以继之。（《左传·文公十四年》）

（2）子文以为大戚。及将死，聚其族，曰……（《左传·宣公四年》）

（3）受君之禄，是以聚党。（《左传·成公十七年》）

（4）故五族聚群不逞之人因公子之徒以作乱。（《左传·襄公十年》）

（5）吴句余予之朱方，聚其族焉而居之，富于其旧。（《左传·襄公二十八年》）

（6）及疾，聚其臣，曰……（《左传·襄公二十九年》）

（7）韩宣子使邧人聚其众。（《左传·昭公二十三年》）

这一类的主语由具有动作行为自主能力的有生命物（一般是人）充当，是谓语动词所表示的动作行为的施事；宾语是表示人的复数形式或集合概念，是动作行为的受事。

第二类，（主语）+聚+宾语（事物）。5例：

（8）公子縶曰："不如杀之，无聚慝焉。"（《左传·僖公十五年》）

（9）郑子华之弟子臧出奔宋，好聚鹬冠。（《左传·僖公二十四年》）

（10）犯而聚怨，不可以定身。（《左传·文公五年》）

（11）（陈）聚禾粟，缮城郭，恃此二者，而不抚其民。（《左传·襄公三十年》）

（12）一日之行，所欲必成，玩好必从；珍异是聚，观乐是务。（《左传·哀公元年》）

这一类与第一类不同的是，宾语由表示事物的复数形式或集合概念充当。

第三类，主语（众人）+聚。5例：

（13）庸人帅群蛮以叛楚，麇人率百濮聚于选，将伐楚。（《左传·文公十六年》）

（14）庸师众，群蛮聚焉。（《左传·文公十六年》）

（15）曰："召军吏也。""皆聚于中军矣。"（《左传·成十六年》）

（16）大夫聚谋。（《左传·襄公三十年》）

（17）蔡人聚，将执之。（《左传·昭公十三年》）

这一类"聚"所表示的是前面主语所呈现的一种状态，主语是表示人的复数形式或集合概念。主语一般情况下必须出现，例（15）是因为在对话中十分明确才没有出现。

第四类，主语（事物）+聚。4例：

（18）敬，德之聚也。（《左传·僖公三十三年》）

（19）且华而不实，怨之所聚也。（《左传·文公五年》）

（20）怨之所聚，乱之本也。（《左传·成公十六年》）

（21）夫诸侯之贿聚于公室，则诸侯贰。（《左传·襄公二十四年》）

这一类与第三类不同的是，主语是表示事物的复数形式或集合概念。

第五类，（主语）+聚+Ø。6例：

（22）大叔完聚，缮甲兵，具卒乘，将袭郑。（《左传·隐公元年》）

（23）我敝邑用不敢保聚。（《左传·僖公二十六年》）

（24）……焚我箕、郜，芟夷我农功，虔刘我边陲，我是以有辅氏之聚。（《左传·成公十三年》）

（25）天其殃之也，其将聚而歼旃。（《左传·襄公二十八年》）

（26）若惮之以威，惧之以怒，民疾而叛，为之聚也。（《左传·昭公十三年》）

（27）（伍员）曰："越十年生聚，而十年教训，二十年之外，吴其为沼乎！"（《左传·哀公元年》）

这一类"聚"后不带宾语，但能补出语义上的宾语，从语义关系看，可补出的宾语是"聚"所表示的动作涉及的受事对象。根据上下文，这些可补出的宾语都是"众人"。例（23）杨伯峻（1990：440）："保聚，保城聚众。"例（24）杨伯峻（1990：864）："辅氏之聚即辅氏之战。战争要聚众，故战亦曰聚。"例（25）谓聚集庆封的党羽。例（26）杨伯峻（1990：1343）："是为南氏聚民也。"例（27）杨伯峻依据《国语·越语上》作注，指出这是说越国休养生息，那么，"聚"就是聚民众了。

第六类，（主语）+聚敛/积聚。2例：

（28）缙云氏有不才子，贪于饮食，冒于货贿，侵欲崇侈，不可盈厌，聚敛积实，不知纪极，不分孤寡，不恤穷匮，天下之民以比三凶，谓之饕餮。（《左传·文公十八年》）

（29）阳不克莫，将积聚也。（《左传·昭公二十四年》）

这一类"聚"与"敛""积"同义并列充当句子的谓语，后面不带宾语，但能补出语义上的宾语；从语义关系看，可补出的宾语是"聚敛""积聚"所表示的动作涉及的受事对象。根据上下文，这些可补出的宾语都是"事物"，且一定是复数形式或集合概念。

以上六类用法中，"聚"都是动词（"我是以有辅氏之聚"中，"聚"是动词的指称化，是自指），进一步归纳分析可以看出，"聚"涉及受事对象而句法形式上出现显性宾语时，宾语为"众人"多于宾语为"事物"；句法形式上"聚"后不能出现宾语时，主语为"众人"也比主语为"事物"多一例；"聚"所表示的动作涉及受事对象而句法形式上不出现宾语时，单用"聚"受事对象都是"众人"，用并列形式"聚敛""积聚"时受事对象为"事物"。由此可见，第一，"聚"带宾语时，宾语为"众人"多于"事物"，我们不能因为《左传》中有"聚禾粟"这样的用例就作出"大叔完聚"中"聚"必定是"聚粮草"的结论。第二，"聚"不带宾语但涉及受事对象时，其受事对象是"众人"。第三，"聚"后不能带宾语时，"聚"表示的是其前主语所呈现的状态，主语可以是"众人"，也可以是"事物"。我们认为"聚"前的主语语义上本是"聚"的受事对象，是通过移位由宾语位置提前到主语位置上的。

归纳《左传》中"聚"的使用条例，"聚"所涉及的对象在句子中出现时，为"众人"者多于为"事物"者，"聚"所涉及的对象在句子中不出现时，只能是"众人"（"聚敛""积聚"同义并列使用时另当别论，详下文）。

二、"聚"的语义句法特征及其演变

为什么"聚"的受事对象是"众人"时可以在句子中不作为宾语出现呢？这与"聚"字本身的意义有关。"聚"的本义是聚民众。《说文》："聚，会也。从乑（众），取声。"段玉裁注："公羊传曰：'会犹冣也。'注云：'冣，聚也。'按，冖部曰：'冣，积也。'积以物言，聚以人言，其义通也。"可见"聚"本与人（众人）发生联系，而在古代聚积财物粮草，专有"积"字。《说文》："积，聚也。从禾，责声。"段玉裁注："禾与粟皆得称积，引申为凡聚之称。""聚"应是会意兼形声字，其得义之由是"取众"，本是一个对象自足动词，如同"启（启、敢）"可以直接表示"开门"、"牧"可以直接表示"牧牛（羊）"一样，"聚"单独使用就可以表示"聚众"。由于词义的发展演变，"聚"的对象由"众人"扩大到其他事物，与"积"具有了同义关系（所以"积聚"可以连用），在句子中其受事对象便以出现为常了。如果受事对象不出现，一般就是"众人"。

《左传》中的"聚"可能反映了这个词（字）早期的意义、功能特征。目前已经考释出的甲骨文、金文中尚未见到"聚"字，比较可以确定的时代较早的先秦文献《诗经》《老子》《春秋》中也没有"聚"的用例。下面胪列部分先秦文献中"聚"的使用情况，并略作分析。

《公羊传》用"聚"4例："古者诸侯必有会聚之事""聚诸大夫而问焉""诸侯相聚""聚众以逐季氏也"。"聚"的对象都是（众）人。《穀梁传》用"聚"3例："聚而曰散，何也"，"聚"言诸侯相聚；"六鹢退飞过宋都，先数，聚辞也，目治也"，"聚"言物（鹢）

相聚；"民所聚曰都"，"聚"言民相聚。《战国策》17例，1例的所聚者为物"故寡人且聚舟楫之用"，1例言物相聚"万物财用之所聚也"，1例言鸟相聚"夫鸟同翼者而聚居"，余14例都是（众）人相聚或聚（众）人，如"齐、秦相聚以临三晋""天下之兵未聚""令荆人收亡国，聚散民""聚群弱而攻至强也"。《国语》21例，只有"富以聚党"1例"聚"的对象为（众）人，其他20例"聚"都是与事物发生联系。《墨子》中15例"聚"全带宾语，5例宾语为（众）人，10例宾语为事物，包括抽象事物，如"美名""恶名"，其中"聚敛"连用3例，所带宾语为抽象事物。《论语》中"聚"只一见："季氏富于周公，而求也为之聚敛而附益之"，"聚敛"连用，"聚"的对象只能是财物。《孙子兵法》4例："合军聚众"（2次）、"聚三军之众"、"其众不得聚"。都是聚（众）人或（众）人相聚。《韩非子》26例，后带宾语者13例，10例为（众）人，3例为事物；（众）人聚4例，事物（抽象事物"怨"）聚1例；（人）"积聚"3例，不带宾语，"聚敛"1例，不带宾语，隐含的所聚对象为财物；另有4例指称化，2例用在主语的位置，2例用在宾语的位置，都是表示所聚之（众）人。

综观《左传》和先秦十多种文献中动词"聚"的用例，我们发现了一条共同的语义句法特征，即"聚"在句法结构中必须至少与一个为复数形式或集合概念的名词性成分发生联系。这个名词性成分或出现在"聚"之后（句法结构中的宾语），或出现在"聚"之前（句法结构中的主语）。而我们上文分析的《左传》中的第五类，这一名词性成分在句法形式上没有出现，只是从语义上分析，"聚"所表示的动作联系着这样一个名词性成分。因为这种类型中，"聚"前有主语，且主语是具有自主能力的有生命物（一般是人），是一种施事成分，所以没有出现的这个名词性成分肯定是动作所涉及的受事。为什么这个受事在句法形式上可以不出现且必定是"众人"呢？那就是因为"聚"是一个对象自足动词，其对象在词义结构中已规定为"众人"。所谓对象自足动词，就是一个动词在词义结构中包含着动作施及的对象。如"聚"，其词义结构可以简单地描写为〔＋聚集〕（动作）、〔＋众人〕（对象）；"启（啟、啓）"的词义结构可以简单地描写为〔＋打开〕（动作）、〔＋门〕（对象）；"牧"

的词义结构可以简单地描写为［＋牧放］（动作）、［＋牛／羊］（对象）；等等。既然"聚"的词义结构中已经包含受事对象，为什么又有大量的用例"聚"在句法结构中还要带受事宾语呢？我们认为这是动词"聚"语义句法演变的结果。先秦汉语中有一批对象自足动词，这些动词具有综合性特点，后来陆续都向分析性发展。所谓综合性，是从后代的语言看，由两个成分构成的句法结构表示的内容，古代用一个词（一个概念）表示；所谓分析性，是古代由一个词（一个概念）表示的意义，后代用两个词（两个概念）构成一个句法结构来表示。简单地说，综合性向分析性发展，就是将由一个词（一个概念）表示的意义分析为用一个句法结构来表示。如"沐→沐发／头"，《诗经·小雅·采绿》："予发曲局，薄言归沐。"孔颖达疏以"洗沐其发""沐发"释"沐"，又《史记·赵世家》张守节正义引《本草经》云："陵苔生下湿水中，七八月生，华紫，草可以染帛，煮沐头，发即黑也。""牧→牧牛／马／羊"，《方言》卷十二："牧，饲也。"郭璞注："谓牧饲牛马也。"《史记·秦本纪》："胡人不敢南下而牧马，士不敢弯弓而报怨。"《说文》："羌，西戎牧羊人也。"《汉书·陈胜项籍传》："于是梁乃求楚怀王孙心，在民间为人牧羊，立以为楚怀王。"动词"聚"也经历了"聚→聚众"这种由综合到分析的发展演变，这种发展演变先秦就已经实现。

对象自足动词由综合性向分析性发展演变，涉及一个动词的语义特征和功能特征两个方面。就动词"聚"来说，我们认为其语义句法的演变是这样的：最初表示"聚集"这样的动作且动作施及受事对象（众人）时，在语言中是通过词汇手段实现的，"大叔完聚"中的"聚"以及前举《左传》中的第五类的其他例子即属于这种用法。由于"聚"的意义由综合性向分析性发展，"聚"的词义自然发生了变化，即原来的词义结构成分［＋众人］（对象）从词义结构中分离出来，原来的两个语义构成成分（［＋聚集］［＋众人］）丧失了一个（［＋聚集］［－众人］）。语义的变化带来了句法功能的变化，于是，要表示"聚集"这样的动作且动作施及受事对象，就得通过句法手段在动词"聚"后加上受事对象，用"聚＋受事对象（宾语）"这样的句法结构来表示原来用"聚"一个词表示的内容。最先出现在"聚"后的受事对象（宾语）应该是"众人"，如《左传》中的第一类用例，后来"聚"的对象由"众人"扩大到其他事物，于是"聚"后可以带表事物的受事对象（宾语），如《左传》中的第二类用例。由于"聚"的词义变化带来了其功能变化，"聚"在句法结构中必须带显性的宾语（受事对象）才能语义自足，这样就出现了大量的"聚"带受事宾语的用例。汉语中受事宾语是可以通过移位提前到谓语动词前充当句法结构中的主语的，"聚"的受事宾语提到"聚"之前作主语，这就构成了《左传》中的第三、四类句型。根据以上分析，我们认为，"聚"不带宾语（对象自足）发展到需要带宾语（受事对象），是"聚"的语义演变带来的句法功能演变；"聚"的受事对象由宾语位置提前到主语位置，从而后面不能补出宾语（受事对象），是语用原因引起的变化。①《左传》中的用例反映了动词"聚"语义句法演变的三个阶段：第五类是第一阶段；第一、二类是第二阶段；第三、四类是第三阶段。

要说明的是，"聚"如果和"积""敛"并列使用，也可以其后不带受事对象（宾语）但能补出语义上的受事对象（宾语），而没出现的受事对象一般是事物，这是因为并列使用中"聚"的意义受到"磨损"以致与"积""敛"浑言则同了。

为什么第五类只见于《左传》？除了可能是"聚"的早期用法的反映外，是否有方言的原因？《方言》卷三："萃、杂，集也。东齐曰聚。"这个问题还有待于进一步研究。

三、大叔袭郑的实际需要

下面我们再从大叔的这次行动的实际需要来说明"聚"应该是"聚民众"。

第一，大叔是"袭郑"，"袭"是轻装偷袭，不可能有多少辎重。《左传·庄公二十九年》："凡师，有钟鼓曰伐，无曰侵，轻曰袭。"

---

① 第三、四类中的主语应该看成"聚"的受事。因为从第一、二、五类来看，"聚"都是一个自主性动词，第三、四类中充当主语的名词性成分（无论是表示人的还是表示事物的）显然都是受某一具有自主能力的有生命物（一般是人）的作用才呈现出"聚"的状态的。

杜预"伐"下注"声其罪","侵"下注"钟鼓无声","袭"下注"掩其不备"。孔颖达疏云:"释例曰侵伐袭者,师旅讨罪之名也。鸣钟鼓以声其过曰伐,寝钟鼓以入其竟曰侵,掩其不备曰袭,此所以别兴师用兵之状也……袭者,重衣之名。[①]倍道轻行,掩其不备,忽然而至,若披衣然。"可见,"袭"要求的是快速轻行,出其不意。文中既已说明是"袭郑",首要的当是召集徒众,作战前动员,至于粮草,则不可能到这个时候才去聚集。

第二,京城离郑国国都很近,郑都新郑,在今河南新郑市,京县在今河南荥阳市东南,两地相距不过约四十公里(谭其骧,1982)。我们可以设想,当时新郑与京县之间的交通是很方便的,因为当时郑国是各国的商业中心,交通条件一定比较好,而京县又是个大邑。当时,周朝都城洛阳通往东边齐鲁宋的交通要道就经过荥阳,而新郑到荥阳就得经过京县。从新郑到京县,其间当时是农田,没有山水的阻塞,[②]所以,从京到郑都,不仅距离不远,而且路一定好走,轻装急行军(所谓"倍道轻行"),几小时便可到达,途中无须什么粮草。

第三,从《左传》的记载来看,大叔袭郑是自以为很有把握的。他有姜氏为内应(《史记·郑世家》更说"与其母武姜谋袭郑",是合谋)。姜氏作为母后,在国内享有特殊的权威,庄公也不敢不让她。她公开地不喜欢庄公而宠爱公叔段,还曾经想立公叔段为太子,对此庄公也没办法,因为庄公在还没有抓到姜氏的把柄的时候,是怕背上违背伦理、不孝敬母后的罪名的。这从庄公"姜氏欲之,焉避害"的叹息中可想而知。有这样一个内应,袭郑就已经很有把握了,更何况大叔还拥有相当强大的军事力量:京县本是郑国的一个大邑,而大叔又收管了西鄙北鄙,他一直在不断地扩充自己的势力。《穀梁传》说:"何以不言杀?见段之有徒众也。"

---

① 《礼记·内则》:"寒不敢袭,痒不敢搔。"郑玄注:"袭谓重衣。"
② 参看史念海(1963)中《春秋时代的交通道路》《春秋战国时代农工业的发展及其地区的分布》《释〈史记·货殖列传〉所说的"陶为天下之中"兼论战国时代的经济都会》诸文。

意思是说，《春秋》为什么说"克段"而郑伯不直接把大叔杀掉呢？是因为大叔拥有徒众，杀他不是件容易的事，所以经文言"克"不言"杀"。这一点我们从《诗经·郑风》的《叔于田》《大叔于田》两篇中也可以找到证明材料。这两首诗对公叔段大加赞扬，毛传云"大叔于田，刺庄公也，叔多才而好勇，不义而得众也""国人悦之"。这说明大叔无论在地盘方面还是在人数方面都具有很强的实力。另外，从史书中也隐约看到，大叔行弑君之举带有公开性，他是有恃无恐的。首先是违犯先王的法度，都城超过了百雉，接着又将西鄙北鄙收为己邑，以至廪延。唐杨士勋注《穀梁传》云："段藉母弟之权，乘先君之宠，得众人之情，遂行弑君之计，百姓畏惮，莫不敛手。"这说明大叔是既骄横又自信。他在京做了二十二年当国君的美梦（克段在郑庄公二十二年，见《史记·郑世家》），如今一切就绪，自以为一举弑君，当郑国国君是稳拿的。因此，他根本没想到自己会失败，更没考虑一旦不成功还要不要两君对垒，与郑伯长期对峙。孔颖达说"段欲轻行袭郑，不作固守之资，故知聚为聚人，非聚粮也"，是有道理有根据的。

综上所述，我们认为，"大叔完聚"中"聚"的对象是"民众"，不是"粮草"，杜预给"大叔完聚"所作注"完城郭，聚人民"是正确的。

第二节　从古文字字形看对象自足动词的句法表现[①]

一、引言

在语言学的研究中，西方语言学通常不会涉及记录语言的书写符号的内容，而汉语语言学研究，特别是汉语历史语言学研究，往往要涉及记录汉语的符号系统——汉字的内容，所以在汉语语言学界，习惯性地将这一

---

① 本节内容曾以《古文字字形结构保存的古代语法信息》为题在第二届汉字文化研讨会（新竹清华大学，2013年1月）上宣读。后载《源远流长：汉字国际学术研讨会暨AEARU第三届汉字文化研讨会论文集》（北京大学出版社，2017年）。又载于《汉语与汉藏语前沿研究——丁邦新先生八秩寿庆论文集》（社会科学文献出版社，2018年）。山东大学文学院王辉博士帮助查核古文字字形，深表感谢。

学科叫作"汉语言文字学"。这是因为，我们要研究汉语语音系统的历史演变、汉语词汇词义系统的历史演变甚至语法的历时演变，都需要对汉字进行深入的研究和分析；汉字的书写形式（字形）与汉语的意义表达特别是与古汉语中词的词义结构存在着映射关系，或者说汉字的字形往往临摹了词的意义结构。

传统的训诂学总是离不开对汉字字形的分析。但是传统的训诂学和文字学在分析字的意义时，只解释某字表示某义，不大注意字形义与词义之间的映射关系。词义不是笼统混沌的，是可以分析的，每个词的意义都是一种结构，要准确认识一个词的意义，就需要对其词义结构进行分析。

比如说"祭"，词义训释为祭祀，这当然没错；但"祭祀"这个意义应该怎么分析呢？应该是拿出祭品供奉神灵，其词义结构是［+用祭品（鲜肉）］［+动作（祭拜活动）］［+祭祀对象（神灵）］。"祭"的词义在汉字字形上得到了映射："肉"是祭品，"又"表示人的动作，"示"表示祭祀对象。"祭"的古文字字形结构与语词"祭"的词义结构之间具有整齐明确的匹配关系。又如"采"表示采摘果实，古文字字形的"爪"表示手的动作，"木"（古文字"木"或作上部有果实形，当即"果"字）表示采摘的对象。

通过对若干词的意义结构进行分析，我们发现，早期汉语一些词的词义结构与古文字字形结构有明显的映射关系。这种映射关系也可以理解为字形对词义结构的临摹。词的词义结构往往决定词的句法表现，词义结构在字形上得到映射，所以通过古文字字形结构的分析，我们不仅可以准确把握早期汉语中某些词的意义，还能够帮助判断一个词的句法表现。

本节主要分析一类对象自足动词，根据某个词在文献中实际使用所表示的意义及其句法表现，对照记录该词的汉字的字形结构分析，确定该词的词义结构与字形的映射关系以及词义结构与句法表现之间的关系，从而揭示古文字字形结构保存的古代汉语某些词的语法信息。

所谓对象自足动词，是指词义结构中同时包含动作义和动作施及对象的动词，如"牧"，其词义结构为［+动作（放牧）］［+动作对象（牛羊等）］。这种动词在句法上可以后面不出现显性的对象宾语，因为动作的对象已包含在词义结构之中。如"牧"，甲骨文中，作为一个动词，它表示的语义是"放牧牛羊",既有动作也有动作的对象,到了春秋战国时期,原来由"牧"一个词表示的语义,要用"牧"加上"牛""羊"之类的显性宾语这样的句法结构来表示。

一个对象自足动词表示的意义相当于后来的一个动宾结构,这种现象学界早就注意到了。王力(1941/1980)就曾指出,古代的"渔"后来变成了"打鱼"、"汲"变成了"打水";吕叔湘(1942/1982)也曾说白话里有许多动词常带一定的止词,合起来只抵得文言的一个动词,如"招手=招""点头=颔"。蒋绍愚(1989)、胡敕瑞(2005、2008)也都有类似论述。但此前学者多是从词义演变的角度来说的,并不曾关注这类词在古代的句法表现,也没有将之与字形结构联系起来。实际上,这类动词中有许多成员可以通过古文字字形分析,解析其在古代汉语中的词义结构,并说明其句法表现。

二、实例考察

下面我们举例分析若干对象自足动词的词义结构与记录该词的古文字字形结构的映射关系以及这些动词的句法表现。

聚

《说文》:"聚,会也。从㐺(众),取声。"段玉裁注:"公羊传曰:'会犹冣也。'注云:'冣,聚也。'按,冖部曰:'冣,积也。'积以物言,聚以人言,其义通也。"目前已经考释出的甲骨文、金文中尚未见到"聚"字,战国楚简已见：🗌、🗌。

字皆从取从㐺(众),当是会意兼形声字。在上古汉语中,"聚"的词义结构是[+动作(聚集)][+动作对象(众人)],如《左传·隐公元年》"大叔完聚",历来有"聚粮草"和"聚民众"两种意见,我们通过对先秦文献的文例以及历史事实论证当是"聚民众"。在《左传》中,动词"聚"后面如果不出现宾语,"聚"一定是表示聚集民众,动作的对象(众人)是包含在其词义结构中的,所以句法上可以不出现对象宾语。"聚"的词义结构决定了其句法表现,而词义结构与汉字的字形存在映射关系:"取"表示动作,"㐺(众)"表示对象。

启（启攵、啟）

《左传·隐公元年》"夫人将启之"，应该理解为"夫人将为（给）之（共叔段）开（城）门"。"之"不是"启"的对象宾语。"启"的词义结构为［+动作（开启）］［+动作对象（门）］，动作对象是包含于词义结构之中的，所以这里的"启之"只能解释为"为之启"，句法上"之"是关系宾语。"启"的句法功能，是由"启"的词义结构决定的。虽然在上古文献中也可以见到"启"带对象宾语，如"偪阳人启门"（《左传·襄公十年》）、"莒共公惧，启西门而出"（《左传·昭公十九年》），但这可以看作"启"的词义"磨蚀"后带来的句法功能变化。早在甲骨文、金文中"启（启攵、啟）"就已经产生了引申义（云开天晴），甚至有"啟"这种写法，但通过甲骨文金文中的字形分析，最早的字形应该是从"户"从"又"（后或从支，又加"口"符作啟，又省"又"作启）会以手开门之义，而这一字形正是对"启（启攵、啟）"这个词的最初词义结构的临摹：卪、卪、卪。

《六书故》卷十五："启攵，开户也。"正表明了"启（启攵、啟）"的词义结构和字形之间的映射关系。《说文》未收"启攵"，口部"启，开也。从户从口"是据字形"启（卪）"作说解，但何以从户从口而有"开"义，则不甚明了。

牧

《方言》卷十二："牧，饲也。"郭璞注："谓牧饲牛马也。""牧"的词义结构为［+动作（放牧）］［+动作对象（牛羊等）］。甲骨文中，"牧"后是不出现显性的对象宾语的，如《甲骨文合集》148："乎牧于朕刍。"6664反："贞：牧于……"先秦传世文献中，"牧"已多用引申义，用为"放牧（牛羊）"义时，多带显性对象宾语"牛""羊"等，这个显性宾语原本是"牧"的词义结构中就有的，句法形式由"牧+Ø"到"牧+牛羊等"，这是"［+动作（放牧）］［+动作对象（牛羊等）］"的意义由词义结构临摹变成了由句法结构临摹。如《庄子·骈拇》："臧与穀二人，相与牧羊而俱亡其羊。"《庄子·徐无鬼》："夫为天下者，亦奚以异乎牧马者哉！"《说文》释

"牧"为"养牛人也",显然是指"牧"的引申义。动词"牧"的词义结构在字形上得到映射:▨、▨、▨。

甲骨文从攴从牛(或作羊),或迭加意符止、彳,强调动作,会以手持物(运动行走)驱赶牛羊义。

驭(御)

在上古汉语中,"驭"的词义结构为[+动作(驾驭)][+动作对象(车马)]。《左传》中多"甲御乙"这样的句子,即甲为乙驾驭车马。如"侯叔夏御庄叔"(《文公十一年》)、"楚许伯御乐伯,摄叔为右,以致晋师"(《宣公十二年》)。可知"驭(御)"的词义结构中包含了动作和动作对象,"庄叔""乐伯"都是"驭(御)"的关系宾语。因为"驭(御)"的词义结构中已有动作对象,所以句法上无须出现对象宾语。"驭(御)"的字形就是对这一词义结构的临摹。《说文》:"御,使马也。从彳从卸。驭,古文御。"不过早期材料中"驭""御"两字的用法是有区别的,"御"多用于表示与祭祀相关的意义,即用为《说文》训作"祀也"的"御",而不用于表示驾驭的意思(也有学者认为"▨、▨"之声符"午"是马策之意,"御"会人持鞭策马之意)。早期文字中"驭"和"御"是否可以如《说文》《汉语大字典》所说视为一字异体,还需要再论证,但从金文的用例看,表示驾驭车马义的字肯定是"驭",甲骨文中无可靠用例,早期金文中有:▨、▨。

字形皆从马从"鞭"之古文,或从又,会以鞭(或手)驭马之意。金文中"驭"后皆不带对象宾语,《左传》仍然如此(今传世本多作"御"),最早带对象宾语的例子见于《管子·形势解》:"造父,善驭马者也。"

娶

《说文》:"娶,娶妇也。从女从取,取亦声。"段玉裁注:"取彼之女,为我之妇也。""娶"这个字记录的词就是"娶女人"的意思,其词义结构为[+动作(获取)][+动作对象(女人)]。《尚书·益稷》:"娶于涂山。"《左传·隐公元年》:"初,郑武公娶于申,曰武姜。"《左传》这个例子很有意思：谁"曰武姜"？当然是郑武公娶的女人，可是"女人"在前文没有出现，原来她隐含在"娶"的词义结构中。《左传》中多"娶于（於）……"，当然也有"娶妻""又娶二女于戎""娶元妃"这样的例子，但远不如前者多。因为"娶"的词义结构中已经包含获取的对象。

"娶"字甲骨文已见，作 ⚹，从取，从女。字形正是对"娶"这个词的词义结构的临摹（不过甲骨文中未见"娶"表示"娶女人"义的用法）。

耕

《说文》："耕，犁也。从耒，井声。"这个写法的"耕"产生于何时待考。《郭店楚墓竹简·穷达以时》简2有"舜耕于历山"，字作 ⚹，会手持力（农具）耕田之意。《清华大学藏战国竹简（壹）·保训》简4"耕"作 ⚹，省手形又添加声符"井"。

《左传》中"耕"5见，都不带显性宾语，如"耕于鄙"。"耕"的对象就是"田"，是"耕"的词义结构固有的，所以句法上无须再带显性宾语。大约到战国时期的文献中，才有"耕田"这样的用法，如《孟子·万章上》"我竭力耕田"。有人统计先秦10种传世文献，共有200例"耕"，只有11例带显性宾语（"田"或田地义名词），且都出现在战国中后期文献中（宋亚云，2005）。这是"耕"的词义变化引起的句法功能的变化。楚简中的"耕"字字形正是这个词的词义结构的映射，这个字形也很有利于我们认识上古汉语"耕"的词义结构和句法功能。

汲

《说文》："汲，引水于井也。从水从及，及亦声。""汲"的词义结构是［+动作（取得）］［+动作对象（水）］，是对象自足动词，所以在句法上，它后面可以不出现对象宾语。如《易·井》："井渫不食，为我心恻。可用汲。"《庄子·至乐》："褚小者不可以怀大，绠短者不可以汲深。""深"不是"汲"的对象宾语而是关系宾语，"汲深"即汲于深。《墨子·七患》："今有负其子而汲者，队其子于井中，其母必从而道之。"《韩非子·五蠹》："夫山居而谷汲者，媵腊而相遗以水。"（后一句中的"水"与前一句的"汲"有关，是包含于"汲"的词义结构中的语义成分）但与前引《庄子》相似的内容，《荀子·荣辱》说成"短绠不可以汲深井之泉"，又《淮南子·精神训》有"汲水"，这是"汲"的词义结构发生变化后引起的句法功能变化，动作的对象从词义结构中分离出来，因此"汲"后需要带显性宾语。

"汲"的早期的词义结构在"汲"的字形上有映射：春秋早期的己侯壶中有"使小臣以汲"，字作 ，小篆从及从水，字形都是临摹动作和动作对象。

鼓（鼔）

《说文》中"鼓""鼔"为不同的两个字，前一个为动词（"鼓，击鼓也，从支从壴，壴亦声。"），后一个为名词。唐兰（1981：67）："金文鼓字，或从攴，或从支，殊无别。卜辞则有从攴从殳二体……盖古文字凡象以手执物击之者，从攴、殳或支，固可任意也。壴为鼓之正字，为名词；鼓，鼔，鼓，为击鼓之正字，为动词。说文既以鼓为名词之鼔，遂以鼓专动词。"从字形看，"鼓"从攴，表示击打的动作，壴表示击打的对象。上古汉语的动词"鼓"，其词义结构正是［+动作（击打）］［+动作对象（鼓）］。因为词义结构中包含了动作对象"鼓"，所以在句法结构中"鼓"后面是不出现显性的对象宾语的。

先秦文献中有许多"鼓（鼔）+名词"的用例，这些名词都应该看作动词"鼓（鼔）"的关系宾语。如《左传·僖公二十二年》："不鼓不成列"，或谓"鼓（鼔）"为进攻义，固然也可以，但要知道"鼓（鼔）"的本义是击鼓。"不鼓不成列"，原意是不向不成列的军队击鼓（进攻）。《墨子·兼爱中》"越王亲自鼓其士而进之"，"鼓其士"即为其士击鼓。"鼓（鼔）"的词义结构映射到字形上，就是以手持物击鼓，由甲骨文作 、 、 等形可知。

沫

《说文》："沫，洒面也。从水，未声。"罗振玉（2006：518）："（甲骨文）象人散发就皿洒面之状。"司马迁《报任少卿书》："然陵一呼劳军，士无不起，躬自流涕，沫血饮泣。""沫血"即以血洗面，"血"是"沫"的工具而不是对象。《汉书·律历志下》："甲子，王乃洮沫水，作《顾命》。"颜师古注："洮，盥手也；沫，洗面也。""水"也是"沫"的工具而不是对象。据此可知，"沫"的词义结构是［+动作（洗）］［+动作对象（面）］［+工具（水或别的液体）］。

考"沫"的古文字形，已见于甲骨文、金文：，会以手就皿洗面之意；，从倒皿，会双手捧皿倒水洗面之意。

金文有"沫盘""沫盉"，即洗脸用的盘、盉。

因为"沫"的动作对象是特定的，是包含在词义结构中的，所以句法上可以不带宾语。到中古以后，我们才见到"沫面"这样的用法，见《汉书·礼乐志》颜师古注、《新唐书·狄仁杰传》。

盥

《说文》："盥，澡手也。"《易·观》："盥而不荐。"《左传·昭公二十年》："华亥与其妻，必盥而食所质公子者而后食。""盥"皆洗手义。"盥"和"沫"一样，词义结构中包含了特定的对象，其词义结构为［+动作（洗）］［+动作对象（手）］［+工具（水或别的液体）］，也是一个对象自足动词。先秦传世文献中"盥"都不带宾语，直到《礼记》《仪礼》郑玄注中才有"盥手"这样的用法。甲骨文、金文中"盥"的字形临摹了"盥"的词义结构：、。

三、结语

以上我们分析了10个古汉语中的对象自足动词的词义结构及其句法表现，并证明了记录这些词的书写符号——汉字的字形与这些词的词义结构之间的映射关系以及字形结构所存留的古代汉语语法信息。

以往的汉语研究，在考释古代汉语词义时，很注重借助汉字的字形分析来确定词的意义，在分析上古汉语语音系统时，也会利用汉字的谐声系统，但是似乎还没有人通过字形分析来说明某个词的句法表现。前文各例证明，由于有些词的词义结构与记录该词的汉字的字形结构之间存在映射关系，而词义结构又决定着词的句法表现，所以汉字的字形分析也可以为一些语法现象的解释提供帮助。

本文只是列举了10个字例，还有一些对象自足动词也可以作类似的分析，如"铸"（金文作 ▨、▨，上为双手执倒容器，中为火，下为皿，会销金之意）、"渔"（甲骨文作 ▨、▨，会手持网捕鱼之意）、"陷"（甲骨文作 ▨、▨，"凵"内或为鹿，或为犬，或为牛，会以陷阱捕获猎物之意。或隶定作"阱"）、"引"（《说文》"引，开弓也"，甲骨文作 ▨）、"枲"、"枲"、"刖"、"劓"、"发（發）"等。

这些汉字记录的词都是动词，其字形结构、词义结构和句法表现之间的关系可以图示如下：

　　　　临摹关系　制约关系
　　字形结构→词义结构→句法表现

除了对象自足动词，别的语义类别的词是否也存在类似的情况，还需要进一步调查。比如"鸣""吠""咩"这些词的词义结构与其记录符号汉字之间应该也存在映射关系："鸣"的词义结构是[+主体（鸟）][+行为（发出声音）]，字形结构对应为从"鸟"从"口"；"吠"的词义结构是[+主体（犬）][+行为（发出声音）]，字形结构对应为从"犬"从"口"；"咩"的词义结构是[+主体（羊）][+行为（发出声音）]，字形结构对应为从"羊"从"口"。但这些词的句法表现与前述对象自足动词不同：词义结构中的成分[+主体]只是对句法结构中的主语加以规定，而不影响主语是否出现，至少早在殷商时期的甲骨文中，这些词就都是与主语（各自规定的主体）共现的。但记录这些词的汉字字形同样对解释古代汉语中的语法现象有帮助：可以解释为什么在古代汉语中，这些动词搭配的主语总是被规定的行为主体。

第三节 个案研究：古汉语中"杀"的语义特征和功能特征[①]

一、"杀"的语义特征

郭锡良等（1981：180）文选《孙膑》"庞涓自知智穷兵败，乃自刭"一句下注"刭"："用刀割脖子。《史记·魏世家》说庞涓是被杀的。"查《史记》，《魏世家》有："齐虏魏太子申，杀将军涓，军遂大破。"《田敬仲完世家》有："杀其将庞涓，虏魏太子申。"《孙子吴起列传》中有上引《孙膑》例。《商君列传》有："齐败魏兵于马陵，虏其太子申，杀将军庞涓。"《孟尝君列传》有："虏魏太子申而杀魏将庞涓。"为什么多处说庞涓是被杀的，而在《孙子吴起列传》中说庞涓"乃自刭"呢？这涉及对"杀"的释义问题。

"杀"这个词甲骨文中是否使用，古文字学界尚有争论（见《甲骨文字释林》"祟"字条），但从先秦两汉汉语看，"杀"的基本义是"致死"，其语义特征可描写为［+采用某种工具或手段］［+致死］［+外向（有生命物）］，也可以描写为［+工具/手段］［+动作］［+结果］［+外向］。"杀"作为一个词在使用中其语义特征的典型表现是：工具/手段——兵器，动作——刺、击等，结果——生命结束，受事对象——人/动物。但是我们知道，词的意义是抽象的、概括的，"杀"在使用中其抽象、概括义就是"导致对象生命结束"，并不都是其语义特征的全部、具体的表现，《史记》中的"杀"尤能说明这一点。

庞涓"自刭"与齐或田忌、孙膑杀庞涓，二者并不矛盾。庞涓之所以"自刭"，是因为他的军队被齐或田忌、孙膑打败，自知走投无路，只有死路一条。自刭也好，被杀也好，都是庞涓的"生命结束"，而导致这一结果的是齐或田忌、孙膑的行为。

古籍中同时记载一个人自杀和别人杀之的情况很多，仅《史记》中就

[①] 本节内容曾以《古汉语中"杀"的语义特征和功能特征》为题在第二届中古汉语国际学术研讨会（浙江大学，2001年9月）上宣读，后发表于《汉语史学报》第二辑（上海教育出版社，2002年）。又见《语言文字学》2002年12期。

有数十例。如：

（1）项燕遂自杀。（《史记·秦始皇本纪》）

　　秦将王翦破我军于蕲，而杀将军项燕。（《史记·楚世家》）

　　（王翦）杀项燕。（《史记·蒙恬列传》）

　　（王翦）杀其将军项燕。（《史记·白起王翦列传》）

（2）（纣）自燔于火而死。（《史记·周本纪》）

　　元王曰："……纣不胜败而还走，围之象郎，自杀宣室，身死不葬……"（《史记·龟策列传》）

　　周公佐武王，作牧誓。破殷，入商宫。已杀纣……（《史记·鲁周公世家》）

　　殷纣之国，……武王杀之。（《史记·孙子吴起列传》）

（3）二世自杀。（《史记·秦始皇本纪》）

　　赵高杀二世，立子婴。（《史记·秦本纪》）

　　子婴与其子二人谋曰："丞相高杀二世望夷宫……"（《史记·秦始皇本纪》）

　　及赵高已杀二世。（《史记·高祖本纪》）

　　居无何，二世杀死。（《史记·滑稽列传》）

（4）（项王）乃自刎而死。（《史记·项羽本纪》）

　　汉五年，既杀项羽……（《史记·萧相国世家》）

（5）（吴王）遂自到死。（《史记·吴太伯世家》）

　　（吴王）遂自杀。（《史记·越王句践世家》）

　　越王句践遂灭吴，杀王夫差。（《史记·伍子胥列传》）

　　越遂围王宫，杀夫差而戮其相。（《史记·仲尼弟子列传》）

（6）崔杼妇自杀。崔杼毋归，亦自杀。（《史记·齐太公世家》）

　　初，庆封已杀崔杼。（《史记·齐太公世家》）

（7）申生自杀于新城。（《史记·晋世家》）

　　是岁，晋杀太子申生。（《史记·齐太公世家》）

　　是岁，晋献公杀其太子申生。（《史记·陈杞世家》）

　　人或告骊姬曰："二公子怨骊姬谮杀太子。"（《史

记·晋世家》）

献公二十一年，献公杀太子申生。（《史记·晋世家》）

（8）子玉自杀。（《史记·晋世家》）

成王归杀子玉。（《史记·晋世家》）

（9）（吴王）使人赐子胥属镂剑以自杀。（《史记·越王句践世家》）

（子胥）乃自刭死。（《史记·伍子胥列传》）

句践召范蠡曰："吴已杀子胥……"（《史记·越王句践世家》）

吴王既诛伍子胥，遂伐齐。（《史记·伍子胥列传》）

（李斯）仰天而叹曰："……吴王夫差杀伍子胥……"（《史记·李斯列传》）

（10）（文）种遂自杀。（《史记·越王句践世家》）

大夫种……句践终负而杀之。（《史记·范雎蔡泽列传》）

（11）（武安君白起）遂自杀。（《史记·白起王翦列传》）

（应侯范雎）已而与武安君白起有隙，言而杀之。（《史记·范雎蔡泽列传》）

昭襄王杀武安君白起。（《史记·蒙恬列传》）

（12）（扶苏）欲自杀。（《史记·李斯列传》）

今或闻无罪，二世杀之。（《史记·陈涉世家》）

我们不能根据上面这些材料怀疑司马迁掌握的史实不清楚而前后矛盾，或两说并存。实际上，上举自杀者都是别人的行为促使其自杀的，自杀者的生命结束是别人造成的，虽然不是别人亲手将其杀死。史书中大量的材料可以证明，只要导致甲的死亡有乙起决定作用，并且是乙的主观意图，就可以说"乙杀甲"。如例（1）是王翦击败项燕导致项燕自杀，例（2）、例（4）、例（5）、例（6）与此相类。例（3）二世自杀是赵高逼迫的，《史记·李斯列传》中就说"高既因劫令（二世）自杀"。例（8）子玉是楚王令其自杀，例（9）伍子胥是吴王令其自杀，例（10）文种是句践令其自杀，例（12）扶苏是二世令其自杀。例（7）申生是骊姬设计陷害他，向晋献公进谗言，晋献公令其自杀；例（11）白起是范雎向昭襄王进谗言，昭襄王令其自杀。《韩非子》中有一例在同一段话中说楚成王被杀和自杀,也足以说明古人用"杀",重点是强调"导致死亡"的结果,而并不强调动作的实施。

(13)(楚)商臣作乱,遂攻杀成王……(成王)遂自杀。(《韩非子·内储说下六微》)

史书中还有甲被杀,既说"乙杀甲",又说"丙杀甲",因为甲被杀既有乙起作用,也有丙起作用。上述庞涓、申生、白起是其例。再如《史记·淮阴侯列传》载韩信与张耳一起攻赵,"斩成安君泜水上",成安君并不一定是韩信和张耳亲手杀死的,但是韩信、张耳率兵杀死的。同篇记蒯通游说韩信,说张耳与成安君初为刎颈之交,后张耳投奔汉王,"汉王借兵而东下,杀成安君泜水之南",又说"足下(韩信)……诛成安君"。义帝怀王,《史记》中多处说项羽杀义帝,《黥布列传》又说"布使将击义帝,追杀之郴县"。实际上项羽、黥布都没亲手杀义帝,而是项羽命令黥布等人,黥布又命令手下杀死义帝的。又如《左传·宣公二年》:"乙丑,赵穿攻灵公于桃园",而"大史书曰'赵盾弑其君。'"赵盾认为大史说得不对,大史对曰:"子为正卿,亡不越竟,反不讨贼,非子而谁?"《公羊传·宣公六年》记此事说:"亲弑君者赵穿也,亲弑君者赵穿,则曷为加之赵盾?不讨贼也。"实际上是晋灵公欲杀赵盾,赵盾手下经过一番搏杀,赵盾得以逃跑,之后赵盾之昆弟赵穿杀了灵公(又见《史记·晋世家》)。《左传·昭公二十八年》:"其母(晋叔向母)曰:'子灵之妻杀三夫、一君、一子,而亡一国、两卿矣,可无惩乎?'"《左传·成公二年》:"是(即夏姬)不祥人也。是夭子蛮,杀御叔,弑灵侯,戮夏南(夏徵舒),出孔、仪,丧陈国,何不祥如是?"据载,夏姬是春秋时有名的淫女,但她并不曾杀人,所谓杀三夫,是说子蛮、御叔、巫臣三人皆因娶此淫女而死;[①]所谓杀一君,是指陈灵侯与孔宁、仪行父三人共通于夏姬,夏姬之子夏徵舒忍受不了,杀了陈灵侯(《左传·宣公十年》"公出,(夏徵舒)自其厩射而杀之");所谓杀

---

① 《史记·陈杞世家》正义引《列女传》云:"陈女夏姬者,陈大夫夏徵舒之母,御叔之妻也,三为王后,七为夫人,公侯争之,莫不迷惑失意。"

一子,是指夏徵舒杀了陈灵侯一年后,楚庄王以此为名伐陈,"遂入陈,杀夏徵舒"(《左传·宣公十一年》)。因为陈灵公、夏徵舒被杀都与夏姬有关,所以也可以说是夏姬杀一君一子。又《战国策·魏策四》"信陵君杀晋鄙,救邯郸",《史记·魏公子列传》既说"朱亥袖四十斤铁椎,椎杀晋鄙",又说"魏王怒公子之盗其兵符,矫杀晋鄙"。

从以上分析可见,古书中的"杀",并不能狭隘地理解为某人亲自使用某种工具将别人(或动物)杀死,只要是某人使用某种手段导致别人(或动物)死亡,就可以说某人杀某某。绝大多数常用辞书对"杀"的释义基本上都把握了其语义特征,尤以张永言等(2001:707)的释义("使失去生命;弄死")最为准确。但《汉语大词典》分列"杀戮"和"死,致死"两个义项,似不妥当。

二、"杀"的功能特征

"杀"的语义特征需涉及受事对象,这一点表现在句法功能上就是具有及物性,在句法结构中一般都要带受事宾语。如《史记》中"杀"共使用约1080例,形式上带受事宾语的就有约850例,只有以下几种情况形式上不带受事宾语:第一,在上下文中宾语承前省略;第二,"自杀""相杀"这种语义上动作受事自足形式;第三,"杀"不是出现在述语位置上;第四,"杀"用于受事主语句,如"周幽王为犬戎所杀"(《史记·宋微子世家》)[比较:"犬戎杀幽王"(《史记·齐太公世家》)]、"专诸曰:'王僚可杀也。'"(《史记·刺客列传》《史记·吴太伯世家》)、"田氏之徒恐简公复立而诛己,遂杀简公。简公立四年而杀。"(《史记·田敬仲完世家》)。前三种情况约200例。而"杀"用于受事主语句约30例,但"简公立四年而杀"这种"反宾为主"句仅4例。

我们之所以要在这里强调"杀"的及物性,是因为我们见到《史记》中出现大量的"N_1V杀N_2"结构,不少学者认为这种"杀"是V的结果补语,我们认为这种看法是不对的,[①]因为"N_1V杀N_2"结构中,N_2不仅是V

---

① 太田辰夫(1958/1987)、梅祖麟(1991)、蒋绍愚(1999)等人已论证两汉以前的"V杀N"中的"杀"不是结果补语。

的受事宾语，同时也是"杀"的受事宾语。如：

（14）哀王立三月，弟叔**袭杀**哀王而自立。（《史记·周本纪》）

（15）李牧多为奇陈，张左右翼击之，大**破杀**匈奴十余万骑。（《史记·廉颇蔺相如列传》）

（16）项王**烧杀**纪信。（《史记·项羽本纪》）

（17）晋人**执杀**苌弘。（《史记·封禅书》）

（18）（李良）遣人**追杀**王姊道中。（《史记·张耳陈余列传》）

《史记》还有很多"N_1V而杀N_2"结构，在这种结构中，更能看出N_2同时兼任V和"杀"的受事宾语。如：

（19）使囚病而遗守囚者酒，**醉而杀**守者。（《史记·齐太公世家》）

（20）（文种）功已彰而信矣，句践终**负而杀**之。（《史记·范雎蔡泽列传》）

（21）宣太后**诈而杀**义渠戎王于甘泉。（《史记·匈奴列传》）

（22）子路曰："君焉用孔悝？请**得而杀**之。"（《史记·仲尼弟子列传》）

我们知道，结果补语在形式和语义上都是不能带受事宾语的，所以太田辰夫（1958/1987）、梅祖麟（1991）都强调判断结果补语必须依据"$V_1 + V_2$"中的V_2是不是自动词。查汉以前古籍，"V杀"和"V而杀"之后都有受事宾语，[①]而且受事宾语都是V和"杀"共有的。《史记》之外的例子如：

（23）宋万弑闵公于蒙泽，遇仇牧于门，**批而杀**之。（《左

[①] 梅祖麟（1991）说在先秦两汉"V杀"居句末只看到一例："法令烦憯，刑罚暴酷，轻绝人命，身自射杀，天下寒心，莫安其处。"（《汉书·爱盎晁错传》）又说"身自射杀"是否属于丁型（即"受事者+V杀"型）不容易判断。汉以后也很难见到"V杀"后不带受事宾语的用例。《世说新语·假谲》中有"魏武常云：'我眠中不可妄近，近便斫人，亦不自觉，左右宜深慎此！'后阳眠，所幸一人窃以被覆之，因便斫杀"，但此例"杀"后显系省略宾语"之"。《贤愚经》中有"宁受绞死，不乐烧杀"，但此例中"烧"和"杀"都是用于被动意义。

传·庄公十二年》）

（24）桓公召而**缢杀**之。（《公羊传·僖公元年》）

（25）公怒，以斗**擊而杀**之。（《公羊传·宣公六年》）

（26）市人从者四百人，与之诛淖齿，**刺而杀**之。（《战国策·齐策六》）

（27）商臣作乱，遂**攻杀**成王。（《韩非子·内储说下六微》）

（28）饮食人以不洁净，天怒，**击而杀**之。（《论衡·雷虚》）

（29）李斯、赵高**诱杀**太子扶苏。（《论衡·变动》）

即使"杀"跟在一个VO（动词带受事宾语）后，"杀"也要带上受事宾语，虽然这个宾语与前面动词的宾语是同一的。如：

（30）冬，曲沃伯诱晋小子侯杀之。（《左传·桓公七年》）

（31）丁巳，其夫攻子明，杀之。（《左传·襄公二十二年》）

（32）楚人执陈行人干徵师杀之。（《春秋经·昭公八年》）

（33）夷狄之君诱中国之君而杀之。（《穀梁传·昭公十一年》）

（34）晋小子之四年，曲沃武公诱召晋小子杀之。（《史记·晋世家》）

（35）五年，三郤逐伯宗，杀之。（《史记·晋世家》）

（36）乃令蔡人诱厉公而杀之。（《史记·田敬仲完世家》）

（37）厨人进斟，因反斗以击代王，杀之。（《史记·张仪列传》）

（38）（李）广曰："吾为陇西太守，羌常反，吾诱而降之八百余人，吾诈而同日杀之。"（《论衡·祸虚》）

（39）狄人攻哀公而杀之。（《论衡·儒增》）

以上各例"杀"的宾语"之"都是复指前面动词所带的受事宾语。"杀"后必须带受事宾语，正是其[+外向（有生命物）]语义特征在句法功能上的表现。如果"杀"后不出现受事宾语，那么一定是用于被动意义，即用于所谓"反宾为主"句。所以像"简公立四年而杀"，在《史记》中不会像现代汉语中"鸡吃了"那样产生歧义（詹人凤，1992）。包

含 [+外向（有生命物）] 是"杀"的语义特征，带受事宾语是"杀"的功能特征。可见一个词的功能特征是与其语义特征分不开的；反过来，词的语义特征也往往会在其功能特征中得到反映。

"杀"和别的及物动词共现于谓语位置并共同带一个受事宾语时，"杀"位于别的及物动词之前的用例（N₁杀VN₂或N₁杀而V N₂）很少，位于别的及物动词之后的（N₁V杀N₂或N₁V而杀N₂）却很多，在《史记》中，前者只有10余例，如：

（40）防风氏后至，禹**杀而戮**之。（《史记·孔子世家》）（裴骃集解引韦昭曰："防风氏违命后至，故禹杀之。陈尸为戮。"）

（41）问者曰："龟至神若此，然太卜官得生龟，何为辄**杀取**其甲乎？"（《史记·龟策列传》）

（42）以往古故事言之，古明王圣主皆**杀而用**之。（《史记·龟策列传》）

（43）匈奴又入雁门，**杀略**千余人。（《史记·匈奴列传》）

后者多达近200例，前文已举数例。再如：

（44）项王**迁杀**义帝。（《史记·郦生陆贾列传》）

（45）沛公至军，立**诛杀**曹无伤。（《史记·项羽本纪》）

（46）（高祖）使骑将灌婴**追杀**项羽东城。（《史记·高祖本纪》）

（47）徵舒伏弩厩门**射杀**灵公。（《史记·陈杞世家》）

（48）冬，萧及宋之诸公子共**击杀**南宫牛。（《史记·宋微子世家》）

（49）（梁王）乃与羊胜、公孙诡之属阴使人**刺杀**袁盎及他议臣十余人。（《史记·梁孝王世家》）

通过分析"杀VO"与"V杀O"，我们发现，这种结构严格地遵循时间顺序原则（戴浩一，1988）。"杀VO"中，上举4例分别为先杀后戮，先杀后取，先杀后用；第4例"杀略"是并列的，"杀略千余人"

是说杀死和虏略共千余人，"杀"和"略"没有时间先后顺序。《史记》中还有数例"所杀伤""所杀虏"（没有"杀伤O""杀虏O"），这种"杀"和V也是并列关系，也不涉及时间顺序的问题。"V杀O"中，从时间顺序来讲，一定是先V后杀。过去许多学者在谈到这类结构时，往往说两个动词是并列的（王力，1958；梅祖麟，1991；蒋绍愚，1999）或称之为"等立的复合动词"（太田辰夫，1958/1987），我们认为这些说法还不太确切。准确地说，应是两个动词的连用，这种连用遵循时间顺序原则，从语义结构关系看应属连贯关系，我们称之为"动词连用"。[①]如上举例（44）—例（49），分别为先迁后杀，先诛（责问，问罪）后杀，先追后杀，先射后杀，先击后杀，先刺后杀。这些用例可以作如下变换：

迁杀义帝→迁义帝而杀之→迁而杀之（义帝）
诛杀曹无伤→诛曹无伤而杀之→诛而杀之（曹无伤）
追杀项羽→追项羽而杀之→追而杀之（项羽）
射杀灵公→射灵公而杀之→射而杀之（灵公）
击杀南宫牛→击南宫牛而杀之→击而杀之（南宫牛）
刺杀袁盎……→刺袁盎……而杀之→刺而杀之（袁盎）

为什么与别的他动词连用时，"杀"多位于别的及物动词之后？上面我们用时间顺序原则作了回答。但进一步追问：为什么根据时间顺序原则，"杀"大量用于别的及物动词之后而很少用于别的及物动词之前呢？原来这与"杀"的"终结"语义特征有关。

所谓"终结"语义特征，在这里是指一些及物动词的语义得到实现时表现出的如下特点：在施事实施动词表示的动作之后，受事就会处于一种既成状态，这种状态伴随动作的终结而产生。比照郭锐（1993）对现代汉语动词的过程结构的分析，这类动词的"续段"很弱，"终点"很强，所以其所表示的动作很难持续。[②]同时，动词所表示的动作实施后，施事

---

① 先秦两汉，特别是两汉语料中，除"V杀O"外，还有大量的"动词连用"式"V_1V_2O"，它们同样遵循时间顺序原则，见本书第五章。

② 如"伤、断、破、绝、灭"等。

对受事的"处置"往往就告结束，不能或很难或无须施以有关的后续动作行为。

行为动词都包含一个过程（郭锐，1993），谓语位置上的两个行为动词连贯出现，就构成两个过程相加的连续过程。汉以前语料中的"V杀O"都无例外地表示连续过程，前一个动词表示连续过程的开始，并具有持续性，"杀"表示连续过程的延续和终结。

有些学者把"V杀O"中的"杀"看成结果补语，可能就是因为"杀"具有"终结"语义特征和"杀"在"V杀O"中表示连续过程的终结。但是第一，如前所述，O不仅是V的受事宾语，同时也是"杀"的受事宾语。第二，"V杀O"可以变换为"VO而杀之"和"V而杀之（O）"，这说明"杀"与前面的V并没有紧密结合，而是与其后的受事宾语不可分开。第三，虽然在"V杀O"中"杀"都是表示连续过程的终结，但"杀"与V的关系从语义上分析有两种情况：（1）"杀"只是紧接着V后发生的事件，并不是V导致的结果，如上举例中的"迁杀""诛杀""追杀"，"杀"并不是"迁""诛""追"的结果；（2）"杀"是紧接着V后发生的事件，是整个连续过程的终结，同时"杀"也是V导致的结果，并且也是施动者的最终目的。但即使是后一种情况，也不能把"杀"看作V的结果补语，因为V导致的结果不是"杀"，而是"杀O"，O仍然是"杀"的受事宾语。蒋绍愚（1999）曾论证《史记》中出现在"V_1V_2O"的V_2位置的16个动词（包括"杀"和用作使动的形容词）都不是结果补语，是非常正确的。

《史记》中不仅有"V杀O"，还有"V_1V_2杀O""$V_1V_2V_3$杀O"如：

（50）章邯遂**击破杀**周市等军，围临济。（《史记·魏豹彭越列传》）

（51）田荣怒，**追击杀**齐王市于即墨。（《史记·田儋列传》）

（52）还，梁刺客后曹辈果**遮刺杀**盎安陵郭门外。（《史记·袁盎晁错列传》）

（53）哀公之同母少弟山怨胡公，乃与其党率营丘人**袭攻杀**胡公而自立。（《史记·齐太公世家》）

（54）汉**击破杀**辟光。（《史记·齐悼惠王世家》）

（55）宛贵人……令其东边郁成**遮攻杀**汉使。（《史记·大宛列传》）

（56）定国使谒者以他法**劫捕格杀**郢人以灭口。（《史记·荆燕世家》）

3个、4个动词连用，就构成一个更大的连续过程，"杀"处于连用中的最后位置，表示整个连续过程的终结。如上举例（50）是"先击后破，破而后杀"的连续过程，至"杀"而整个过程终结；例（56）是"先劫后捕，捕而后格，格而后杀"的连续过程，至"杀"而整个过程终结。余例类推。

通过以上分析可以看出：（1）在"V杀O"或"V₁V₂杀O""V₁V₂V₃杀O"中，"杀"和前面的动词共现是严格地遵循时间顺序原则的，"杀"和前面动词之间的次序不能变更，这说明"杀"和前面的动词是连贯关系，不是并列关系；（2）"杀"进入"动词连用"有"杀VO"和"V杀O"两种，"杀VO"极少，而"V杀O"非常多；（3）在3个、4个动词连用时，"杀"只出现在第三或第四的位置，这是因为"杀"具有"终结"语义特征，[①]这一语义特征在连续过程中往往就表示整个过程的终结，所以"杀"一般都出现在"动词连用"中的最后位置。

---

① 先秦两汉有一批及物动词（单语素）具有"终结"语义特征，如"破、败、灭、伤"等。这些他动词也可以位于别的及物动词之后表示"连续过程"的终结，如"李牧击破秦军"（《史记·廉颇蔺相如列传》）、"楚伐败齐师于徐州"（《史记·孟尝君列传》）、"（晋）袭灭虞"（《史记·晋世家》）、"越王句践射伤吴王"（《史记·楚世家》）等。这些词都和"杀"一样，不能看成结果补语。及物动词的终结语义特征具有相对性，如《史记》中既有"伐败""击破"，又有"败杀""破杀"，在"伐败""击破"这样的连续过程中，"败""破"是连续过程的终结，但在"败杀""破杀"这样的连续过程中，"败""破"是连续过程的开始和延续，"杀"才是连续过程的终结。这说明，相对于"败""破"来说，"杀"的"终结"语义特征更为突出、显著。这类动词在古汉语中究竟有哪些，还有待进一步研究。

三、结语

古汉语中"杀"的意义既包含动作又包含结果,有些辞书简单地释为"杀戮",严格地说是不够准确的。张永言等(2001)用动结式"弄死"和致使结构"使……"来释"杀",就充分突出了"杀"的语义特征。

词的语义特征与词的功能特征是有密切联系的,要准确认识一个词的意义,不能脱离对该词的语法功能的分析;要准确认识一个词的功能特征,同样不能脱离对该词的语义特征的分析。

"杀"除4种情况外,在句子中一定要带受事宾语,即使是与别的动词连用,也一定要带受事宾语,这一功能特征与"杀"具有[+外向(有生命物)]语义特征有关。"杀"和别的动词连用时,一般只能出现在后面的位置,"杀"表示连续过程的终结,这一点与"杀"的"终结"语义特征有关。

揭示"杀"的"终结"语义特征是很有意义的。以往学者对先秦两汉时期的一些"V_1杀NP"中的"杀"或认为绝对不能看成结果补语(王力,1958;太田辰夫,1958/1987;梅祖麟,1991;蒋绍愚,1999;等等),或认为肯定是结果补语,[1]原因就出在后者只看重"杀"的"终结"语义特征,忽视了"杀"的动作性和及物性特征。如前所述,先秦两汉的"杀"后面是必须带宾语的,而汉语中,动宾结构绝对不能充当结果补语。先秦两汉的"V杀NP"中"杀"貌似结果补语,那只是其"终结"语义特征显示的表象,从句法关系和"杀"与V、NP的语义关系看,"V杀"绝对不能分析为述补结构,"V"和"杀"甚至不是直接成分关系。

太田辰夫和梅祖麟都曾试图通过论证"杀"由及物向不及物转化来确定动结式的产生时代。为什么"杀"会由及物向不及物转化?梅祖麟分析了四种因素。我们认为,如果真正存在这种转化的话,这种转化应与动词的"终结"语义特征有很大的关系,不仅是"杀","伤、败、破、灭、断、绝"等在六朝以后都有由及物向不及物转化的趋势,这些动词的共同特点就是都具有"终结"语义特征。至于如何从形式上准确证明动词的

---

[1] 何乐士(1985)说《左传·僖公二十五年》"余掫杀国子"是《左传》中已有结果补语的铁证。

"终结"语义特征，古汉语中这类动词有哪些，这还有待进一步研究。

第四节 结果自足动词的语义句法特征[①]

一、引言

上古汉语中有一类动词，如"破、败、伤、灭、杀、断"等，近年来备受学者们关注，发表了许多相关的研究成果。但是对这类动词的基本性质及其句法特征和语义特征，却没有一致的意见。有人说这类动词是不及物动词（李佐丰，1983、1994），有人说是及物动词（蒋绍愚，2001），有人说是及物动词后来转为不及物动词（梅祖麟，1991），有人说是作格动词（魏培泉，2000；大西克也，2004；宋亚云，2014）或非宾格动词（杨作玲，2014）。为什么会有这样的分歧？从各家的论述来看，是因为按照传统语法对动词的分类，这类动词既有及物动词的特点，也有不及物动词的特点；如果引进作格理论或非宾格假说，这类动词又很像某些作格语言中的作格动词或非宾格动词。

我们根据这类动词的语义特征和句法分布特征，将其命名为"结果自足动词"。从语义特征看，这类动词的语义构成中既包含动作义，又包含结果义。简言之，结果自足动词即同时表示动作和动作结果的动词。如"齐破燕"（《战国策·赵策三》），"破"既表示了施事"齐"的一个自主性动作，也表示了这一动作导致的结果。结果自足动词有其自身独特的语义句法特征，与其他语言中的所谓作格动词的性质并不完全相同（关于这类动词是否可以看作作格动词以及上古汉语是否具有作格性，需另行讨论）。

作为综合性动词的一个类，结果自足动词的独特的语义句法特征在上古汉语语法系统中具有重要地位，这类动词到中古向分析性句法结构发展，与汉语语法系统发生结构性变化有重大关系。

[①] 本节内容曾以《论上古汉语结果自足动词（上）》为题在汉语轻动词研究当前问题国际高端研讨会（香港中文大学，2016年5月）上宣读，后以《上古汉语结果自足动词的语义句法特征》为题发表于《语文研究》2017年第1期。

二、结果自足动词的语义特征

1. 自主性、可控性特征

所谓自主性特征，是指动词的词义结构中所包含的如下语义特征：动词所表示的动作行为是某一主体主动或自发施行的，并且是该主体可以控制的。具有自主性特征的动词就是自主动词。马庆株（1988）将现代汉语动词分为自主动词和非自主动词，发现这两类动词有很不一样的句法表现。上古汉语的动词，根据语义特征，同样可以分出自主动词和非自主动词，本文所讨论的结果自足动词都属于自主动词，都具有自主性语义特征。例如：

（1）a. 彼固亡国之形也……大王以诈**破**之，拔武安。（《战国策·秦策一》）

（2）a. 壬戌，公**败**宋师于菅。（《左传·隐公十年》）

（3）a. 十六年，楚复伐邓，**灭**之。（《左传·庄公六年》）

（4）a. 宾孟适郊，见雄鸡自**断**其尾，问之。（《左传·昭公二十二年》）

（5）a. 冬十一月壬午，灭陈。舆嬖袁克杀马**毁**玉以葬。（《左传·昭公八年》）

（6）a. 王有所幸臣九人之属，欲**伤**安平君，相与语于王曰……（《战国策·齐策六》）

（7）a. 郑强之**走**张仪于秦，曰仪之使者必之楚矣。（《战国策·韩策一》）

（8）a. 田单乃惧，问鲁仲子曰："先生谓单不能**下**狄，请闻其说。"（《战国策·齐策六》）

（9）a. 子贡问政。子曰："足食，足兵，民信之矣。"子贡曰："必不得已而去，于斯三者何先？"曰："**去**兵。"子贡曰："必不得已而去，于斯二者何先？"曰："**去**食。自古皆有死，民无信不立。"（《论语·颜渊》）

（10）a. 楚一言而**定**三国，我一言而亡之。（《左传·僖公二十八年》）

（11）a. 楚师宵溃，晋**降**彭城而归诸宋，以鱼石归。（《左传·襄公二十六年》）

（12）a. 此赵宣孟之所以免也，周昭文君之所以显也，孟尝君之所以**却**荆兵也。（《吕氏春秋·报更》）

以上各例，动词"破、败、灭、断、毁、伤、走、下、去、定、降、却"都是出现在"NP₁+V+NP₂"结构形式中V的位置，它们所表示的动作行为都是NP₁主动施行并且可以控制的。如例（1a），在"破之"这一事件中，动作行为是"大王"主动施行的，也是"大王"可以控制的；例（12a），在"却荆兵"这一事件中，动作行为是"孟尝君"主动施行的，也是"孟尝君"可以控制的。余例类推。

从上面这些例句还可以看到，NP₁都由高生命度的名词性成分充当，而具有自主性、可控性语义特征的动词往往是和高生命度主体相联系的。

2. 外向性特征

"破、败"等表示的动作行为不仅是施行主体自主的、可控的，而且必定是针对一定的对象发出的。我们把这种必定施及一定对象的语义特征叫作"外向性特征"。

李佐丰（1983、1994）曾对"败"一类动词在先秦典籍中的分布作过统计，①李佐丰认为这类动词是"自动词"，可是这类动词带宾语的比例却非常高，李佐丰认为这类动词所带的宾语为"使动宾语"，与通常的受事宾语不同。然而根据什么证明这类动词所带的宾语一定是"使动宾语"而不是"受事宾语"呢？李佐丰试图通过语义转换来证明这一点，但是，首先这种转换在上古汉语中是很难找到实际用例的，其次，这种转换是先假设这类动词是"自动词"，所以不能带"受事宾语"，这就有循环论证之嫌。

我们认为，把上举例句中的NP₂是叫作"使动宾语"还是"受事宾语"并不重要，重要的是必须承认，动词所表示的动作行为是NP₁施加于NP₂的，NP₂是动作行为的接受者。

---

① 李佐丰具体讨论的动词跟我们这里列举的不完全相同，如"破"李文就没有提到。

外向性特征是和自主性、可控性特征联系在一起的。在"齐破燕""公败宋师"这样的句子中，NP₁只要是对"破、败"等表示的动作行为具有自主性和可控性，那么，动作行为就必定是有目的且有目标的，动作行为就必定要施及一定的对象。"齐"对"破"具有自主性、可控性，"齐"实施"破"这一动作行为必须针对一定的目标，这一目标就是"燕"；"公"对"败"具有自主性、可控性，"公"实施"败"这一动作行为必须针对一定的目标，这一目标就是"宋师"。

正是因为这类动词具有外向性语义特征，所以当它们出现在对动作行为具有自主、可控能力的名词性成分之后时，它们必须带宾语，如果不带宾语，句子的意义就会完全不同。即使这类动词和另外一个动词连用，后面也必须带宾语。而且，和这类动词连用的往往是典型的及物动词，它们带一个共同的宾语，如：

（13）故往见郭隗先生曰："齐因孤国之乱，而**袭破**燕……"（《战国策·燕策一》）

（14）兄弟甥舅，**侵败**王略，王命伐之，告事而已。（《左传·成公二年》）

（15）孔子闻之，使子贡往覆其饭，**击毁**其器。（《韩非子·外储说右上》）

（16）余悉**除去**秦法。（《史记·高祖本纪》）

（17）梁王……跪送臣等六人将兵**击却**吴楚，吴楚以故兵不敢西。（《史记·韩长孺列传》）

以上各例中"破、败、毁、去、却"用在另一个他动词后，和及物动词共带一个宾语，可见其后的宾语对于两个连用的动词来说，其语义角色是一样的——两个动词都以其为施及对象。这足以说明，及物性是这类动词固有的特点。这种句法表现正是和这类动词的外向性语义特征密切联系在一起的。

简单地说，外向性特征就是动词所表示的动作行为必定施及某个对象，而且施及一定的对象往往正是动作主体的目的。

3.终结语义特征

"破、败"等动词都具有终结语义特征。如"齐破燕",当"齐"实施"破"这个动作行为后,齐国攻打燕国的事件就有了结果——燕国处于"破"的状态。

动词都具有时间过程意义。郭锐(1993)对现代汉语动词的过程结构作过很好的分析,他根据动词的过程结构的不同,将现代汉语的动词分为三大类十小类。三大类是状态动词、动作动词、变化动词。其中变化动词的"续段"很弱,"终点"很强,所以其所表示的动作很难持续。上古汉语的动词虽然没有人对其过程结构进行过分析,而且目前还不知道运用什么标准来对其过程结构进行分析,但是,动词的过程结构是客观存在的。如果比照郭锐(1993)对现代汉语动词的分析,我们上文所举的动词都应该属于变化动词。这类动词之所以具有终结语义特征,从时间过程来说,就是因为它们的"终点"很强。

终结语义特征既然由动词的时间过程结构决定,那么具有终结语义特征的动词的"持续"意义就不强,动词表示的动作行为一经实施,整个事件就终结了,虽然终结的事件作为一种状态可以持续。如现代汉语的"他吃了一碗饭","吃"是可以持续的;"他倒了一碗饭","倒"就很难说还是可以持续的。"倒"表示的动作行为一经实施,整个事件就终结了,但是"饭倒了"这种状态是可以持续的。"倒"就是变化动词。上古汉语的"破、败"等动词也具有现代汉语"倒"这类动词相同的特点,不过,在"NP_1+V+NP_2"这种句子里,"破、败"同时还具有外向性语义特征,因此,一方面,它们所表示的动作行为实施后,受事就处于一种既成状态,但是同时,动作行为本身又包含一定的延续过程——"破齐""败宋师"都是有"续段"的时间过程。这就是说,这类动词"续段"不弱,"终点"又很强,所以我们将之叫作结果自足动词,即既包含动作,又包含结果。下面我们再拿上举例句进行分析。

"大王……破之","大王"从实施动作行为到"之(赵)"处于"破"这一既成状态是有持续过程的,但动作行为实施后,"之(赵)"就处于"破"的状态,动作行为终结。"公败宋师","公"从实施动作行为到"宋师"处于"败"这一既成状态是有持续过程的,但动作行为实施后,"宋师"就处于"败"的状态,动作行为终结。"晋降彭城","晋"从实施动作行为到"彭城"处于"降"这一既成状态是有持续过程的,但动作行为实施后,"彭城"就处于"降"的状态,动作行为终结。余例类推。

4. 关于"破、败"等动词的"致使"义

很多学者都认为"破"这类动词含有"致使"义,如"败宋师"就是使宋师败,"破之"就是使之破,"灭之"就是使之灭,"断其尾"就是使其尾断,"毁玉"就是使玉毁,"亡郑"就是使郑亡,"伤安平君"就是使平安君伤,"坏其馆之垣"就是使其馆之垣坏,"废之"就是使之废,"降彭城"就是使彭城降,"却荆兵"就是使荆兵却。从现代汉语出发,这样来理解这些句子的意义是可以的,但是,如前所述,把"败、破"等看作不及物动词的使动用法是有困难的。

我们承认"破、败"等动词含有"致使"义,但不是自动词的使动用法,而是动词本身具有"致使"义,即通过某种外向性的动作行为"致使"承受对象处于某种状态,导致某种结果。如"齐破燕",是"齐"通过外向性的动作行为如进攻之类"致使""齐"处于"破"的状态,导致"燕破"的结果。"致使"义是"破、败"等动词的词义结构中所固有的,并不是句法结构所赋予的。

语言里表达"致使"意义主要有三种手段(伯纳德·科姆里,1989)。其一是分析型使成式,如现代汉语的"老师(只说了一句话就)使他改变了观点"。上古汉语也有这种分析型使成结构(魏培泉,2000;宋亚云,2005),如"弟子曰:'先生之巧,至能使木鸢飞。'"(《韩非子·外储说左上》)。其二是形态型使成式,如土耳其语。上古汉语是否有形态型使成式,目前还是个有争议的问题。有人认为上古汉语有的动词通过加词头或词尾而形成致使义,他们与汉语后来的声调演变以及"四声别义""清浊别义"有关系。可是像"破"这个动词,没有人证明其声调发生过什么演变,更没有发生过"四声别义""清浊别义"。而且,如果上古汉语中它是通过添加词头词尾的手段来表示致使义和非致使义,怎么解释其后来的演变呢?王力(1990)、曹先擢(1991)则在词汇层面看待一些动词的致使义和非致使义的对立，因为根据汉朝以来经师的记录，"败""断"等词的致使义用法和非致使义用法，其语音不同，因此是不同的词项。可是"破"没有语音差别，怎么办呢？只好放到句法里用使动用法来解释。然而，在先秦时期，"破"的使动用法却比非使动用法多（宋亚云，2005），这是不好解释的。其三是词汇型使成式。根据伯纳德·科姆里（1989：211），词汇型使成式"指那些结果表达形式和宏观使成表达形式之间的关系毫无规律性因而只能作词汇处理而不能作任何能产过程处理的情形。这方面最明显的例子就是异干交替，如英语kill是die的使成式，或俄语ubit（杀死）是umeret（死亡）的使成式。异干交替形式是词汇型使成式最明显的例子，因为根据定义交替对的两个成员之间的形式联系没有任何规律性。"上古汉语存在一批"破、败"这样的结果自足动词，它们的语义特征、句法表现和英语的kill一样，所以上古汉语可以看作是词汇型使成式和分析型使成式共存的语言，而在先秦时期，词汇型使成式似乎更占优势。

三、结果自足动词的句法特征

动词的句法特征与其语义特征是紧密相关的。上文已经分析了结果自足动词的语义特征，下面我们再来看结果自足动词所具有的句法特征。

1. 结果自足动词进入的句法槽

结果自足动词可以出现在以下三种句法位置。

（a）"NP₁__NP₂"句法槽。如前文所举例（1a）至（12a）。

（b）"NP__"句法槽。如以下例（1b）至（12b）：

（1）b. 齐军**破**，向子以舆一乘亡。（《战国策·齐策六》）

（2）b. 秦师轻而无礼，必**败**。（《左传·僖公三十三年》）

（3）b. 苏子叛王即狄，又不能于狄，狄人伐之，王不救，故**灭**。（《左传·僖公十年》）

（4）b. 故仁人之兵聚则成卒，散则成列，延则若莫邪之长刃，婴之者**断**；兑则若莫邪之利锋，当之者溃。（《荀子·议兵》）

（5）b. 虎兕出于柙，龟玉**毁**于椟中，是谁之过与？（《论语·季氏》）

（6）b. 二月庚寅，宁喜、右宰穀伐孙氏，不克，伯国**伤**。（《左传·襄公二十六年》）

（7）b. 秦王怒，张仪**走**。（《战国策·韩策一》）

（8）b. 明日，（田单）乃厉气循城，立于矢、石之所，乃援枹鼓之，狄人乃**下**。（《战国策·齐策六》）

（9）b. 雪霜雨露时，则万物育矣，人民修矣，疾病妖厉**去**矣。（《吕氏春秋·察贤》）

（10）b. 今国已**定**，而社稷已安矣，何不使使者谢于楚王？（《战国策·齐策六》）

（11）b. 齐侯与之盟于徐关而复之。十二月，卢**降**。（《左传·成公十七年》）

（12）b. 乃复悉士卒以攻邯郸，不能拔也，弃甲兵弩，战竦而**却**，天下固已量秦力二矣。（《韩非子·初见秦》）

（c）"NP$_1$+V___NP$_2$"句法槽，即在连动共宾结构中出现在V$_2$的位置。如以下例（1c）至（12c）：

（1）c. 故往见郭隗先生曰："齐因孤国之乱，而**袭破**燕……"（《战国策·燕策一》）

（2）c. 兄弟甥舅，**侵败**王略，王命伐之，告事而已。（《左传·成公二年》）

（3）c. 于是灭滕伐薛，取淮北之地，乃愈自信，欲霸之亟成，故射天笞地，斩社稷而**焚灭**之。（《战国策·宋卫策》）

（4）c. 詈侮捽搏，捶笞膑脚，**斩断**枯磔。（《荀子·正论》）

（5）c. 孔子闻之，使子贡往覆其饭，**击毁**其器。（《韩非子·外储说右上》）

（6）c. 夫禁**杀伤**人者，天下之大义也。（《吕氏春秋·去私》）

（7）c. 李牧数**破走**秦军，杀秦将桓齮。（《战国策·赵策四》）

（8）c. 初，燕将**攻下**聊城，人或谗之。（《战国策·齐策六》）

（9）c. 孟尝君乃取所怨五百牒**削去**之，不敢以为言。（《战国策·齐策四》）

（10）c. 乃拜彭越为魏相国，擅将其兵，**略定**梁地。（《史记·魏豹彭越列传》）

（11）c. 以故满得兵威财物**侵降**其旁小邑，真番、临屯皆来服属，方数千里。（《史记·朝鲜列传》）

（12）c. 梁王……将兵**击却**吴楚，吴楚以故兵不敢西。（《史记·韩长孺列传》）

2. 他动、自动与使动、被动

"破、败"等动词可以出现在上述三种句法位置，而且不需要特殊的语境，也不需要在句子中添加特殊的标记，而别的动词如果没有特殊的语境或不添加特殊的标记，往往只能出现在其中的一种句法位置，这说明这类动词的句法功能也是很有特点的。正是这个特点，引起了学术界的广泛关注，也带来了对这些动词的语法属性的争论，特别是它们到底是属于他动词还是属于自动词的争论。

如果根据a组句法位置，它们应该属于他动词，因为它们必须带宾语；如果根据b组句法位置，它们应该属于自动词，因为它们不能带宾语。李佐丰（1983、1994）认为在先秦汉语中，"败、灭、伤、定、闭、坏、折、绝"等都是自动词（没有提到"破"），它们带宾语都是使动用法。可是，这几个动词带宾语的频率却高于不带宾语，有的还悬殊特别大，据李佐丰（1983、1994），带宾不带宾的比例分别是："败"111∶32；"灭"115∶19；"伤"52∶15；"定"35∶27；"闭"19∶5；"坏"11∶10；"折"17∶4；"绝"11∶4。据宋亚云（2005），"破"带宾语的用例超过三分之二。这就是个很奇怪的现象——为什么一个自动词带宾语的用法会多于不带宾语的用法？如果说是自动词的使动用法，为什么这类动词会经常用作使动呢？蒋绍愚（2001）认为在先秦典籍和《史记》中，"灭、伤、破、败、坏、解"等都是他动词，他们不带宾语都表示被动义，是"反宾为主"用法。可是为什么这类动词会经常而且没有条件限制地用于

"反宾为主"句，而许多别的他动词如"攻、伐、袭、侵、闻、射"等却很难或根本不能用于"反宾为主"句呢？

李佐丰（1983、1994）、蒋绍愚（2001）都试图对这类动词的语法属性作出解释，他们的论证都有一定的道理。可是，如果我们将二者的论证联系起来进行比较就会看到，说这类动词是他动词，那么，b组用法就必须说它们是表示被动义，是"反宾为主"句；说这类动词是自动词，那么，a组用法就必须说它们是表示使动义，宾语为"使动宾语"。上古汉语有大量的使动用法，这从汉魏六朝经师的注疏中可以得到证明，也是学术界普遍承认的事实，同时，上古汉语又有大量的所谓"反宾为主"句，或叫无标记受事主语句，这也是不争的事实。所以将"破、败"等动词看作他动词或自动词，就上古汉语的语法系统来说，都是可以给予解释的。但这种解释并不能很好地回答我们上面提出的问题。

我们认为，如果一定要以能否带宾语作为标准，把动词分为自动词和他动词两类的话，在上古汉语中是有困难的，因为存在着一类处于他动词和自动词之间的过渡段的动词，那就是结果自足动词。"破、败"等动词都是结果自足动词，它们的特殊句法分布，是它们作为动词的语义结构特点在句法上的映现。如前所述，这类动词的语义结构中包含动作和动作的结果，其动作义具有及物性，所以在句法结构中常常带宾语；其结果义具有既成状态性质，所以在句法结构中又能独立说明主语。动作义突出的，比较接近他动词，a组用法就会多一些，结果义突出的，比较接近自动词，b组用法就会多一些。

动词的语义结构由不同的语义成分（或叫"义素"）构成。当一个动词进入实现的句子时，不同的语义成分凸显的强弱可能不同，因此表现出的句法功能也可能不同。结果自足动词进入a组句子即后面带宾语时，凸显的是其动作义，相应地表现出的句法功能是及物性功能；进入b组句子即后面不带宾语时，凸显的是其结果义，相应地表现出的句法功能是状态描写功能。但是凸显其动作义，表现出及物性功能时，也包含了动作的结果；凸显其结果义，表现出状态描写功能时，也包含了造成这种结果和状态的动作。如：

（18）a. 是晋、楚以秦**破**齐，以齐**破**秦。（《战国策·秦策二》）

b. 齐**破**，文请以所得封君。（《战国策·秦策三》）

（19）a. 冬十月，郑伯以虢师伐宋。壬戌，大**败**宋师，以报其入郑也。（《左传·隐公十一年》）

b. 息侯伐郑，郑伯与战于竟，息师大**败**而还。（《左传·隐公十一年》）

例（18a）、例（19a）中"破""败"凸显的是动作义，分别表示"秦"对"齐"、"郑伯"对"宋师"发出了某种动作行为，而且动作行为分别是施加于"齐"和"宋师"的，同时这种动作造成了"齐破"、宋师败的结果；例（18b）、例（19b）"破""败"凸显的是结果义，分别是对"齐""息师"所处状态的描写，表示的是"齐""息师"由于遭受某种动作行为而呈现"破""败"的既成状态。简单地说，在例（18a）、例（19a）中，"破""败"的动作行为义强，而结果义隐含其中，例（18b）、例（19b）中，"破""败"的结果义强，而动作行为义隐含其中。将（18a）、例（19a）中的"破""败"看作自动词的使动用法，那是注重"破""败"的结果义，认为"秦"施及"齐"、"郑伯"施及"宋师"的动作行为包含在结果义之中；将例（18b）、例（19b）中的"破""败"看作他动词的被动用法，那是注重"破""败"的动作行为义，认为"齐""息师"是遭受了某种动作行为才出现"破""败"的结果或呈现"破""败"的状态，结果义包含在动作义之中。如果我们先不预设"破""败"是他动词还是自动词，而是从动词在实现的句子中语义成分凸显的强弱不同因而表现出来的句法功能有差异这个角度看问题，那么，我们就既无须把a组句子和使动用法相联系，[1]也无须把b组句子和被动用法相联系。[2]

---

[1] 如前文所述，我们承认在a组句子中"破、败"等动词具有"致使"义，但这种意义是动词的词义结构中固有的，不是通过句法格式形成的使动用法获得的。

[2] 从NP与V的语义关系看，b组句子大都可以看作受事主语句，但我们不认为这是动词的被动用法（详下文）。

3. 从c组句子看结果自足动词的句法特征

下面我们再根据c组句子来看"破、败"等动词的功能特征。

c组句子中，"破、败"等出现在另一个动词之后，后面再带一个名词性成分。我们把这种"V_1V_2+NP"叫作连动共宾结构，这种结构出现于先秦，盛行于西汉（详见第五章）。上文所举12个结果自足动词都能够出现在连动共宾结构中V_2的位置，特别是在西汉的《史记》中相当常见。能够出现在V_2位置的动词并不限于结果自足动词，但从《史记》来看，典型的结果自足动词如"破、败、灭、断、走"等比其他动词更容易出现在V_2的位置；有些结果自足动词也能够出现在V_1位置，但是如果出现在V_1的位置，那么V_2位置往往也是一个结果自足动词，如例（6c）、例（7c）。V_2位置也可以是普通他动词，但是，如果普通他动词出现在V_2位置，那么V_1位置往往是普通他动词。也就是说V_1、V_2只可能有三种组配：第一，二者都是普通他动词；①第二，二者都是结果自足动词，如例（6c）、例（7c）；第三，V_1是普通他动词，V_2是结果自足动词，如前举例（1c）—例（5c），例（8c）—例（12c）。极少有第四种组配，即V_1是结果自足动词动词，V_2是普通他动词。②为什么第四种组配极少，下文再讨论。

在c组句子中，NP_2是V_1和V_2共同携带的宾语，这是由这种连动共宾结构的来源决定的，即这个宾语是V_1、V_2分别所带宾语的归并（因为所指相同）。在第三种组配中，NP_2与V_1的关系无疑是动作行为与受事的关系，它与V_2的关系也应该是动作行为与受事的关系。如果将NP_2看作V_2的"使动宾语"，我们不好解释两种不同性质的宾语怎么可以归并。同时，在c组句中，V_1、V_2都表示NP_1自主、可控且有目的的动作行为，也是NP_1直接施行

---

① 如"见说赵王于华屋之下"（《战国策·秦策一》），"越王乃令其中军衔枚潜涉，不鼓不噪以袭攻之，吴师大北"（《国语·吴语》）。

② 《史记》中有"戎狄以故得入，破逐周襄王，而立子带为天子"（《匈奴列传》）、"章邯以破逐广等兵"（《李斯列传》）。"逐"是他动词充当V_2，V_1是"破"。这似乎是反例。但我们知道，在上古汉语的连动共宾结构中，连用的两个动词一定遵循时间顺序原则，"逐"只能在"破"之后实现，不可能相反。"龟至神若此，然太卜官得生龟，何为辄杀取其甲乎？"（《龟策列传》）"杀取其甲"也是如此，必须先杀龟然后才能取其甲。

的动作行为,如果说NP$_2$是V$_2$的"使动宾语",那么,NP$_1$相对于V$_1$、V$_2$,就成了两个不同的语义角色,这也是不好解释的。另外,如果这样,对句子的意义理解也很烦乱,如"击毁其器""攻下聊城",要理解为"击其器,使其器毁","攻聊城,使聊城下"。所以我们认为,在c组句中,NP$_2$同样应该看作充当V$_2$的结果自足动词的施及对象,V$_2$的"外向性"语义特征和"及物性"功能特征在句子中都得以凸显。但是,当结果自足动词处于V$_2$位置时,它的"动作"义往往与V$_1$的意义发生复叠。如"齐破燕","破"既表示了"齐"对"燕"施加某种动作行为(如"攻、袭"之类),又表示了动作行为的结果(燕处于"破"的状态);在"(齐)袭破燕"中,"破"表示的动作行为义与"袭"复叠,"破"就是"袭"的结果,因此,"破"的动作义被V$_1$抑制,在句子中结果义得到凸显。这样,如果从与NP$_2$的关系看,V$_2$在句子中凸显了动作义,功能上具有及物性,如果从与V$_1$的关系看,V$_2$在句子中凸显了结果义,功能上具有描写性。由此可见,在c组句中,结果自足动词的语义特征和功能特征是体现得最完整的。而在a组句中,因为"破、败"等后面带宾语,"外向性"语义特征和及物性功能特征就容易凸显,"终结"语义特征和描写功能就自然受到抑制;在b组句中,因为不带宾语,直接陈述主语的状态,"终结"语义特征和描写功能就容易凸显,"外向性"语义特征和及物性功能特征就自然受到抑制。

如果按照通常将动词分为他动词和自动词的做法,无论把"破、败"等看作他动词还是自动词,在a、b两组句子中,a组句的NP$_2$、b组句的NP和V的语义关系都是一样的:看作他动词,则a组句的NP$_2$、b组句的NP都是V所表示的动作行为的受事或施及对象;看作自动词,则a组句的NP$_2$、b组句的NP都是V所表示的动作行为的施事或当事。单从a、b两组句子来看,这样处理是说得过去的,但如果结合c组句,就有问题了。c组句的NP$_2$在先秦和西汉时期,绝对不能无条件地出现在V$_1$V$_2$之前。比如不可能有"燕袭破""王略侵败""社稷焚灭""枯磔斩断"等形式。由此可见,"(NP$_1$+)V+NP$_2$"与"NP+V"表示的意义是不同的,a组句的"NP$_2$"与V的关系和b组句的"NP"与V的关系也是不同的。我们认为,在a组句中,NP$_2$是V的受事,V主要表示施事的"外向性"动作行为,在b组句中,

NP是V的当事，V主要表示当事所处的状态。

语言材料中也有V_2为结果自足动词的"$NP+V_1+V_2$"句，如：

（20）《商书》曰："恶之易也，如火之燎于原，不可乡迩，其犹可**扑灭**？"（《左传·隐公六年》）

（21）而胶西、胶东、济南、菑川王咸**诛灭**，地入于汉。（《史记·齐悼惠王世家》）/淮阴、黥布等皆以**诛灭**。（《史记·萧相国世家》）

（22）今上祷祠备谨，而有此恶神，当**除去**，而善神可致。（《史记·秦始皇本纪》）

（23）达子收余卒，复振，与燕战，求所以偿者，闵王不肯与，军**破走**。（《战国策·齐策六》）

（24）二十六年，晋率诸侯伐秦，秦军**败走**，追至泾而还。（《史记·秦本纪》）

（25）其后箕子朝周，过故殷虚，感宫室**毁坏**……（《史记·宋微子世家》）

这样例子是可以解释的。例（20）"灭"用在另一他动词"扑"后，不带宾语，但是，句中有"可"，这是上古汉语受事主语句的一种形式，句中的他动词一般是不能够带宾语的，动词的受事已经出现在前面，所以，即使他动词"扑"后面没有一个结果自足动词"灭"，其后也不能再出现受事宾语。例（21）"灭"与"诛"连用而后面不带宾语，是因为"诛灭"的对象是复数形式，这个复数形式由副词"咸、皆"加以总括，而"咸、皆"这样的总括副词通常要求其总括对象出现在其前面，所以"诛灭"的受事宾语只能提到连用动词之前，这样就导致了"诛灭"之后不再出现NP。例（22）"除去"之后可看作宾语"之"省略。《史记》中"除去"共6例，仅此一例不带宾语。例（23）"破"和"走"都是结果自足动词，"军破走"相当于两个b组句"军破""军走"的合并，"破"和"走"的位置遵循时间顺序原则。《史记》中"破走"出现3次，都是"NP_1破走NP_2"，如"项羽已破走彭越"（《史记·高祖本纪》）、"（秦开）归而袭破走东胡"（《史记·匈奴列传》）、"唯田单用即墨破走骑劫"

（《史记·太史公自序》），这可以看作两个a组句"NP₁破NP₂""NP₁走NP₂"的合并，"破"和"走"的位置同样遵循时间顺序原则。例（24）可作和例（23）同样的解释。①例（25）是两个结果自足动词的并列。

四、结语

上古汉语到底有哪些动词应该归入结果自足动词，还需要细致调查和论证，但存在一批像"破""败"这样的既具有动作行为义又具有结果义的动词，这是可以肯定的。给这类动词取个什么名称，我们认为不是最重要的，重要的是将它们的句法表现特点描写清楚，并且应该注意，其句法表现是由其语义特征决定的。我们不主张把这类动词叫作作格动词，就像吕叔湘（1987）所指出的："很重要的一点是区别作格语言和受格语言必须要有形态或类似形态的手段做依据。汉语没有这种形态手段，要说它是这种类型或那种类型的语言都只能是一种比况的说法。如果汉语的动词全都只能，或者大多数只能，进入前面提出来的第二格局，不能进入第一格局，那末说它是作格语言还有点理由。可事实上汉语的及物动词绝大多数都能进入第一格局的二成分句，而进入第二格局的二成分句却很受限制。这就很难把汉语推向作格语言的一边了。"上古汉语是否有形态，如前所述，目前还没有定论，而且本文所论结果自足动词的句法表现也与典型的作格语言的作格动词有很多不同。

对于这类动词，以往研究多根据a组用法和b组用法的对立来论证其句法功能，或将a组用法看作基本类，将b组用法看作派生类，或反过来。虽然都能自圆其说，但都无法解释：为何有那么多派生类用法？为何大量的别的自动词没有a组用法，大量的别的他动词没有b组用法？本文认为，这类动词之所以能够自由地用于a组句和b组句，是由其语义特征决定的，因为这类动词既有动作义，又有结果义，故我们将之命名为"结果自足动词"。特别是结合c组用法，我们更能够看清这类动词既不同于普通他动词又不同于普通自动词的句法功能特征，而且c组用法也有利于证明将这类结

---

① 值得注意的是"败走"在《史记》中出现了26次，都是"NP败走"用法而没有"NP₁败走NP₂"的用法。

果自足动词看作通常所说的"作格动词",也不是很好的处理办法。

c组用法在上古汉语中是很常见的,这与上古汉语存在着大量的连动共宾句有关,也与上古汉语允许一个句子有两个陈述中心〔杨荣祥称之为"双陈述结构",参见杨荣祥(2010)〕有关。连动共宾结构到中古后逐渐少见,但结果自足动词仍然能够出现在"$NP_1+V\_\_NP_2$"句法槽,这与这类动词具有结果义有很大的关系,也正是因为其具有结果义,才会发生与其前的动词结合成为动结式的演变。

参考文献

伯纳德·科姆里(1989)《语言共性和语言类型》,沈家煊译,华夏出版社。

曹先擢(1991)汉字的自动义与使动义,载《纪念王力先生九十诞辰文集》编委会编《纪念王力先生九十诞辰文集》,山东教育出版社。

大西克也(2004)施受同辞刍议——《史记》中的"中性动词"和"作格动词",载高岛谦一、蒋绍愚主编《意义与形式——古代汉语语法论文集》,Lincom Europa。

戴浩一(1988)时间顺序和汉语的语序,黄河译,《国外语言学》第1期。

郭 锐(1993)汉语动词的过程结构,《中国语文》第6期。

郭锡良、唐作藩、何九盈等编(1981)《古代汉语》(上册),北京出版社。

何乐士(1985)《史记》语法特点研究——从《左传》与《史记》的比较看《史记》语法的若干特点,载程湘清主编《两汉汉语研究》,山东教育出版社。

胡敕瑞(2005)从隐含到呈现(上)——试论中古词汇的一个本质变化,《语言学论丛》第三十一辑,商务印书馆。

胡敕瑞(2008)从隐含到呈现(下)——词汇变化影响语法变化,《语言学论丛》第三十八辑,商务印书馆。

蒋绍愚(1989)《古汉语词汇纲要》,北京大学出版社。

蒋绍愚(1999)汉语动结式产生的时代,《国学研究》第六卷,北京大学出版社。

蒋绍愚（2001）内动、外动和使动，《语言学论丛》第二十三辑，商务印书馆。

李佐丰（1983）先秦汉语的自动词及其使动用法，《语言学论丛》第十辑，商务印书馆。

李佐丰（1994）先秦的不及物动词和及物动词，《中国语文》第4期。

罗振玉撰（2006）《殷虚（墟）书契考释三种》，中华书局。

吕叔湘（1942/1982）《中国文法要略》，商务印书馆。

吕叔湘（1987）说"胜"和"败"，《中国语文》第1期。

马庆株（1988）自主动词和非自主动词，《中国语言学报》第三期，商务印书馆。

梅祖麟（1991）从汉代的"动、杀""动、死"来看动补结构的发展——兼论中古时期起词的施受关系的中立化，《语言学论丛》第十六辑，商务印书馆。

史念海（1963）《河山集》，生活·读书·新知三联书店。

宋亚云（2005）《汉语作格动词的历史演变及相关问题研究》，北京大学博士学位论文。

宋亚云（2014）《汉语作格动词的历史演变研究》，北京大学出版社。

太田辰夫（1958/1987）《中国语历史文法》，蒋绍愚、徐昌华译，北京大学出版社。

谭其骧主编（1982）《中国历史地图集》（第一册），中国地图出版社。

唐　兰（1981）《殷虚（墟）文字记》，中华书局。

王　力（1941/1980）古语的死亡残留和转生，载《龙虫并雕斋文集》（第一册），中华书局。

王　力（1958）《汉语史稿》（中册），科学出版社。

王　力主编（1981）《古代汉语》（修订本）（第一册），中华书局。

王　力（1990）古汉语自动词和使动词的配对，载《王力文集》（第十六卷），山东教育出版社。

魏培泉（2000）说中古汉语的使成结构，《"中研院"历史语言研究所集刊》第七十一本第四分，"中研院"历史语言研究所。

谢质彬（1996）古代汉语反宾为主的句法及外动词的被动用法，《古汉语研究》第2期。

徐中舒编注（1963）《左传选》，中华书局。

杨伯峻编著（1990）《春秋左传注》（修订本），中华书局。

杨荣祥（2010）"而"在上古汉语语法系统中的重要地位，《汉语史学报》第十辑，上海教育出版社。

杨荣祥（2013）论"词类活用"与上古汉语"综合性动词"之关系，《历史语言学研究》第六辑，商务印书馆。

杨作玲（2014）《上古汉语非宾格动词研究》，商务印书馆。

詹人凤（1992）受事主语句（名—动式）的识别，载中国语文杂志社编《语法研究和探索》（六），商务印书馆。

张永言、杜仲陵、向　熹等编（2001）《简明古汉语字典》（修订本），四川人民出版社。

第四章　词类活用问题专题研究[①]

　　大凡讲古代汉语语法，都会讲词类活用。由于绝大多数古代汉语教材都把词类活用作为专门的问题来讲，所以词类活用是古汉语的一大特点这种看法早已深入人心。但是，为什么上古汉语能够存在词类活用，中古以后词类活用就逐渐衰落了呢？这个问题很少有人讨论。如果说词类活用是一种语法现象，那么任何一种语法现象的出现都必须是与共时的语法系统相适应的，一种普遍出现的语法现象一定具有其存在的系统环境。我们认为，上古汉语存在一批具有综合性特点的动词，这批动词的存在及其句法语义表现就是词类活用存在的语法系统环境，所谓词类活用实际上也是上古汉语动词综合性特点的表现，词类活用是与上古汉语一批动词具有综合性特点紧密联系在一起的。

第一节　如何看待词类活用

　　所谓词类活用，本是以现代汉语眼光看待历史语言资料加以命名的。有些词，现代汉语是名词，古代汉语也多作名词，但有时又出现在通常由动词占据的位置，于是说这是名词活用为动

[①] 本章内容曾以《论"词类活用"与上古汉语"综合性动词"之关系》在第七届海峡两岸汉语语法史研讨会（浙江师范大学，2011年8月）上宣读，后发表于《历史语言学研究》第六辑（商务印书馆，2013年）。

词，实际上，我们很难证明在古代这个词就一定要或者只能归入名词；说某一句子中的某个词（名词、形容词、动词）是使动用法，那是根据我们今天对句子的语义的理解，认为该句子中的述宾结构表达了一个递系结构所表达的内容。总之，我们在讲词类活用时，是先有了现代汉语的词类观念，然后用这种观念去看古代汉语中一些词的句法功能，当看到一些词的功能与今天的词类观念不一致时，就认为这是词类活用。比如"衣"在现代汉语中只用作名词，古代汉语中也大量用作名词，当看到古代汉语中"衣"出现在通常由动词占据的位置时，就说"衣"活用为动词，可是我们却没有去论证古代汉语中"衣"通常情况下不能出现在由动词占据的位置，更没有说明为什么"衣"既可以出现在通常由名词占据的位置，又能出现在通常由动词占据的位置。这就涉及一些非常重大的问题——上古汉语的语法系统与现代汉语的语法系统是否一样，如果不一样，差别在哪里？现代汉语的词类体系是否可以用来套装上古汉语？如果不行，差别在哪里？这些都是汉语语法史研究中很重要的问题，需要通过全面研究汉语语法的历史演变来加以回答。本章要讨论的问题是：为什么上古汉语中同一个形式（书面上的同一个汉字）既可以出现在今天看来该是名词占据的位置，又可以出现在今天看来该是动词占据的位置；为什么同一形式充当谓语时既可以不带宾语，又可以带宾语，带宾语时述宾结构能表达今天的递系结构所表达的内容（所谓使动用法）；为什么名词、形容词能够带宾语并且表示"主观认定"意义（所谓意动用法）；为什么上述这些所谓的词类活用现象到中古就逐渐衰落了。

学术界对词类活用现象的认识，大致可以分为三个阶段。

第一阶段是传统训诂学的认识，这在汉魏时期的古籍注疏中就涉及了。如：

（1）王命南仲，往**城**于方。（《诗经·小雅·出车》）（郑笺："王使南仲为将率，往筑城于朔方。"）

（2）是月也，天子始**裘**。（《礼记·月令》）（郑玄注："九月授衣，至此可以加裘。"）

（3）由之**瑟**，奚为于丘之门？（《论语·先进》）（马融注：

"子路鼓瑟，不合雅颂。"）

（4）七年春二月己亥，焚咸丘。分之者何？**樵**之也。（《公羊传·桓公七年》）（何休注："以樵烧之。"）

（5）王欲**玉**女，是用大谏。（《诗经·大雅·民劳》）（郑笺："王乎我欲令女如玉然。"）

（6）凡大者**小**邻国也，强者胜其敌也。（《吕氏春秋·慎大》）（高诱注："夫大者侵削邻国使小也。"）

（7）得百里之地而君之，皆能以**朝**诸侯有天下。（《孟子·公孙丑上》）（赵岐注："皆能使邻国诸侯尊敬其德而朝之。"）

（8）是以圣人不**高**山，不**广**河。（《淮南子·修务训》）（高诱注："圣人，盖谓禹、稷，不以山为高，不以河为广。"）

（9）舜之不**臣**尧，则吾既得闻命矣。（《孟子·万章上》）（赵岐注："不以尧为臣也。"）

（10）其仆曰："然则君何不**相**之？"（《吕氏春秋·期贤》）（高诱注："何不以段木干为辅相也。"）

汉魏及后来历代注疏家虽然用后代的语言解释了上古的所谓词类活用，却并没有对这种现象加以总结，也没有说是活用。清代俞樾《古书疑义举例》有"实字活用例"，但仍属训诂一类。

第二阶段是《马氏文通》的"动字假借"说。《马氏文通》在"动字"章专立"动字假借"一节，指出"有假公名、本名为动字者""有假代字为动字者""有假静字为动字者""有假状字为动字者"（马建忠，1898/1983：191—194），并且举了许多例子。不过《马氏文通》没有给"动字假借"作明确的界定，特别是所列"有假状字为动字者"，今天看来是毫无道理的；对后来人们所说的"使动用法""意动用法"，马氏虽然在对例句的解释中已经意识到了，但并没有再作分别。另外，《马氏文通》还有"动字辨音"一节，讲与动词有关的破读现象（"名字"章也有"名字辨音"，讲的基本上也是与动词有关的破读现象），其中许多例子也属于后来人们所说的词类活用的内容。

第三阶段从陈承泽的《国文法草创》开始。该书专列"活用之实例"一节,对活用作了明确的界定,并且首次明确论述了"致动用、意动用"(即所谓使动用法和意动用法)。陈承泽之后,在讲文言语法或古代汉语语法的论著中,词类活用就几乎成了必不可少的内容。

显然,从《马氏文通》开始,词类活用就已经被当作一个语法问题来看待了。但是,以往关于词类活用的研究虽然取得了不少成果,但仍然有些问题需要进一步探讨。

第一个问题是词类活用的范围。有两点,一是动词、形容词用作名词算不算活用,名词作状语算不算活用。陈承泽认为都是(《马氏文通》有"名字假借",认为动字、静字位于主语、宾语位置是假借为名字),后来部分学者接受了这种观点,但现在比较通行的看法是所谓动词、形容词用作名词不是活用,而是动词、形容词的指称化用法;名词作状语不是词类活用,上古汉语名词作状语是其本有功能。这样,词类活用只包括名词活用作动词、使动用法(名词、形容词和少数动词)、意动用法(名词、形容词)三类。二是如何对待词类活用的基本特点"临时性"。如果一个词活用比较常见,还算不算活用?如"雨、衣、冠、相",很多研究都说它们充当谓语(或述语)是名词活用作动词,可是它们在上古汉语中作动词用的绝对次数都很多,作动词用的比例也很高,如在先秦10部典籍中,"雨"作名词116次,作动词94次;"衣"名词227次,动词95次;"冠"名词73次,动词21次;"相"名词54次,动词55次(李廷安,1994)。显然这些词用作动词不符合"临时性"要求。[①]

上举这些词,用作动词既然不是临时性的,就应该看作是其固定性

[①] 还有一些词,本来不是活用,因为以今律古误解词义,当作了活用。如"树",《马氏文通》举《左传·哀公十一年》"树吾墓檟"为例,说是假借名字为外动字,实际上,先秦时期"树"本来就是个动词,作名词用在先秦时期反而是很少见的(王力,1981)。又如"军",不少人把"军于庐柳"(《国语·晋语》)中的"军"看作名词活用为动词,而三国时韦昭注为"军犹屯也"。《说文》:"军,圜围也。"《广雅·释言》:"军,围也。"显然在古代"军"本是一个动词,因为今天"军"不再作动词了,于是就把"军于庐柳"中的"军"解释为名词活用为动词。不过这只是个别举例的问题,不涉及确定范围的原则问题。

的用法，那么它们作名词用和作动词用就应该分为两个独立的义项，甚至应该看作两个不同的词，特别是有些字（词？）汉以后的经生还标注了不同的读音。于是又引发了第二个问题——对词类活用性质的认识问题：词类活用到底是语法问题还是词汇问题？绝大多数研究都把词类活用看作语法问题，但也有不少学者认为是词汇问题，还有人认为活用属于修辞现象，甚至根本不承认词类活用的语法性质（刘又辛，1983；杨军，1987；张炼强，2001；等等）。

第三个问题是为什么词类活用常见于上古汉语，到中古以后就逐渐衰落了？这个问题似乎还很少有人讨论。

我们认为，词类活用本质上是一种语法现象，它与上古汉语的综合性动词有着密切的关系，是活用词填入综合性动词的句法位置而形成的，是一种语法类推，活用词的句法语义表现跟综合性动词的句法语义表现完全一样。

为什么上古汉语会存在词类活用的现象？原因是上古汉语存在着一批综合性动词。用综合性动词表达后世用分析性结构表达的内容是上古汉语的一大特点，活用就是将一个名词、形容词或一般动词（非综合性动词）赋予其综合性动词的特点而填入综合性动词出现的语法槽中形成的一种语法现象。由于上古汉语的综合性动词进入中古后实现了向分析性句法结构的发展演变，由综合性动词形成的句法格式不复存在，活用现象也就自然跟着衰落了。

第二节　上古汉语综合性动词的特点

所谓综合性动词，是指在表示动作行为义的同时还表示与动作行为相关的语义的动词。如"启"，在表示"打开/开启"这一动作行为义的同时，还表示该动作行为的对象是"门/户"。"破"，在表示"攻打/击打"这一动作行为义的同时，还表示动作行为的结果——动作行为作用的对象处于"破"的状态。"捶"，在表示"击打"这一动作行为义的同时，还表示实施该动作行为的工具是"杖"。也可以说，综合性动词就是词义结构中包含动作行为义和与动作行为相关的语义内容的动词。①

综合性是相对于分析性来说的,所谓综合性是指一个词的语义结构包含了由两个概念组合的内容。在一个语言系统中用具有综合性特点的词表示的意义,在另一个语言系统中要用分析性的句法结构来表示。如上古汉语的"启"是一个具有综合性特点的动词,其语义结构包含了一个动作(开门的动作)和动作对象(门)组合的内容,这一意义到中古要用分析性的句法结构来表示;"聚"的语义结构包含了一个动作(集合、聚集)和动作对象(众人)组合的内容,这一意义后来要用分析性的句法结构来表示。如:

(1)大叔完**聚**,缮甲兵,具卒乘,将袭郑,夫人将**启**之。(《左传·隐公元年》)(杜预注:"完城郭,聚人民。")

(2)牙孽生齿,室堂**启**户。(《易林·临之姤》)

上例说明,上古时的"聚""启"一个词表达的意义相当于中古一个述宾结构表达的意义,"聚""启"就具有综合性特点。可见,综合性和分析性是通过对比显示出来的。

古汉语中的词语具有综合性的特点,许多学者都曾注意到。王力(1941/1980)在论述"古语的死亡"的原因时就曾指出有一种原因是"由综合变为分析,即由一个字变为几个字,例如由'渔'变为'打鱼',由'汲'变为'打水',由'驹'变为'小马',由'犊'变为'小牛'"。吕叔湘(1942/1982:33)在论述古今汉语动词带止词的区别时提到:"白话里有许多动词常带一定的止词,合起来只抵得文言的一个动词。"并举了"招手=招""点头=颔"这样的例子。此后,蒋绍愚(1989:232—233)在论述词汇变化对语法的影响时指出:"汉语词汇从

---

① 上古汉语中还有一类动词,在表示动作行为义的同时还表示该动作行为的主体,如"集"的主体是"(众)鸟","吠"的主体是"犬"等。从词义结构看,也属于综合性动词,但由于动作行为的主体一般都是动作行为陈述的对象,上古汉语中它们就一般都出现在分析性句法结构中,如《诗经》中有"黄鸟于飞,集于灌木""无使尨也吠"。本文不涉及这类综合性动词。

古到今有一种从'综合'到'分析'的趋势，这种趋势影响到语法的变化。所谓从'综合'到'分析'，指的是同一语义，在上古汉语中是用一个词来表达的，后来变成或是用两个词构成词组，或是分成两个词来表达。"并举例分析了古代单音节动词到白话里要用"动宾词组"来表达，指出形容词的使动用法是一个词把动作和动作的结果综合在一起。梅广（2003）在讨论"使成句"的形式演变时也提到："动词合并在上古汉语用得很多。这表示上古汉语的动词结构具有较多综合性（synthetic），而后来的结构则朝向分析性（analytic）方面发展，终于完全以使成式取代了使动动词。"我们在第三章论证了上古汉语中"聚"的词义结构包含动作和动作的对象，"杀"的词义结构包含动作和动作的结果，它们分别属于对象自足动词和结果自足动词。胡敕瑞（2005、2008）用"从隐含到呈现"来说明这种现象，指出上古汉语有"修饰成分隐含于中心成分、对象隐含于动作（或动作隐含于对象）、动作隐含于结果"三种类型，到中古，"三类'隐含'纷纷'呈现'"，认为这是上古到中古词汇发展的一条重要规则。胡敕瑞（2008）还探讨了"从隐含到呈现"对汉语词类、工具格式以及宾语语序的影响。

上古汉语具有综合性特点的词语到底有哪些类型，这还值得进一步研究。综合性向分析性演变，这种现象在人类许多语言中都曾出现（胡敕瑞，2005）。汉语史上的这种现象，对词汇的演变和语法的演变都产生了重大影响。词汇方面，它是影响词汇双音节化的重要因素，同时，它也使得词汇的形式与意义的匹配更具有理据性。语法方面，动词由综合性向分析性演变产生的影响最为明显。如对象自足动词向分析性句法结构演变，导致宾语的语义类型和不同语义类型宾语的语序位置发生许多变化；结果自足动词向分析性句法结构演变与动结式的形成有密切的联系；方式/工具自足动词向分析性句法结构演变，与工具格式以及介宾结构的语序变化有密切的联系（胡敕瑞，2008）。

本专题不打算全面讨论综合性动词向分析性句法结构演变对汉语词汇、语法系统演变的重大影响，只讨论三类综合性动词与所谓词类活用现象之间的关系。这三类综合性动词是：（1）对象自足动词，相当于后世的述宾结构；（2）结果自足动词，相当于后世的述补结构；（3）方式/工具自足动词，相当于后世的状中结构。

前举"聚、启"属于对象自足动词。再如：

(3) 予发曲局，薄言归**沐**。(《诗经·小雅·采绿》)(《说文》："沐，濯发也。"孔颖达疏以"洗沐其发""沐发"释"沐"。又《史记·赵世家》张守节正义引《本草经》云："陵苕生下湿水中，七八月生，华紫，草可以染帛，煮沐头，发即黑也。")

(4) **牧**，饲也。(《方言》卷十二)(郭璞注："谓牧饲牛马也。"《史记·秦始皇本纪》："胡人不敢南下而牧马，士不敢弯弓而报怨。"《说文》："羌，西戎牧羊人也。"《汉书·陈胜项籍传》："于是梁乃求楚怀王孙心，在民间为人牧羊，立以为楚怀王。")

对象自足动词远古汉语就有。甲骨文"渔"，本作左网形右鱼形，义为捕鱼，例如"王渔"(通743)；"陷"(或隶定为"阱"，见前文)，本作上鹿下陷阱形，义为用陷阱捕捉动物，例如"丙戌卜，丁亥王阱，擒。允擒三百又卅八"(通24)；"娩"即生孩子，例如"己丑卜，殼贞：羽(翌)庚寅妇好娩？贞：羽(翌)庚寅妇好不其娩"(《甲骨文合集》154)。甲骨文中"渔""阱""娩"都不带受事宾语，原因就是它们都是对象自足动词。对象自足动词向分析性述宾结构演变，可能在甲骨文时代就已经发生了，如"逐"，从字形看，应是一个对象自足动词，但甲骨文里就可以带显性的宾语。再如"聚"，从字形和《左传》中的用法看，也是一个对象自足动词，但上古文献中就有了带显性宾语的例子(见第三章)。

结果自足动词即一个动词的语义结构中包含了一个动作和动作造成的结果。如：

(5) a. 是晋、楚以秦**破**齐，以齐破秦，何晋楚之智而齐秦之愚！(《战国策·秦策二》)

b. 遣卿权知南游奕，何不存心觉察，放汉将入界，**斫破**寡人六十万军营？(敦煌变文《汉将王陵变》)

（6）a. 宣公夏滥于泗渊，里革**断**其罟而弃之。（《国语·鲁语上》）
　　　b. 阴圾（坡）爱长席箅掇，口（阳）谷多生没咄浑。纵有衰蓬欲成就，旋被流沙**剪断**根。（敦煌变文《王昭君变文》）

上古"破""断"的语义结构中既包含动作（造成"破""断"的动作行为），也包含结果（呈现出"破""断"的状态），是具有综合性特点的动词，近代汉语中表示这样的意义要用分析性的述补结构，如"斫破""剪断"。

方式/工具自足动词即一个动词的语义结构中既包含动作义，也包含了动作行为施行的方式或工具。如：

（7）**渍**，取牛肉必新杀者，薄切之，必绝其理。（《礼记·内则》）（《释名·释饮食》："桃滥，水渍而藏之。"）

（8）十二年秋，宋万弑闵公于蒙泽。遇仇牧于门，**批**而杀之。（《左传·庄公十二年》）（杜预注："手批之也。"《说文》："批，反手击也。"）

（9）詈侮捽搏，**捶**笞膑脚，斩断枯磔，藉靡后缚，是辱之由外至者也。（《荀子·正论》）（杨倞注："捶、笞皆杖击也。"《说文》："捶，以杖击也。"）

"渍""批""捶"的语义结构包含动作和施行动作行为的方式、工具，后代用分析性的状中结构来表示，如"水渍""手批/反手击""杖击/以杖击"。

为什么上古汉语存在着这么多的具有综合性特征的动词？这可能涉及一个语言哲学的问题。季羡林说："西方的思维模式是分析。分析，分析，再分析，认为永远可以分析下去。而东方的思维模式则是综合，其特色是有整体概念和普遍联系的概念。"（徐通锵，1997：4）徐通锵（1997：40、41）指出，"中国古典直觉思维从内容上说，主要是一种整体性思维""不同民族思维方式的差异、知识结构的差异和科学研究方法论的差异，等等，归根结蒂，都与语言结构的差异相联系"。古代汉民族注重从整体上认识客观世界这一特点是大家都承认的，这种认识客观世界的方式或思维方式反映到语言上就有可能形成某些词语的综合性特点。①上古汉语的综合性动词到后代向分析性句法结构演变，是不是说汉民族认识客观世界的方式或思维方式发生了变化呢？这个问题很难论证。但语言作为一种自组织系统，其临摹现实概念系统的原则是可以调整、变化的。具体一点说，上古汉语运用词汇（词义）手段对现实概念系统的临摹到后代可以转变为运用句法手段来临摹。比如"启"作为一个词，其词义结构临摹了现实概念中的一个动作和动作对象，后代则用一个句法结构（述宾结构）来临摹同样的内容（如"启户""开门"）；"破"作为一个词，其词义结构临摹了现实概念中的一个动作和动作结果，后代则用一个句法结构（述补结构）来临摹同样的内容（如"击破""斫破""攻破"）；"渍"作为一个词，其词义结构临摹了现实概念中的一个动作和动作施行的工具，后代则用一个句法结构（状中结构）来临摹同样的内容（如"用水渍""用水浸"）。②

正确描写分析上古汉语的综合性动词，对我们认识上古汉语语法系统的特点具有重要意义。比如，为什么上古汉语没有句法结构上的结果补语，因为许多动词是结果自足的；为什么上古汉语的述宾结构中的多种语义类型的宾语后代都消失了，因为上古有对象自足动词，这种动词的后面往往可以再接一个体词性成分，如"夫人将启之"，后代因为"启"变成了分析性的动宾结构，动宾结构之后不宜再接一个体词性成分，所以"启"和"之"在句法结构中不能再保持直接成分关系，这种宾语表示服

---

① 爱德华·萨丕尔（1985）曾提到语言的综合性和分析性问题以及某些语言由综合的向分析的发展或由分析的向综合的发展。但那是从语言的结构类型来谈的，本文所说的"综合性""分析性"与之不是同一个层次的问题。

② 近代汉语、现代汉语中逐渐形成了许多述宾式合成词（如"走路、开门、开口、开腔、洗手、怀疑、聚众"等）、述补式合成词（如"充满、打倒、打破、击败、调动、夺取、说明、放松、获得、扭转"等）、状中式合成词（如"火攻、炮击、手写、笔谈、笔译、枪杀"等），这些动词，从由语素构成词这个层次看，固然是分析性的，但就整个词的词义构成来看，也可以说是综合性的。

务对象的述宾结构也就只能用别的句法结构来表示。特别重要的一点是，上古汉语之所以有词类活用现象（包括使动用法和意动用法），正是与综合性动词的存在有密切的关系。如前所述，所有的词类活用，本质上都是名词、形容词或一般动词（非综合性动词）用作了综合性动词。

第三节　词类活用与上古汉语综合性动词的关系

从上文的叙述中可以看出，词类活用与上古汉语动词的综合性特点有着密切的关系。因为上古汉语存在着综合性动词，词类活用才有生存的环境。所有的活用词都具有综合性动词的特点。下面我们将词类活用分为三类来看其综合性动词的特点。

一、活用词用作对象自足动词

活用词在句子中充当谓语，语义上表示某种外向的动作行为，但后面不出现动作行为的承受对象，因为这种对象已经包含在活用词的语义结构之中。这一类又可分两小类，一类是人们通常所说的名词活用为动词，一类是所谓的意动用法。

1.名词活用为对象自足动词

（1）天王使刘定公劳赵孟于颍，**馆**于雒汭。（《左传·昭公元年》）

（2）夏，**城**中丘。书不时也。（《左传·隐公七年》）

（3）考卜维王，**宅**是镐京。维龟正之，武王成之。武王烝哉！（《诗经·大雅·文王有声》）

（4）"有鹳鹆来**巢**"，书所无也。（《左传·昭公二十五年》）

（5）左师公曰："今三世以前，至于赵之为赵，赵主之子孙**侯**者，其继有在者乎？"（《战国策·赵策四》）

（6）己丑晦，公宫**火**。（《左传·僖公二十四年》）

（7）微二子者，楚不**国**矣。（《左传·哀公十六年》）

（8）浞因羿室，生浇及豷，恃其谗慝诈伪，而不**德**于民。（《左传·襄公四年》）

（9）父曰："**履**我！"良业为取履，因长跪**履**之。（《史记·留侯世家》）

（10）微禹，吾其**鱼**乎？（《左传·昭公元年》）

（11）且也相与**吾**之耳矣，庸讵知吾所谓**吾**之乎？（《庄子·大宗师》）

以上活用词如果用在主语、宾语、定语位置上，都是名词，一旦出现在陈述句的谓语位置上，就都相当于一个对象自足动词。如果这个活用词后面接一个体词性成分，该成分一般为关系宾语，绝对不会是受事宾语。可见其语义特征和功能特征都是和"启"一类的对象自足动词一样的。

2. 所谓意动用法

通常所说的意动用法，包括名词的意动用法和形容词的意动用法。意动用法在形式上一个名词或形容词用在陈述句的谓语位置并且后面带体词性宾语，语义上表示主语主观上认为宾语怎么样或把宾语当作什么人或事物。实际上意动用法就是通常用作名词或形容词的词，临时活用为对象自足动词，和上面说的名词活用为对象自足动词不同的是，意动用法的词所包含的"对象"是一种主观认识上、感觉上的"对象"。如：

（12）不如小决使道，不如吾闻而**药**之也。（《左传·襄公三十一年》）

（13）其谓之秦何？**夷狄**之也。（《公羊传·僖公三十三年》）

（14）今以畏垒之细民而窃窃焉欲**俎豆**予于贤人之间，我其杓之人邪！（《庄子·庚桑楚》）

（15）孔子登东山而**小**鲁，登泰山而**小**天下。（《孟子·尽心上》）

（16）**大**天而思之，孰与物畜而制之！从天而颂之，孰与制天命而用之！（《荀子·天论》）

（17）然则今有**美**尧、舜、汤、武、禹之道于当今之世者，必为

新圣笑矣。(《韩非子·五蠹》)

（18）人主自**智**而**愚**人，自**巧**而**拙**人。(《吕氏春秋·知度》)

和名词活用为对象自足动词不同的是，意动词后面都有一个主观认识或主观感觉的对象。但这个对象不是谓语动词（用作意动的动词）的直接承受者，而是主观认识涉及的方面，是一种关系语。用作意动的动词的语义上的直接宾语就是该词非活用时的意义所表示的事物或性状。如"小鲁"之"小"，即"认为小、感觉小"，"鲁"是"认为小、感觉小"涉及的方面。"夷狄之"之"夷狄"，即"认作夷狄、认为是夷狄"，"之（秦）"是"认作夷狄、认为是夷狄"涉及的方面，"夷狄之"即"将之认作夷狄"。因为用作意动的动词表示的语义实际上相当于一个述宾结构表示的意义，所以我们认为这本质上也是形容词、名词用作对象自足动词，只是其所包含的动作义是比较特殊的"认识"义，其所包含的对象有时是一种性质（所谓形容词的意动用法），这是因为这种对象是认识的内容。

二、活用词用作结果自足动词

结果自足动词语义上包含一个动作和动作的结果，形式上可以带受事宾语。这种动词进入句法结构，其所处位置就形成一个句法槽，别的词一旦进入这个句法槽，就活用成了结果自足动词。这种活用，就是人们通常所说的使动用法。活用为结果自足动词的词可以分为两小类，一类是本为谓词性成分，包括形容词、自动词和少数他动词，一类是不活用时本为名词。

1. 谓词性成分活用为结果自足动词

这些词不进入结果自足动词句法槽时，语义上只表示一般的性质、状态、动作行为，句法功能上形容词和自动词不能带受事宾语，他动词只能带一个受事宾语；当进入结果自足动词句法槽时，语义上都同时表示动作行为和动作行为的结果，句法功能上形容词、自动词都能带宾语，这个宾语语义上是活用词所包含的动作行为义的致使对象，一般叫作"致使宾语"；他动词可以带两个宾语，一个是其本来就可以带的受事宾语，一是致使宾语。

(19) **高**其闬闳，**厚**其墙垣，以无忧客使。(《左传·襄公三十一年》)

(20) 诸侯恐惧，会盟而谋**弱**秦。(《过秦论》)

(21) 君子之学也以**美**其身。(《荀子·劝学》)

(22) 匠人斫而**小**之，则王怒，以为不胜其任矣。(《孟子·梁惠王下》)

(23) 譬若欲**众**其国之善射御之士者，必将**富**之**贵**之，敬之誉之，然后国之善射御之士，将可得而众也。(《墨子·尚贤》)

(24) 能**富贵**将军者，上也。(《史记·魏其武安侯列传》)

(25) 欲**洁**其身，而乱大伦。君子之仕也，行其义也。(《论语·微子》)

(26) 工欲善其事，必先**利**其器。(《论语·卫灵公》)

(27) **全**国为上，破国次之。(《孙子·谋攻》)（"全"与"破"相对，"破"为结果自足动词）

以上活用词原本为表示性质状态的形容词。它们通常情况下充当谓语表示主体的性质状态，而进入结果自足动词句法槽后，表示的是某种动作行为之后造成结果呈现的状态，而且动作义也由该词表示。如"高其闬闳，厚其墙垣"，"高""厚"既表示了"闬闳""墙垣"在某种动作行为之后造成的结果呈现的状态，也表示了达成这种结果的动作。"闬闳"高、"墙垣"厚的状态不可能自动出现，一定是某种动作行为造成的结果。[1]所以这些活用词有的可以用现代汉语的动结式对译，如"高——加高/增高"，"厚——加厚/砌厚"，"弱——削弱"，余例类推。

---

[1] 蒋绍愚（1989：236）："在古汉语中还常常把动作和动作的结果综合在一起，用一个词表达，这就是通常所说的'形容词的使动用法'。从表面上看，形容词的使动用法只表达了动作产生的结果（状态），而没有表达动作本身。但是，在古人的思想中，是比较清楚地觉得它也包含了动作本身。"

（28）晋人**归**楚公子谷臣与连尹襄老之尸于楚，以求知罃。（《左传·成公三年》）

（29）子曰："求也退，故**进**之；由也兼人，故**退**之。"（《论语·先进》）

（30）养备而动时，则天不能**病**。（《荀子·天论》）

（31）项伯杀人，臣**活**之。（《史记·项羽本纪》）

（32）庄公寤生，**惊**姜氏。（《左传·隐公元年》）

（33）秋九月，晋侯**饮**赵盾酒。（《左传·宣公二年》）

（34）若弗与，则请除之，无**生**民心。（《左传·隐公元年》）

（35）太子祠而膳于公，丽姬易之。公将尝膳。姬曰："所由远，请使人尝之。"**尝**人，人死；食狗，狗死。故诛太子。（《吕氏春秋·上德》）

（36）相如曰："秦以城求璧而赵不许，曲在赵。赵予璧而秦不予赵城，曲在秦。均之二策，宁许以**负**秦曲。"（《史记·廉颇蔺相如列传》）

以上是一般动词用作结果自足动词，前五例原为自动词，后四例原为他动词。这些动词不进入结果自足动词句法槽时，只是表示一般的动作行为，进入结果自足动词句法槽后，表示的是实施某种动作行为并造成某种结果——一种既成状态或事实。自动词原本是不能带对象宾语的，用作结果自足动词则可以带对象宾语；他动词本来可以带受事宾语，用作结果自足动词则可以带双宾语。如"归"用作结果自足动词，语义上表示的是某种动作行为造成致使宾语"归"的结果或既成事实，功能上则由一般不带宾语变得可以带宾语。"饮"本来可以带受事宾语，用作结果自足动词则可以再带一个对象宾语，语义上表示的是某种动作行为造成对象宾语"饮酒"的结果或既成事实。总之，一般动词进入结果自足动词句法槽时，语义上除表示其本来的意义外，还表示造成表示其本来意义的致使义，其本来意义在这种句法结构中呈现的是一种结果或既成事实。可见，谓词性成分进入结果自足动词句法槽后，其语义特征和功能特征都与"破"一类的结果自足动词相同。仅有的差别是，活用词一般不用于"反宾为主"句，这是因为这些词毕竟属于"活用",如果用于"反宾为主"句,句法成分之间的语义关系将不明确,所以其功能没有进一步扩展。

2. 名词活用为结果自足动词

名词活用为结果自足动词实际上包含两次活用,首先是活用为对象自足动词,然后再活用为结果自足动词。如"吴王我","吴王"首先是相当于"成为吴王",成为对象自足动词,然后由于"吴王"进入了结果自足动词句法槽,所以实际上表示的是某种动作行为造成其后的致使宾语"我""成为吴王"这种结果或既成事实。例如:

(37)公若曰:"尔欲**吴王**我乎?"遂杀公若。(《左传·定公十年》)

(38)**脯**鬼侯以飨诸侯。(《礼记·明堂位》)

(39)今乃弃黔首以资敌国,却宾客以**业**诸侯。(《谏逐客书》)

(40)吾见申叔,夫子所谓生死而**肉**骨也。(《左传·襄公二十二年》)

(41)今欲并天下,凌万乘,诎敌国,制海内,子元元,**臣**诸侯,非兵不可!(《战国策·秦策一》)

(42)公曰:"在我而已。"遂**东**大子光。(《左传·襄公十九年》)

(43)使耕者**东**亩,是则土齐也。(《公羊传·成公二年》)

(44)亚夫曰:"……今信虽皇后兄,无功,**侯**之,非约也。"景帝默然而止。(《史记·绛侯周勃世家》)

以上各例,活用词表示的"对象自足"义只是一种结果,这种结果是活用词包含的另一个动作行为造成的。活用词表达的这种复杂的意义,后世一般只能用表使令义的递系结构表示。

三、活用词用作方式/工具自足动词

在所谓名词活用为动词中,有一部分是活用为方式/工具自足动词,即在表示动作行为的同时,也表示了动作行为所使用的工具或方式。这类名

词语义上具有[+工具]特征，如"刃、鞭、锥、兵、网、罾、目、指、蹄、肘"等。这些词通常只出现于名词该出现的位置，当其出现在本该动词出现的位置时，不仅表示某种动作，还表示动作所使用的工具，而这工具就是该活用词原本的名词义所表示的事物。如：

（45）曹人凶惧，为其所得者，**棺**而出之。（《左传·僖公二十八年》）
（46）从左右，皆**肘**之。（《左传·成公二年》）
（47）左右欲**兵**之。（《史记·伯夷列传》）
（48）曹子**手**剑而从之。（《公羊传·庄公十三年》）
（49）范增数**目**项王。（《史记·项羽本纪》）
（50）十七年春，晋侯使郤克征会于齐。齐顷公**帷**妇人使观之。（《左传·宣公十七年》）
（51）乃丹书帛曰"陈胜王"，置人所**罾**鱼腹中。（《史记·陈涉世家》）

以上活用词都相当于方式/工具自足动词，即在表示动作行为的同时，也表示了动作行为施行时所使用的工具或方式。

四、词类活用与上古汉语综合性动词的关系

上面分析的三类词类活用，正好对应我们前面所说的上古汉语的三类综合性动词，这绝不是偶然的。[①]我们认为，上古时期，人们对现实世界的认识具有相当强的综合性倾向，当时人们的观念中，有些动作和动作的对象、结果、工具具有必然的联系，所以语言系统中直接用一个综合性动词临摹现实世界中的这类概念。这类综合性动词的运用，构成了上古汉语语义句法系统中的一些特有格式，当人们要表达一种综合性的意义而又没有专用的综合性动词时，便选用一个非综合性动词填入这种格式中，使这个词临时具有了综合性动词的语义句法特征，于是造成了我们今天看来的

---

① 远古汉语（甲骨文、西周金文）中的综合性动词和词类活用现象，目前还缺乏很好的研究。

所谓活用。换句话说，上古汉语词类活用现象的存在，是因为上古汉语拥有一批综合性动词以及由此构成的语义句法格式。

进入中古，对象自足动词向分析性的动宾结构发展，方式/工具自足动词向分析性的状中结构发展，所谓名词活用为动词的现象以及意动用法也就随之减少以至衰落。结果自足动词向分析性的动结式（或谓"使成式"）发展比较晚一些，大约到中古后期才有比较可信的动结式，所以在此之前，要表达动作及其结果，主要有三种方式：一种是继续使用结果自足动词，一种是使用连动式，一种是使用带使令动词的递系结构。如：

(52) 弦者思**折**伯牙之指，御者愿摧王良之手。（《论衡·累害》）

(53) 岂天地始分之时，山小而人反大乎？何以能**触而折**之？（《论衡·谈天》）

(54) 共工与颛顼争为天子不胜，怒而触不周之山，**使**天柱**折**，地维绝。（《论衡·谈天》）

既然结果自足动词还在继续使用，所谓使动用法也就自然不会很快衰落，所以中古时期的使动用法也并不难见到。如：

(55) 器形已成，不可**小大**；人体已定，不可减增。（《论衡·无形》）

(56) 人命在天乎？在户乎？如在天，君何忧也；如在户，则宜**高**其户耳，谁而及之者！（《论衡·福虚》）

当动结式从唐五代开始普遍使用后，结果自足动词才逐渐被分析性的动结式所取代，而这个时候的使动用法也就基本上从口语中消失。

词类活用的语义句法特征与综合性动词的对应关系以及词类活用的衰落与综合性动词向分析性结构的发展进程的一致性，充分证明上古汉语的词类活用现象与综合性动词有着密切的关系，也可以说，适应综合性动词生存的上古汉语的语义句法系统正是词类活用现象存在的环境。

第四节　余论

自陈承泽以来的词类活用说对正确诠释古代语言是很有意义的，在古代汉语教学上也发挥了重要的作用，但从汉语语法的历史演变研究来说，以往的研究对词类活用产生的原因和消失的原因没有予以重视，因此对词类活用的解释并没有完全摆脱训诂的方式，过于偏重对句子意义的理解，并没有从语法系统上对这种现象作出合理的解释，没有从语法性质方面揭示词类活用的本质。

上古汉语存在一批综合性动词，它们有自己独特的语义句法表现，这是上古汉语语法系统区别于后代汉语语法系统的重要特点。词类活用现象是由综合性动词类推产生的，所以我们认为词类活用本质上是一种语法现象。进入中古，综合性动词表示的意义逐渐由分析性句法结构来表示，词类活用现象也就随之进入衰落状态，这说明词类活用现象与综合性动词有着密切的联系。

为什么有的词经常活用，而有的词只是偶尔临时活用，有的词则根本不能活用？这还是个需要继续研究的问题。张家文（1999）曾将人们所举的名词活用为动词的词归纳为五类：（1）表示方向、方位，如"上、下、前、后、左、右、东、南、西、北、中、内、外"等；（2）表示空间单位，如"城、都、邑、县、鄙、边、里、馆、宅、家、室"等；（3）表示动作行为的工具，分两类，一类表示人体或动物的身体部位，如"目、肘、手、指、臂、面、牙、齿、膝、腹、翼、翅、蹄、尾"等，一类表示日常用具，如"甑、刃、梯、筐、鞭、兵、烛、扇、针、绳、规、网、椎、鉴、笼、锄、药、饵、膏、脂、漆、衣、冠、枕、帏"等；（4）表示身份或人际关系，如"王、君、臣、侯、霸、相、官、父、女、妇、子、友、侣、客、长"等；（5）表示自然现象，如"风、雨、雪、冰、雹、水、火、蝗、蚕"等。并且张家文（1999）认为，"看它们在语义上有什么特点，然后分析几对语义转化关系，进而解释为什么这些词有名、动两种用法"。这个思路不错，可惜仍然只是举例性的，而且"几对语义转化关系"的分析也很简单，概括性不强。如为什么"城、衣、手、刃、风"等有名、动两用，而"郭、巾、足、矢、云"等却没有名、动两用？归类和语义关系分析也有问题，如空间单位类的"馆"作动词用是"住馆"的意思，可以说是空间和定位的关系，而"城""宅"等是"筑城""筑宅"的意思，并不是空间和定位的关系；"罾"等是工具和动作的关系，"衣""冠"作动词则是表示"穿衣""戴冠"的意思，"药"作动词是"当作药"的意思。张文国（2005）对先秦13部文献作了穷尽性调查，在1217个单音节名词中，971个只作名词，"名动兼类词"有246个：动物名词63个（"王、君、友、师、子、女、相、寇、禽"等），形体器官名词20个（"目、手、翼、齿、血"等），衣食名词30个（"衣、服、冠、药、饮、酗、饷"等），器具名词35个（"策、鞭、筑、系、任"等），自然名词18个（"水、火、雨、电、光、泥、原"等），建筑名词12个（"城、沟、巢、寝、市"等），抽象名词68个（"福、祸、耻、辱、害、忧、禁"等）。张文国（2005：355）对"名动兼类"现象作了一些解释，认为它们应该独立为一个词类，认为"先秦汉语中活用作动词的名词约有44个，只占名词总数的3.6%。它们是：A.兵、棺、梏、囊、纲、韧、筐、笞、楫、舟、籍、毕、戟、耳、牙、要、身、口、眸、裳、表、胄、鬻、粒、水、墙、垣、屋、渠、堞、郭、庙；B.仓、廪、门、闱、腹、爪、毛、驷、骖、鬼；C.卒、牛等"，认为这些词用作动词不像前列246个"名动兼类词"，"它们数量有限，且不成系统，没有什么规律可寻，只能算是发生在个别名词身上的个别现象"，"大部分是由于盲目类比'名动词'而产生的"。但该书前列971个只作名词中有"裳、墙、垣、屋、堞、庙、郭、渠、仓、门、牛、驷、骖、鬼"等，246个"名动兼类词"中有"水"，出现前后颇不一致现象；[①]且"名动兼类词"到底是什么性质，是怎样形成的，判断标准是什么，书中也交代得不大清楚。至于名词、形容词中哪些能够用作意动，哪些不能；名词、形容词、动词（非结果自足动词）中哪些能够用作使动，哪些不能，为什么，同样需要进行细致的调查研究。

在此还想讨论的一个问题，"雨、衣、冠、相"等词用作动词的绝

---

① 按，前文举的"裘、瑟"，张文国（2005）归到"只作名词"类，可见其统计并不完全可靠。

对数量多，作动词与作名词的比例也不低，作动词用是否还要看作活用为综合性动词呢？而且"雨、衣、冠"汉朝开始经师还标注了破读，是否应该看作两个不同的词或者两个不同的义项？"饮、朝"用作使动也有破读，是否也要看作两个不同的词或不同的义项？如果是两个不同的词或不同的义项，那根本就用不着拿活用来说明了。我们认为，从共时语言系统考虑，有些活用应该看作独立的义项（甚至可以看作另一个词）。但哪些该分，哪些不分，不能仅仅依据使用频率，还应该根据词义变化的程度。比如"雨、衣、冠、相"用作综合性动词属于对象自足动词（下/降雨、穿衣、戴冠、担任相），其表示的意义是与原作名词的意义有紧密联系的，但是上古已经有"雨雪"（《春秋·隐公九年》）、"雨螽"（《春秋·文公三年》）、"衣缁衣"（《仪礼·士昏礼》）、"衣褐"（《孟子·滕文公上》）、"冠素"（《孟子·滕文公上》）、"辅相天地之宜"（《易·泰·象传》，孔颖达疏："相，助也"）、"晋楚唯天所相"（《左传·昭公四年》，杜预注："相，助也"）、"群臣请相夫人以偿马"（《左传·定公三年》，杜预注："相，助也"），说明这几个词已经由活用作综合性动词进一步演变成了一般动词，所以应该独立出一个义项〔如果承认上古有音变构词，发生音变的可以看作另一个词，参见孙玉文（2000）〕。①但是，即便我们将"雨""衣""冠""相"各分为两个义项甚至两个不同的词，从来源上看，它们也是由于活用为综合性动词才发生这种分化的。所以，无论"临时性"标准如何确定，无论对那些活用较多的词采取何种处理办法，按照本文对活用性质的认识，都可以将它们统一当作活用来看待，只是有些词由于经常活用而分化出了新的义项或者分化成了另一个新词。正是基于这样的认识，我们认为学界通常所说的词类活用，本质上是一种语法现象。

---

① 即使认为上古时期就已经有音变构词（变调、变声、变韵），凡与动词有关者，不少滋生词也是先经由活用而最后形成的。从经生家的音注规律看，一般来说，原来为动词后来分化出名词的，不发生音变，原为名词后来分化出动词的，发生音变，动词义破读。可知动词是由名词分化出来的，这种分化正是通过活用实现的。"饮""朝"用作使动破读，如果认为破读的"饮""朝"是另一个词，那也是通过活用分化出来的。

参考文献

爱德华·萨丕尔（1985）《语言论——言语研究导论》，陆卓元译，商务印书馆。

陈承泽（1982）《国文法草创》，商务印书馆。

管燮初（1953）《殷虚（墟）甲骨刻辞的语法研究》，中国科学院。

胡敕瑞（2005）从隐含到呈现（上）——试论中古词汇的一个本质变化，《语言学论丛》第三十一辑，商务印书馆。

胡敕瑞（2008）从隐含到呈现（下）——词汇变化影响语法变化，《语言学论丛》第三十八辑，商务印书馆。

蒋绍愚（1989）《古汉语词汇纲要》，北京大学出版社。

蒋绍愚（2001）内动、外动和使动，《语言学论丛》第二十三辑，商务印书馆。

李廷安（1994）近十年对词类活用的研究，《聊城师范学院学报（哲学社会科学版）》第3期。

李佐丰（1983）先秦汉语的自动词及其使动用法，《语言学论丛》第十辑，商务印书馆。

李佐丰（1994）先秦的不及物动词和及物动词，《中国语文》第4期。

刘又辛（1983）使动、意动说商榷，《西南师范学院学报（哲学社会科学版）》第2期。

吕叔湘（1942/1982）《中国文法要略》，商务印书馆。

马建忠（1898/1983）《马氏文通》，商务印书馆。

梅　广（2003）迎接一个考证学和语言学结合的汉语语法史研究新局面，载何大安主编《古今通塞：汉语的历史与发展》，"中研院"语言学研究所筹备处。

宋亚云（2006）汉语从综合到分析的发展趋势及其原因初探，《语言学论丛》第三十三辑，商务印书馆。

孙良明（1994）《古代汉语语法变化研究》，语文出版社。

孙玉文（2000）《汉语变调构词研究》，北京大学出版社。

王克仲（1989）《古汉语词类活用》，湖南人民出版社。

王　力（1941/1980）古语的死亡残留和转生，载《龙虫并雕斋文集》（第一册），中华书局。

王　力（1981）《中国语言学史》，山西人民出版社。

谢质彬（1996）古代汉语反宾为主的句法及外动词的被动用法，《古汉语研究》第2期。

徐通锵（1997）《语言论——语义型语言的结构原理和研究方法》，东北师范大学出版社。

徐通锵（1998）自动和使动——汉语语义句法的两种基本句式及其历史演变，《世界汉语教学》第1期。

杨　军（1987）古代汉语"名词用如动词"的提法应当否定——兼论简单兼类词与复杂兼类词，《汉中师院学报（哲学社会科学版）》第3期。

杨荣祥（2005）语义特征分析在语法史研究中的作用——"V_1+V_2+O"向"V+C+O"演变再探讨，《北京大学学报（哲学社会科学版）》第2期。

杨荣祥（2011）上古汉语连动共宾结构的衰落，《中国语言学》第五辑，北京大学出版社。

张家文（1999）古汉语名词活用说的再认识，《古汉语研究》第3期。

张炼强（2001）修辞现象的认知考察（之一）——从象似性和激活看名词活用为动词，载刘利民、周建设主编《语言》（第2卷），首都师范大学出版社。

张文国（2005）《古汉语的名动词类转变及其发展》，中华书局。

第五章　连动共宾结构历时演变专题研究

在前面第三章中，我们多次提到上古汉语有一种连动共宾结构，本章拟探讨这种结构的来源和形成过程，探讨进入该结构的动词的语义句法特征以及动词连用的规则，在此基础上，探讨这种结构的历时演变。许多研究动结式（使成式）的论著都涉及这种连动共宾结构，那么动结式与连动共宾结构到底是一种什么样的关系？为什么部分"连动"后来就演变成了动结式？哪些"连动"能够演变成动结式，哪些"连动"不能演变成动结式？这种结构进入中古为什么会呈衰落之势？

第一节　上古汉语的连动共宾结构[①]

所谓连动共宾结构，是指相连的两个或几个非同义并列的动词共带一个宾语的句法结构。如：

[①] 本节内容曾以《论上古汉语的连动共宾结构》为题在新世纪汉语史发展与展望国际学术研讨会（浙江大学，2003年12月）上宣读，后发表于《中文学刊》2005年第4期，又载于《汉语新探》（崇文书局，2007年）。

（1）女为惠公来**求杀**余。（《左传·僖公二十四年》）

（2）（苏秦）**见说**赵王于华屋之下，抵掌而谈。（《战国策·秦策一》）（鲍注："见说，见而说也。"）

（3）吴人自皋舟之隘**要**而**击**之。（《左传·襄公十四年》）

例（1）"求杀余"，"求"和"杀"两个动词连用，共带一个宾语"余"；例（2）"见说赵王"，"见"和"说"共带一个宾语"赵王"；例（3）动词"要"和"击"共带一个宾语"之"。

这种连动共宾结构与中古产生的动结式述补结构有密切的关系（蒋绍愚，1999b），因此历来受到汉语语法史学者的重视。但连动共宾结构是什么时候产生的，是怎样形成的，有哪些类型，是不是所有的连动共宾结构都与后来的动结式述补结构有关，构成连动共宾结构的动词有什么特点，动词连用有什么规则以及连用动词之间具有什么样的语义关系等问题，至今没人作过全面的分析，而弄清这些问题，对于深入认识上古汉语的特点，特别是动词的特点以及进一步探索动结式这一在汉语语法史上具有重大影响的结构形式的来源都具有重要的意义。本节拟回答上述问题。

连动共宾结构属于连谓结构。连谓结构甲骨文中就有，如"唯王往征人方"（《甲骨文合集》36494），"往征人方"就是连谓结构，但连动共宾结构到春秋战国时才出现，西汉最为常见，尤其是在史书中，如《史记》中就有约2500例连动共宾结构。进入东汉六朝，连动共宾结构虽然在文献中并没有绝迹，特别是在史书中，似乎成为一种述事的特殊语言风格，但在佛典和其他比较口语化的作品中就不很常见了，而且后一动词基本上固定为少数具有特殊语义特征的动词如"破、坏、折、伤、裂、没、落、倒、毁、起、去、走"等。我们认为东汉六朝以"破"等作后一动词的"V_1V_2"已经开始由连动关系重新分析为动补关系（即动结式，详后）。

一、连动共宾结构的类型

根据连用动词之间是否带连词"而"、连用动词的多少以及宾语与动词的语义关系，连动共宾结构可以从不同的角度区分出不同的类型。

（一）连动共宾结构中，连用的动词之间或加连词"而"，或直接连用，由此可以将连动共宾结构分为以下两类。

第一，V_1而V_2O。

（4）冬十一月甲寅，宋昭公将田孟诸，未至，夫人王姬使帅甸**攻**而**杀**之。（《左传·文公十六年》）

（5）应侯欲伐赵，武安君难之，去咸阳七里，**绞**而**杀**之。（《战国策·秦策五》）

（6）更**醉**而**溺**我，公其何忍乎？（《史记·范雎蔡泽列传》）

"攻而杀之"即"攻之""杀之"。余例同。

第二，$V_1 V_2$O。

（7）兄弟甥舅，**侵败**王略，王命伐之，告事而已。（《左传·成公二年》）

（8）越王乃令其中军衔枚潜涉，不鼓不噪以**袭攻**之，吴师大北。（《国语·吴语》）

（9）秦始皇尝使使者遗君王后玉连环，曰："齐多知，而解此环不？"君王后以示群臣，群臣不知解。君王后引椎**椎破**之，谢秦使曰："谨以解矣。"（《战国策·齐策六》）

（10）李牧数**破走**秦军，杀秦将桓齮。（《战国策·赵策四》）

（11）故往见郭隗先生曰："齐因孤国之乱，而**袭破**燕……"（《战国策·燕策一》）

（12）项王**迁杀**义帝。（《史记·郦生陆贾列传》）

"侵败王略"即"侵王略"和"败王略"（"略"杜预集解谓"经略法度"），"袭攻之"即"袭之""攻之"，"椎破之"即"椎之""破之"，"破走秦军"即"破秦军""走秦军"，"袭破燕"即"袭燕""破燕"，"迁杀义帝"即"迁义帝""杀义帝"。"败、破、走"等在上古汉语中都是可以带宾语的，我们称之为结果自足动词（见第三章）。

以上两类，"$V_1 V_2$O"是由"V_1而V_2O"删除连词"而"形成的。连词"而"在上古汉语中使用频率非常高，各类辞书对其义项的划分和功能解释都比较繁多，我们认为"而"的基本功能就是标记"两度陈述"（详见第六章）。连词"而"的删除是连动共宾结构发展的重要一步，但同时也是连动共宾结构很快衰落的最初诱因。连动之间有"而"，形式上显现"V₁+Ø"和"V₂O"是两个陈述，没有"而"，连动共宾结构的"两度陈述"功能在形式上就看不出来了。我们把"V₁而V₂O"式叫作"有标记连动共宾"，"V₁V₂O"式叫作"无标记连动共宾"。①

（二）从宾语和相连用的动词之间的语义关系看，主要有三类情况。

第一，宾语为相连用动词所表动作行为的受事，这一类最常见，连动共宾中的宾语主要就是受事宾语，上一节所举各例都是。下面再举几个《史记》中的例子：

（13）张仪去，西说赵王曰："……大王**收率**天下以宾秦，秦兵不敢出函谷关十五年……"（《史记·张仪列传》）

（14）初，田婴有子四十余人，其贱妾有子名文，文以五月五日生。婴告其母曰："勿举也。"其母窃**举生**之。（《史记·孟尝君列传》）（司马贞索引："上'举'谓初诞而举之，下'举'谓浴而乳之。生谓长养之也。"）

（15）光既得专诸，**善客待**之。（《史记·刺客列传》）（比较：《史记·项羽本纪》"素善留侯张良"，《史记·孙子吴起列传》"齐将田忌善而客待之"）

第二，宾语为相连用动词所表动作行为移动的目的地或事件发生的处所。这一类动词主要是表移动的动词，也有少数非表移动的动词，宾语是处所名词。如：

（16）张仪**走之**魏，魏将迎之。（《战国策·魏策一》）（"走之魏"即"走魏""之魏"。动词"走"和"之"共带一个处所宾语。比较：《战国策·魏策一》"史厌谓赵献曰：'公何不以楚佐仪求相之于魏，韩恐亡，必南走

---

① 这里的"有标记"和"无标记"与"标记性理论"（theory of markedness）中所说的"有标记""无标记"意义不一样。

楚。'"，《战国策·韩策一》"郑疆之走张仪于秦，曰仪之使者，必之楚矣"，《战国策·齐策六》"燕人兴师而袭齐墟，王走而之城阳之山中"）

（17）李良**走归**章邯。（《史记·张耳陈余列传》）

（18）荆王刘贾**走死**富陵。（《史记·黥布列传》）

第三，连用的动词中有双及物动词，宾语的语义角色比较复杂。如：

（19）诸侯名士可下以财者，厚**遗结**之。（《史记·李斯列传》）

（20）而其弟尽破其业，式辄复**分予**弟者数矣。（《史记·平准书》）

（21）卓王孙不得已，**分予**文君僮百人，钱百万，及其嫁时衣被财物。（《史记·司马相如列传》）

例（19）中"遗"是表示授予义的双及物动词，"结"是普通及物动词，宾语"之"为连用的两个动词所共有。从语义关系看，宾语"之"是动词"遗"的与事（间接宾语），动词"结"的受事（直接宾语）。例（20）、例（21）中的连用动词"分"和"予"都是表授予意的双及物动词，但例（20）两个动词所共带的宾语只是与事（间接宾语）"弟"，受事（直接宾语）没有出现；例（21）连用的两动词后与事和受事都出现了，均为两个动词所共有，即"分文君僮百人""予文君僮百人"[①]。

（三）从连用动词的多少来看，最多的是两个动词连用，也有三个或四个动词连用的。

第一，两个动词连用。这是最常见的，上文所举各例都属于这一类。

[①] 这里的"分予"应该看作动词连用，而不能看作并列结构或并列式复合词。因为"分"和"予"有时间先后关系，是先"分"后"予"，不能倒过来说。

第二，多个动词连用。先秦未见典型用例，[①]《史记》中始见三个或四个动词相连共带一个宾语的用例。这种多动共宾现象，曹广顺（1999）曾经提到。如：

>（22）章邯遂**击破杀**周市等军，围临济。（《史记·魏豹彭越列传》）
>
>（23）（秦开）归而**袭破走**东胡，东胡却千余里。（《史记·匈奴列传》）
>
>（24）田荣怒，**追击杀**齐王市于即墨。（《史记·田儋列传》）
>
>（25）定国使谒者以他法**劫捕格杀**郢人以灭口。（《史记·荆燕世家》）

在后代的史书中也能见到三个或四个动词连用共宾的用例，我们认为这是史书一种特殊的叙事风格。如：

>（26）綝果毅有父风，官至扬州刺史。诸葛诞反，**掩袭杀綝**，诏悼惜之，追赠卫尉，谥曰愍侯。（《三国志·魏书·乐进传》）
>
>（27）尚果循西山来，临滹水为营。夜遣兵犯围，公**逆击破走**之，遂围其营。（《三国志·魏书·武帝纪》）
>
>（28）多罗巴三子以数万人分据险，厚进**击破杀**之，唯少子阿蒙中流矢去，道遇多罗巴，与俱遁。（《宋史·列传·子厚》）

最后一例出自《宋史》，可知这种多动共宾的叙事方式为后代史书所继承。

[①]《左传·定公八年》："皆坐列，曰：'颜高之弓六钧。'皆取而传观之。"虽然可以分析为"取之""传之""观之"三个动词连用，但因为有连词"而"将"取"和"传观"隔开，所以三个动词分属两个层次："取"与"传观"连用，然后是"传"与"观"连用。

二、连动共宾结构的形成机制

连动共宾结构是由两个或几个动宾结构归并宾语而形成的,归并的前提是两个或几个宾语所指同一。归并是出于经济、简洁的需要。

先秦汉语中存在着一种"V_1O_1(NP)V_2O_2(之)"句式,这种句式的特点是:(1)"V_1O_1(NP)"和"V_2O_2(之)"共同表示一个连贯的事件;(2)"O_1(NP)"和"O_2(之)"所指相同,即充当"O_2"的代词"之"指代的就是前面充当"O_1"的"NP";(3)"V_1"和"V_2"都是及物动词,它们共同指向相同的受事。如:

(29)楚人**执**陈行人干征师**杀**之。(《春秋经·昭公八年》)

(30)楚子**诱**戎蛮子**杀**之。(《春秋经·昭公十六年》)

(31)十三年春,叔弓围费,弗克,败焉。平子怒,令**见**费人**执**之。(《左传·昭公十三年》)

(32)丁巳,其夫**攻**子明,**杀**之,以其妻行。(《左传·襄公二十二年》)

(33)十一月,展舆因国人以**攻**莒子,**弑**之,乃立。(《左传·襄公三十一年》)

(34)楚公子櫜师**袭**舒庸,**灭**之。(《左传·成公十七年》)

(35)吴公子札来聘,**见**叔孙穆子,**说**之。(《左传·襄公二十九年》)

以上各句,前后两个动词形式上各带一个宾语,但前后的两个宾语所指是同一个人或事物。这种句式,是分析为连动句,还是分析为两个相连贯的分句?先人说话时是否有语气停顿显示这是一个句子还是两个句子,我们已经不得而知,但根据先秦还有通过加连词"而"来标记前后两个"VO"共同组成一个句子的"V_1O_1(NP)而V_2O_2(之)"句式来看,把以上各句看作连用两个谓词性结构(连谓结构)构成的一个句子并不是不可以。由于没有显示是分是合的形式标记,所以今人阅读古籍,往往在"V_1O_1"和"V_2O_2"之间或断开,或不断开,如上举各句均据杨伯峻《春秋左传注》的标点,但例(29)和例(30)"杀之"之前不断开,例（32）和例（33）的"杀之""弑之"之前却又断开。对于这种文句究竟应该如何标点，其实是很值得研究的。[①]我们认为，无论断开不断开，相连的"V_1O_1"和"V_2O_2"都是相对独立而又互相联系的两个陈述（详下文），前后两个动词的宾语所指是同一个人或事物的性质没有改变。如果在"V_1O_1"和"V_2O_2"之间加入连词"而"，今人一般就不会将之断开了，而事实上上古汉语就存在着大量的"V_1O_1（NP）而V_2O_2（之）"句式，以上例（29）—例（35），都可以在"V_1O_1"和"V_2O_2"之间加上连词"而"而成为上古汉语合语法的句子。下面就是"V_1O_1（NP）而V_2O_2（之）"句式的实例：

（36）齐棠公之妻，东郭偃之姊也。东郭偃臣崔武子。棠公死，偃御武子以吊焉。**见**棠姜而**美**之，使偃取之。（《左传·襄公二十五年》）（比较：《左传·襄公二十九年》"**见**叔孙穆子，**说**之"）

（37）夷狄之君**诱**中国之君而**杀**之。（《穀梁传·昭公十一年》）（比较：《左传·昭公十六年》"**诱**戎蛮子**杀**之"）

（38）君不如使人微**要**靳尚而**刺**之。（《战国策·楚策二》）（比较：《战国策·楚策二》"张旄果令人**要**靳尚**刺**之"）

（39）齐桓公闻哀姜与庆父乱以危鲁，乃**召**之邾而**杀**之。（《史记·鲁周公世家》）（比较：《韩非子·外储说左上》"适市来，曾子欲**捕**彘**杀**之"）

我们认为，不加连词"而"的"V_1O_1（NP）V_2O_2（之）"式先产生，然后才有加"而"的"V_1O_1（NP）而V_2O_2（之）"式。加"而"是为了让两个有联系的陈述连缀在一起表达一个复杂、完整的事件，连词"而"的基本功能正是标记"两度陈述"。

[①] 黄侃曾提出"读《诗》有声气句与文法句之别"[《黄侃手批白文十三经·前言》，见王大年（1998）]，但古人的声气句读到底是什么情形，目前还很少有人进行深入的探讨。像上举"楚人执陈行人干征师杀之"能否看成一个声气句读包括两个文法句读呢？这还值得研究。

由于这种句式中前后两个动词带的宾语语义上是同一个人或事物，所以虽然形式上两个动词各带一个宾语，而语义上却是两个动词共一个宾语。既然语义上两个宾语是同一个人或事物，那么根据经济原则，在形式上就可以将二者合并，这就形成了"V_1而V_2O""V_1V_2O"这种连动共宾结构。所以我们说连动共宾结构是由两个或几个动宾结构归并宾语而形成的。

三、连动共宾结构中动词的语义句法特征

从语义上看，连用的动词一定是表示动作行为的动词。

郭锐（1993）将现代汉语中的动词分为十个小类，三个大类，这三个大类是状态动词、动作动词、变化动词。从动词的内部过程结构看，典型的状态动词只有续段，没有起点、终点；典型的动作动词有续段，同时有起点、终点，典型的变化动词没有续段，只有一个点。三大类之间存在着过渡类。郭锐用六条形式标准来对现代汉语动词的内部过程结构进行分类，上古汉语的动词如何用形式标准进行分类，用哪些形式标准，还需要研究。但从语义类型看，表示事物之间的关系、动词本身表示的过程可以无限持续并且"不需动力"或者比较"不需动力"的是状态动词，如"曰（叫作）、谓、在、有、思"等；动作可以持续，但必有起点和终点、不能无限延续并且"需动力"的是动作动词，如"攻、击、追、诛（责备）、求、烧"等；动作不能持续或者可持续时间极短，并且含有"终结"语义特征的动词是变化动词，如"破、败、下（攻下）、定（平定）、杀（致死）"等。状态动词一般不能进入连动共宾结构，连动共宾结构中的动词只有动作动词和变化动词，其中变化动词要求一定具有及物性。

连动共宾结构中的动词都是自主动词，它们表示的都是由具有自控能力的有生命体（主要是人，或者国家、军队）发出的动作行为，在上古汉语中，非自主动词不能进入连动共宾结构。

从句法功能上看，连用的动词必须是及物动词（二价动词）或双及物动词（三价动词），除带处所宾语的动词外，其他动词都能带受事宾语。除了表示移动、带处所宾语的动词外，所有进入连动共宾结构的动词，无论是单独使用还是进入连动共宾结构，一般要求后面带宾语，也就

是说，受事（少数双及物动词的与事）是这些动词在句法结构中的必有论元，不可缺省。如果这些动词后面不带宾语，那么就一定是用于所谓"反宾为主"句，或者如《马氏文通》所说的他动转为受动。这一点可以通过对论元和动词的语义关系的分析得到证明。下面我们试举《史记》中的"破""败"为例加以说明：

（40）（甲式）章邯已**破**项梁军。（《史记·项羽本纪》）
　　　（乙式）常从**击破**项籍。（《史记·张丞相列传》）
　　　（丙式）今项梁军**破**，士卒恐。（《史记·项羽本纪》）

（41）（甲式）王**破**楚以肥韩、魏于中国而劲齐。（《史记·春申君列传》）
　　　（乙式）与彭越复**击破**楚军燕郭西。（《史记·高祖本纪》）
　　　（丙式）吴楚**破**，而梁所破杀虏略与汉中分。（《史记·梁孝王世家》）

（42）（甲式）公子率五国之兵**破**秦军于河外。（《史记·魏公子列传》）
　　　（乙式）李牧**击破**秦军。（《史记·廉颇蔺相如列传》）
　　　（丙式）召平者，故秦东陵侯。秦**破**，为布衣。（《史记·萧相国世家》）

（43）（甲式）齐人**败**吴，吴王乃引兵归。（《史记·吴太伯世家》）
　　　（乙式）越王句践率兵（使）[复]**伐败**吴师于笠泽。（《史记·吴太伯世家》）
　　　（丙式）楚告急秦，秦遣兵救楚击吴，吴师**败**。（《史记·吴太伯世家》）

（44）（甲式）吴王不听，遂北伐齐，**败**齐师于艾陵。（《史记·吴太伯世家》）
　　　（乙式）（燕）釐公三十年，**伐败**齐于林营。（《史记·燕召公世家》）

（丙式）齐兵**败**，湣王出亡于外。（《史记·燕召公世家》）

（45）（丁式）湣王既失临淄而奔莒，唯田单用即墨**破走**骑劫，遂存齐社稷。（《史记·太史公自序》）

（丁式）秦将章邯**破杀**项梁也，沛公与项羽引而东。（《史记·曹相国世家》）

（丁式）匈奴兵多，**破败**广军，生得广。（《史记·李将军列传》）

（46）（丁式）章邯果**败杀**项梁。（《史记·田儋列传》）

（丁式）此人亲惊吾马，吾马赖柔和，令他马，固不**败伤**我乎？（《史记·张释之冯唐列传》）

据上举各例，"破""败"可以出现在四种位置：甲式"NP$_1$+破/败+NP$_2$"、乙式"NP$_1$+V+破/败+NP$_2$"、丙式"NP+破/败"、丁式"NP$_1$+破/败+V+NP$_2$"，即"破/败"单独使用可以带受事宾语（甲式），和别的动词连用也要求带受事宾语，连用的位置可后可前（乙式、丁式），还可以后面不出现受事宾语（丙式）。丙式和其他三式是对立的。在甲式、乙式、丁式中，句法上充当主语的NP$_1$对"破/败"是自主的，可控制的，"破/败+NP$_2$""V+破/败+NP$_2$""破/败+V+NP$_2$"体现了NP$_1$的意志，因而也是主动的；而在丙式中，句法上充当主语的NP对"破/败"是不自主的、不可控制的，也是违背其意志的，因而只能是被动的。所以我们说受事是连用动词的必有论元，它必须在句法结构中出现。如果不是用为"受动"，动词的后面必须带宾语。

有些进入连动共宾结构的动词不能用于"受动"，这样的动词在句法结构中必须带受事宾语（趋向动词除外），否则句法结构不能成立。如《左传》"攻"75例，除2例"可"字句、1例"能"字句，余皆后带受事宾语，否则句子不能成立。如：

（47）宋督**攻**孔氏。（《左传·桓公二年》）——*宋督攻//*孔氏攻一般来说，常用于动词连用后一位置的动词多能用于"受动"，只能用于前一位置的动词则原则上不能用于"受动"，不能用于"受动"的动词，也很少出现在连动共宾结构中后一动词的位置。

四、动词连用的规则

两个或多个动词连用，其先后位置遵循时间顺序原则，一般是不可颠倒的。从语义结构关系看前后动词属连贯关系，所以我们称之为"动词连用"和"连动共宾结构"。

连贯语义关系至少还可以细分为两类：一类是单纯的时间先后顺序，即后一个动词表示的事件是接着前一个动词表示的事件实现的；一类是含有因果关系的时间先后顺序，即前一个动词表示的事件的实现，导致了后一个动词表示的事件的实现，前者是因，后者是果。任何因果关系都蕴含着时间先后关系，但时间先后关系不一定就是因果关系。不少学者提到，上古汉语的连动结构后来就发展出了动补结构（动结式），其实不能笼统地这样说，单纯表示时间先后顺序的动词连用不可能，事实上也没有发展为动补结构（如前举"求杀、见说、要击、侵败、袭攻、迁杀、收率、走之、走归、遗结、分予"等），只有部分含有因果关系的动词连用后来演变成了动补结构（如"椎破、击破、击败、伐灭、激怒、削去、击伤、啮断"等）。

连动共宾结构本质上是一个句子形式叙述了两个或多个相互关联的事件。只表示单纯时间先后顺序的动词连用构成的连动共宾结构，叙述的是在同一时间轴上，同一个主体（施事）先后实施两个（或多个）动作行为，这两个（或多个）动作行为施及同一个客体（受事）。前后的动作行为之间不一定有必然的事理上的联系，仅仅只是表示先后发生的两个或多个事件。但是，一定是先发生前一个动词表示的事件，才会发生后一个动词表示的事件，不可能倒逆。如：

（48）吴人自皋舟之隘**要**而**击**之。（《左传·襄公十四年》）

（49）王因**囚**而**问**之，果妄，乃杀之。（《韩非子·外储说左上》）

（50）不韦说赵曰："子异人，秦之宠子也，无母于中，王后欲**取**而**子**之。"（《战国策·秦策五》）

（51）庄襄王为秦质子于赵，见吕不韦姬，**悦**而**取**之，生始皇。（《史记·秦始皇本纪》）

（52）女为惠公来**求杀**余。（《左传·僖公二十四年》）

（53）（公孙衍）对曰："中国无事于秦，则秦且**烧㶣获**君之国……"（《战国策·秦策二》）（姚宏注："烧㶣，犹灭坏。灭坏君国也。"鲍彪注："㶣，亦烧也。言火其国以得其地。"）

（54）大王**收率**天下以傧秦，秦兵不敢出函谷关十五年矣。（《战国策·赵策二》）

（55）子胥曰："上索我者，以我有美珠也。今我已亡之矣。我且曰：子**取吞**之。"（《韩非子·说林上》）

以上各例都是两个动词连用共带一个宾语，前四例是有标记连动共宾，后四例是无标记连动共宾。各例的前后两个动词完全只是时间先后的关系，前一个动词表示的事件先发生，后一个动词表示的事件后发生，前后两个动词表示的事件没有必然的因果联系。如"要而击之"是先要之，后击之；"取而子之"是先取之，后"子之"（当作儿子抚养）；"求杀余"，是先求余，后杀余；"烧㶣获君之国"是先烧㶣君之国，后获君之国。余例类推。这类连动共宾结构中连用的动词都不可能演变为动补结构。

含有因果关系的动词连用构成的连动共宾结构，在遵循时间顺序原则的同时，还表示前一动词表因，后一动词表果的语义关系，也就是说，动词连用的规则是先表因动词，后表果动词。连动共宾结构是上古汉语一种正常的句法格式，前后动词的因果语义关系不是格式规定的必然关系，而是由前后动词的语义特征决定的。如果后一个动词具有"终结"语义特征，而前一个动词正好能够产生某种必然的或可预期的结果，那么这种连用的动词就会形成因果关系。如：

（56）（陈灵）公出，（征舒）自其厩**射**而**杀**之。（《左传·宣公十年》）

（57）初，燕将**攻下**聊城，人或谗之。（《战国策·齐策六》）

（58）孟尝君乃取所怨五百牒**削去**之，不敢以为言。（《战国策·齐策四》）

（59）李牧**击破**秦军，南距韩、魏。（《史记·廉颇蔺相如列传》）

以上各例，"射（人）"一般会有"杀（致死）"的结果，① "攻"能导致"下"的结果（也可能是"败、破"等），"削"的结果一般是"去"，"击"的结果可能是"破、败、伤、走"等（"攻败""攻破""击败""击伤""击走"等在《史记》中均有用例）。

分析先秦到西汉的用例，可以发现，凡先后动词具有因果关系者，后一个动词必定具有"终结"语义特征，而凡具有"终结"语义特征的动词，都能用于"受动"。正是这些含有因果关系的连动结构，一部分后来发展成了动结式。

如果从更高一层的语义关系看，绝大多数连用的动词之间都可以概括为方式、手段与目的的关系（只有极少数如"见费人执之""见叔孙穆子，说之""见棠姜而美之"不是）。因为连用的动词一定是自主动词，表示的是主体可控制的主动行为，而可控制的主动行为往往是具有目的性的。如上举两类各例，我们也可以说前一动词表示方式、手段，后一动词表示目的，因为真正体现主体（句子中的主语）的意志或意愿的是后一个动词所表示的事件的实现。再如：

（60）（齐人）自其窦入，介于其库，以登其城，**克**而**取**之。（《左传·襄公二十六年》）

（61）苏秦恐秦兵之至赵也，乃**激怒**张仪，入之于秦。（《史记·苏秦列传》）

前一例"克"和"取"之间没有必然的因果关系，但必须是先"克"然后才有"取"，这样，"克"和"取"之间当然只是时间顺序关系，但相对

---

① 如前文所述，上古汉语"杀"具有"终结"语义特征（致死），所以"杀"也跟前文分析的"破、败"等一样，有甲式、乙式、丙式、丁式四种分布。

于"克","取"更能反映主体（齐人）的意志或意愿，表示的是"克"和"取"共同构成的连续事件中的目标事件。后一例"激"和"怒"具有因果关系，但"怒"也正是主体（苏秦）的目的。

时间顺序原则是汉语句法结构所遵循的一项普遍规则（戴浩一，1988），虽然这一规则在上古汉语中不是绝对的（蒋绍愚，1999a），而先因后果，先方式、手段后目的，则是人类所共同遵循的逻辑顺序规则，上古汉语的连动共宾结构，动词连用一定遵循这些规则。

五、连动共宾结构的句法结构、语义结构解释

连动共宾结构不仅"共宾"，而且"共主"，即句法上，无论连动共宾结构中出现多少个动词，句子只有一个主语。因为连动共宾结构中的动词都是自主、可控动词，都体现动作行为发出者的意志，所以从语义上讲，连用动词所共用的句法上的主语都是施事，而且只能是施事。

正因为连用的动词不仅在句法关系上共用主语和宾语，而且在语义关系上共用施事和受事（或与事、处所），所以，无论是句法结构还是语义结构，由连动共宾结构充当谓语的句子，都可以进行分解，即两个动词连用就可以分解为两个句子，三个、四个动词连用就可以分解为三个、四个句子。如：

（62）思王立五月，少弟嵬**攻杀**思王而自立，是为考王。（《史记·周本纪》）（嵬攻思王，嵬杀思王。比较：《左传·襄公三十一年》"展舆因国人以**攻**莒子，**弑**之"，《史记·楚世家》"楚惠王之徒与共**攻**白公，**杀**之"）

（63）二十四年，楚考烈王**伐灭**鲁。（《史记·鲁周公世家》）（楚考烈王伐鲁，楚考烈王灭鲁。比较：《左传·庄公六年》"十六年，楚复**伐**邓，**灭**之"，《史记·秦本纪》"九年，司马错**伐**蜀，**灭**之"）

（64）汉令车骑**击破**匈奴。（《史记·韩信卢绾列传》）［车骑击匈奴，车骑破匈奴。比较：《史记·樊郦滕灌列传》"（灌婴）**击**项羽之将项冠于鲁下，**破**之"］

在实际语料中，不会出现两个相连的"主·动·宾"且两个主语相同的句子，这是因为从甲骨文反映的远古汉语到现代汉语，汉语句子的主语都是允许缺省的，且有时候必须缺省。但从语义上看，上举"比较"项的各例，后一个分句（动·宾）都是可以补出一施事主语的，这个施事主语因为与前一分句相同，所以在句子层面上没有出现。

比照以上分析，三个、四个动词连用共宾，当然也能分解为三个、四个句子，不过我们在实际语料中没有找到正好对应的分解型的用例。

(65) 其后燕有贤将秦开，为质于胡，胡甚信之。归而**袭破走**东胡，东胡却千余里。（《史记·匈奴列传》）（A秦开袭东胡，B秦开破东胡，C秦开走东胡）

(66) 定国使谒者以他法**劾捕格杀**郢人以灭口。（《史记·荆燕世家》）（A谒者劾郢人，B谒者捕郢人，C谒者格郢人，D谒者杀郢人）

我们说连动共宾结构充当谓语的句子可以分解为两个或多个句子形式，并不是说这种句子要分析为两个或多个独立的小句子，从来源上说，这种无标记的连动共宾结构是由有标记连动共宾结构删除标记"而"形成的，所以就这种句子的结构看，只能分析为由连谓结构充当谓语的单句。这种句子的句法结构应作如下分析：

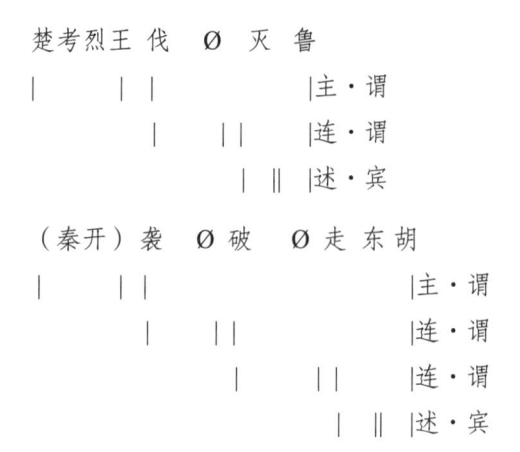

```
楚考烈王 伐   Ø   灭  鲁
|      |  |              |主·谓
       |     ||           |连·谓
             |   ||   |述·宾

（秦开） 袭   Ø   破   Ø  走  东胡
|      |  |                    |主·谓
       |     ||                 |连·谓
             |     ||            |连·谓
                   |    ||   |述·宾
```

连动共宾结构的语义解释，简单地说，就是一个动词表示了一个事件，之所以要把两个或几个事件组织在一个句子中，一方面是出于经济原则，另一方面是这两个或几个事件是互相联系的，它们可以共同构成一个更大的事件。如"楚考烈王伐鲁""楚考烈王灭鲁"都可以是一个独立的事件，但运用连动共宾结构，就表示了楚考烈王在伐鲁之后随即就灭掉了鲁这样一个更大的事件。

通过对连动共宾结构的句法结构和语义结构的分析，再一次证明，这种结构是多个动词的宾语归并的结果。

第二节　上古汉语连动共宾结构的衰落①

出现于春秋时期、盛行于西汉时期的连动共宾结构，到东汉开始衰落，六朝以后逐渐少见，大约到唐代，在实际口语中就已经失去生命力了。

先秦时期，"有标记式"V_1而V_2+NP连动共宾结构多，而且不仅见于史书，也见于子书；"无标记式"V_1V_2+NP连动共宾结构还比较少见，主要见于史书。但到了西汉的《史记》，"无标记式"的出现率远远超过"有标记式"，在共约2500例连动共宾结构中，"有标记式"不足300例。

我们认为，"有标记式"连动共宾结构比"无标记式"产生得早，但进入西汉，"有标记式"没有进一步的发展，而是逐渐少用，然而其最终衰落却又比"无标记式"晚，除了史书中继续使用外，在东汉的《论衡》和六朝的《世说新语》《百喻经》中都还不难见到。"无标记式"在西汉是其发展高峰，东汉以后，除史书作为一种叙事风格继续使用，其他口语性比较强的文献如《论衡》、佛典和《世说新语》等，"无标记式"连动共宾结构已经大大减少，特别是单纯表示时间先后顺序的连动共宾结构，几乎消失。至于V_1和V_2之间具有因果关系的V_1V_2NP，在佛典、《齐民要术》等一些文献中还比较常见，但V_2已经比较固定化了，我们认为这个

---

① 本节内容曾以《上古汉语连动共宾结构的衰落》为题在中国语言学发展之路——继承、开拓、创新国际学术研讨会（北京大学，2010年8月）上宣读，后载于《中国语言学》第五辑（北京大学出版社，2011年）。

时候的"V_1+V_2+NP"已经发生了重新分析,"V_1"和"V_2"由非直接成分关系重新分析为直接成分关系了。①进入近代汉语,连词"而"显然已经成为文言成分,所以即使偶然能见到"有标记式"连动共宾结构,那也不是口语的反映,②而"无标记式"中前后连用的两个动词就只能分析为"动补结构"了。

至于有人说现代汉语中还有连动共宾结构,如"拆阅信件""接诊病人""捕售松鼠"(谢质彬,2001),显然这只是一种书面语,在实际口语中,"阅""诊""捕""售"等根本都不是独立的词。而且,即使让现代的人来读这样的书面语,也只会将"拆阅""接诊""捕售"看作一个词,而不会理解为两个动词的连用,也就是说,根据现代人的语感,不会将"拆阅信件"之类的句子理解为两个连贯的事件。

一、连动共宾结构衰落的原因

连动共宾结构的衰落与汉语的许多重大语法现象的发展演变有联系,本节重点探讨其衰落的主要原因。

"有标记式"连动共宾结构的衰落与连词"而"的衰落是同步的。连词"而"的衰落西汉就已经开始,这可以从三个方面来证明。

第一,先秦时期有"NP+而+VP"句,如:"子产而死,谁其嗣之?"(《左传·襄公三十年》)"人而无信,不知其可也。"(《论语·为政》)"十人而从一人者,宁力不胜,智不若耶?"(《战国策·赵策三》)虽然"而"前的NP具有陈述功能(详见第六章),但形式上毕竟是NP。然而《史记》除了引前代文献,仅见一例"NP+而+VP"

---

① 要证明东汉以后的"V_1+V_2+O"的结构关系与上古汉语不同,不是很容易的事,需要另外专门研究,刘承慧(2002)认为上古汉语是"连动复合",中古汉语是"使成复合",虽然我们的看法和刘文不一样,但认为同一表层结构在不同时期其内部结构性质不同,我们表示赞同。下一节我们将证明东汉以后的"V_1V_2"已经由"连动"关系演变成了"动补"关系。

② 敦煌变文中有一个很有意思的例子:"此小儿三度到我树下偷桃,我捉得,系着织机脚下,放之而去之,今已长成。"用了连词"而",但前后两个动词都带宾语,而两个宾语不仅所指相同,而且都是代词"之",这在上古汉语中是没有的。可见这完全是为了显"文"而模仿上古汉语的连动共宾结构造出的句子。

句："骊姬泣曰：'太子何忍也！其父而欲弑代之，况他人乎？'"（《晋世家》）而这一例又是记先秦事，且为转述春秋时晋国骊姬的话。这说明作为"两度陈述"标记的连词"而"到西汉其功能已经有所衰退。

第二，先秦许多"有标记式"连动共宾结构"V_1+而+V_2+O"到《史记》中改用"无标记式"连动共宾结构"V_1+V_2+O"。这种例子很多，下面我们只简单比较一下《左传》和《史记》中"杀"作V_2的情况：《左传》中有"V_1+而+杀+O"16例，《史记》中只有7例（《史记》的篇幅至少是《左传》的2.5倍）；《左传》中有"批而杀之、醉而杀之（2见）、围而杀之、取而杀之、诱而杀之、射而杀之（3见）、攻而杀之、搏而杀之、潛而杀之、击而杀之、拘而杀诸外、执而杀之、从而杀之"，《史记》中只有"醉而杀守者/之（3见）、背而杀之、得而杀之、负而杀之、诈而杀义渠戎王"。"V_1+杀+O"《左传》中只有3例："投杀人、掖杀国子、求杀余"，而《史记》中多达135例："袭杀哀王、攻杀思王、贼杀出子、击杀盗、射杀一鱼、诛杀无道、刺杀高、击杀数十百人、击杀之（3见）、诛杀曹无伤、击杀广、追击杀之、击杀济北王田安、烧杀纪信、射杀之（3见）、攻杀之、放杀义帝、击杀项羽、追杀项羽、幽杀之、笞杀吕媭、捕杀吏卒、执杀苌弘、袭攻杀胡公、攻杀厉公、诛杀厉公、拉杀鲁桓公、袭杀无知、醉杀鲁桓公、攻杀之、袭杀慭公、射杀灵公、袭杀桓公、逸杀前太子伋（2见）、囚杀怀君、攻杀孔父、击杀南宫牛、攻杀昭公杵臼、攻杀太子肥、攻杀太子、潛杀太子、求杀我、搏杀狗、袭杀灵公、射杀宦者、袭攻杀三郄、射杀子反、袭杀令尹子西、袭杀哀王、醉拉杀鲁桓公、袭杀王子颓、药杀厘公、击杀代王、破杀栗腹、追杀子我、射杀昭公、诛杀葛婴、诛杀公孙庆、压杀卧者、烧杀建德王悍、诛杀臣、劾捕格杀郢人、诛杀之、击破杀辟光、击破杀贤、击破杀卬、击破杀雄渠、追杀兽兔、破杀项梁（2见）、刺杀袁盎、射杀其中尉、刺杀兄子、诈药杀之、诛杀太子建、袭杀吴太子、袭杀楚令尹子西、射杀赵括（2见）、坑杀之、斫击杀数百人、椎杀晋鄙、破杀匈奴十余万骑、破杀赵将扈辄、破杀赵葱、夷杀其将骑劫、刺杀侠累、刺杀韩相、刺杀之（3见）、贼杀人、贼杀不辜人、迁杀其良臣李牧、诛杀忠臣、追杀之、追杀王姊、追杀赵王歇、击破杀周市等军、追杀之、坑杀人、击杀令、败杀项梁（2见）、追击杀齐王市、破杀龙且、贼杀侍婢、贼杀婢、迁杀义帝、诛杀名将、遮刺杀盎、刺杀之、贼杀大臣、射杀胡白马将、射杀追骑、射杀敢、触杀之、攻杀周幽王、射杀单于头曼、攻杀王、太后及汉使者、刺杀送何者、袭攻杀何、诈杀臣、诈杀之、刺杀大将军青、格杀信、攻杀其父、遮攻杀汉使、刺杀解姊子"。用作V₁的动词有"袭、击、攻、贼、射、诛、刺、追、烧、放、幽、笞、捕、执、拉、醉、逭、囚、求、搏、破、药、压、格、坑、椎、夷、迁、触、诈"等，还有两个、三个动词用在"杀"之前的。两相对比，至少《左传》中的"射而杀之、攻而杀之、搏而杀之、潜而杀之、击而杀之、执而杀之"等在《史记》中不用"而"，而是两个动词直接连用了。这足以说明，"而"在西汉就已经开始衰落了。

第三，上古汉语中"而"的基本作用是标记"两度陈述"（详见第六章），"而"所连接的前后成分之间不能有管辖关系，但东汉有这样的例子：[①]

（1）夫土虎不能而致风，土龙安能而致雨？（《论衡·乱龙》）
（2）其闻音者莫不解释，众魔甚多莫不而伏。（《佛说伅真陀罗所问如来三昧经》）

例（1）"而"前的成分"不能""安能"管辖着"而"后的成分"致风""致雨"，例（2）"莫不"管辖着"而"后的成分"伏"。但这不能说是"而"的功能的发展，而是说明随着"而"的高度语法化，它的基本功能已经衰萎，成了一个几乎丧失了语义功能和句法功能的衬音成分（梅广，2003）。

"无标记式"连动共宾结构为什么从东汉开始也走向衰落？按说，"而"的衰落应该自然地使"有标记式"连动共宾结构演变为"无标记式"连动共宾结构，可是语言事实显示，东汉以后，"无标记式"连动共宾结构已经大为减少，而且其中的V₂已经大体固定为若干个上古汉语中那类具有"终结"语义特征的结果自足动词。这是因为，"有标记式"到"无标记式"的演变在西汉已经实现。

[①] 例（1）据梅广（2003）引，例（2）据魏培泉（2003）引。

"无标记式"连动共宾的衰落有内因和外因。内因是这种结构为多陈述中心结构，它是把可以独立的两个陈述组织在一个句子中，并且不用标记来显示一个句子中有两个相对独立的陈述，这就与语言中通常一个句子只能有一个陈述中心的普遍法则相违背。就现代汉语来看，虽然遵循时间顺序原则的连谓结构是存在的，但进入句子，连谓结构中只能有一个动词与外部世界的时间过程发生联系，[①]这个与外部世界时间过程发生联系的动词就是句子的中心陈述成分。上古汉语因为存在一个"两度陈述"标记"而"，所以一个句子中可以有两个陈述中心。但是，一般的句子都只有一个陈述中心，从交际的有效性来说，一个句子一个陈述中心是最有效的，因此这种多中心结构本身就存在着不稳定性。

"无标记式"连动共宾衰落的外因肯定有很多种，因为语言中的任何一个成分发生演变，都与语言系统中的多种因素有联系。我们目前能够大致确定并可以进行论证的有以下四点。

第一，表"致使"义的句法格式逐渐衰落。上古汉语中的结果自足动词的一项重要的句法表现是必须与"受事"共现，即要么出现在"NP_1__NP_2"（NP_2为语义关系上的受事）句法槽，要么出现在"NP__"（NP可理解为语义关系上的受事）句法槽，当出现在前一种句法槽中时，动词既表示施事自主的、可控的动作行为，又表示动作行为造成的结果，这结果同时也是受事经历的既成事实，如"齐破荆"，"破"是齐发出的自主、可控动作行为，又是"荆"经历的既成事实，也就是齐的自主、可控动作行为造成的结果。上古汉语这类动词进入句子就生成了一种表示"致使"意义（既表动作，又表结果）的句法格式，在这个格式中，许多非结果自足动词也可以进入动词的位置，包括名词和人们通常所说的形容词，并临时具有"致使"义，这就是由陈承泽在《国文法草创》中最先提出的"致动用法"和过去古汉语语法学界通常所说的"使动用法"。东汉以后，除了结果自足动词还经常出现于"NP_1__NP_2"句法槽，非结果自足动词很少出现于该句法槽而形成具有"致使"义的句子，这说明上古汉语用得非

[①] 由动作动词、变化动词充当谓语的句子都是事件句(event sentence)，所有事件句必定与外部世界的时间过程发生联系（郭锐，1993、1997）。

常普遍的"致使"义句法格式进入中古后已经不再具有活力。与此相联系，上古汉语中的结果自足动词是最容易出现在连动共宾结构中后一个动词位置的，在这个位置它们同样具有"致使"义，由于"致使"义句法格式逐渐衰落，加上结果自足动词在V_2的位置上往往表示V_1的必然结果，所以语言使用者在认知心理上有可能将其仅仅理解为V_1的结果而忽略其"致使"义和及物性功能，这样，由结果自足动词充当的V_2在语义关系上就和V_1结合得紧密起来，而与其后的NP不发生直接的语义关系，于是，它就可能向结果补语的方向演变。又因为最容易出现在V_2位置上的结果自足动词在连动共宾结构中的语义句法功能发生变化，加上上述内因的作用，其他动词也就逐渐不再出现在另一个动词之后构成连动共宾结构了，这也就是为什么我们在中古时期的非史书文献中还可以较多见到"V_1+V_2（上古结果自足动词）+NP"，却很难见到"V_1+V_2（非结果自足动词）+NP"的原因。

第二，"两度陈述"标记"而"的衰落。"而"的衰落不仅导致"有标记式"连动共宾逐渐少见并趋于消失，同时也使得一个句子中允许有两个陈述中心的句法规则解体。"无标记式"连动共宾结构作为多陈述中心结构，在上古汉语中因为"而"的存在，属于合法的句法结构；到中古"而"丧失标记"两度陈述"的功能并逐渐衰落，多陈述中心结构在汉语语法系统中也就逐渐失去合法性，因而"无标记式"连动共宾自然不断萎缩，最后只保存了V_1与V_2之间具有因果关系的那部分，而这部分V_1V_2通过重新分析演变成了动结式（详下节）。[①]

第三，韵律结构的作用。上古汉语的韵律结构是什么样子，我们现在还很难说清楚，就连动共宾结构来看，先秦只有"V_1+V_2+O"，西汉

---

① 梅广（2003）指出："从上古到中古，汉语的发展是从一种类型的语言演变成另一种类型的语言。""历史上汉语句法的整个发展趋势就是从并列到主从。上古汉语是一种以并列为结构主体的语言；中古以降，汉语变成一种以主从为结构主体的语言。上古汉语发展出一个semantically unmarked的并列连词'而'，很可以用来说明以并列为结构主体的语言的特质。""'而'字的使用率降低以及功能的改变而终至在口语中消失是汉语语法史上一个重要现象，它在上古汉语到中古汉语转型过程中除了作为一个标杆之外还起了什么积极作用没有，值得更精细地考察一下。我认为'而'字消失的句法意义是取消了谓语原有的并立结构关系，让谓语只能表现主从或偏正的非并立关系。"梅文说的"并列/并立结构"大致相当于我们所说的多陈述中心结构。

开始见到"V₁+V₂+V₃+O"甚至"V₁+V₂+V₃+V₄+O",但毕竟是少数。在"V₁+V₂+O"形式中,连用的两个动词绝大多数都是单音节形式,充当O的NP可以是单音节(多用代词"之"),也可以是多音节形式,这样,V₁和V₂很容易结合成一个标准音步(foot)。然而,在句法关系和语义结构上,V₂是和O直接联系在一起的,于是,韵律结构和句法语义结构就出现了不一致。如果句法语义结构迁就韵律结构,"V₁+V₂"就有可能由一个标准音步发展为一个韵律词(prosodic word),继而发展成为语法词(grammatical word)、词汇词(lexical word),有些连用的两个动词后来发展成为动结式合成词,就肯定有韵律结构的作用。韵律结构一般不会迁就句法语义结构(冯胜利,2002),这就对连动共宾结构形成了限制,至少在韵律结构的限制下,连动共宾结构不可能得到发展和扩张。

第四,多种近义形式的存在。连动共宾结构的形成可以说是出于经济原则,但经济原则和精确原则是矛盾的:要经济,就可能不精确,要精确,就可能不经济。随着"两度陈述"标记"而"的衰落,上古汉语允许两个陈述中心存于一个句子中的句法规则也逐渐失去效力,连动共宾结构传递信息的精确度也就因之受到影响,所以这种结构兴起很快,衰落也很快。至于为什么连动共宾结构会在上古、中古之交发生急遽的兴衰变化,牵扯的问题非常多,当作更多的专门研究。[1]

---

[1] 连动共宾结构的衰落与动结式的形成有密切的关系,许多学者在讨论动结式的产生时都会提到连动共宾结构的演变。目前提到的影响"连动"变为"动补"或谓"使成复合"的因素包括:(1)清浊别义的消失;(2)使动式的衰落;(3)隔开式(指"吹欢罗裳开"一类结构)的产生;(4)"动+形"式复合词的产生(梅祖麟,1991);(5)代词"之"的衰落(魏培泉,2004);(6)韵律的制约(冯胜利,2002);(7)"而"的衰落(梅广,2003)。本文只简单地论述了"致使"义的句法格式衰落、"而"的衰落、韵律结构以及多种近义形式的存在对连动共宾结构衰落的影响,即便这四点,我们也不敢十分肯定就是导致连动共宾结构衰落的最基本的原因。至于学者们提到的其他因素,不能说对连动共宾结构衰落没有起作用,但究竟是如何发挥作用,发挥了多大的作用,并不容易论证。而且,我们认为,语言是个系统,一个新要素的产生或一个旧要素的衰落、灭亡,都可能是系统中多种因素交互作用的结果,孰因孰果往往是不易说清楚的,此消则彼长,彼长则此消,此一种要素的功能增强,必然会引起彼一种要素的功能减弱,而彼一种要素的功能减弱,又会促进此一种要素的功能增强。所以,一种语法现象的演变,不仅是系统中多种因素交互作用的结果,同时也是该语法现象与多种因素互动的结果(详下文)。

二、连动共宾结构的替代形式

语言是一个自组织性极强的系统，在这个系统中，任何一个新要素的增加、消减或变化，都不会是仅仅限于其自身的独立事件，而是有可能带动整个系统内部各要素的调整变化。一种新的语法形式产生有其必然性，一种语法形式的消失同样有其必然性。连动共宾结构作为一种语法形式在西汉兴盛后走向衰落，它所承担的语义句法功能必定会通过别的语法手段或词汇手段甚或语音手段得到补偿，虽然我们不能说是它先衰落然后才出现新的补偿手段或是出现取代它的语义句法功能的手段才导致它衰落（实际上应该是此消彼长的互动直到连动共宾结构消失）。需要特别说明的是，任何一种或多种替代旧形式的新形式，相互间的功能不可能是等价的，因为每一种形式的价值并不是由自身决定。

连动共宾结构东汉肯定已经开始衰落，而这时表义功能与连动共宾结构相近的形式至少有以下几种。这些形式并不是为了替代连动共宾结构而产生的，但它们的存在加速了连动共宾结构的衰落和性质变化，因为从表达意义的功能上说，它们在很大程度上能够替代或部分替代连动共宾结构。

第一，甲式：两个句子（分句），一个句子表述一个事件，两个事件有先后相承的关系。

连动共宾结构本是由两个意义相关的句子合并而成的。由两个句子（分句）表述两个相关的事件，这符合语言的临摹原则，而使用连动共宾结构把两个事件组织在一个句子中，这又是语言的抽象原则所允许的。但是，使用连动共宾结构并不一定就要淘汰两个句子（分句）表示两个相关事件的表达形式，所以连动共宾结构产生并大量使用的时候，用两个句子（分句）表示两个相关事件仍然是常见的。以最常见的连动共宾结构"V杀O""V破O"为例，即使在《史记》中，也有对应的分为两个句子（分句）的用例。如：

（3）a. 请以剑舞，因**击**沛公**于坐**，**杀**之。（《史记·项羽本纪》）
　　　b. **逐**（吕）**产**，杀之郎中府吏厕中。（《史记·吕太后本纪》）
　　　c. 桓公**召哀姜**，杀之。（《史记·齐太公世家》）

d. 楚惠王之徒与共**攻白公，杀之**。(《史记·楚世家》)

（4）a. 赵将乐乘、庆舍**攻秦信梁军，破之**。(《史记·赵世家》)

　　b. **攻东郡尉于城武，破之。击王离军，破之**。(《史记·绛侯周勃世家》)

　　c. 信又**攻鄢郢，破之**。(《史记·白起王翦列传》)

东汉以后，语义上相当于连动共宾结构的两个分句形式也没有消失。如：

（5）a. **杀龙，取之**。(《论衡·雷虚》)（比较：《史记·龟策列传》"**杀取其甲**"）

　　b. 绍亦立**收汉，杀之**。(《三国志·魏书·董二袁刘传》注引《英雄记》)

　　c. 大将军怒，使勇士以刀环**筑丰腰，杀之**。(《三国志·魏书·诸夏侯曹传》注引《魏氏春秋》)

第二，乙式：使用"两度陈述"标记"而"，用标记形式将两个相关的事件组织在一个句子中。

连词"而"虽然西汉开始衰落，但并没有很快消失，至少在书面语中如此，这是因为汉语语法系统中始终没有出现与其"两度陈述"标记功能相当（甚至部分相当）的成分（所以，"有标记式"的连动共宾结构虽然比"无标记式"衰落得早，但其持续使用的时间却比"无标记式"长）。在"无标记式"连动共宾结构盛行的西汉及以后，不仅存在着"V_1+而+V_2+O"的"有标记式"连动共宾结构，用"而"将两个"VO"结构连缀于一个句子中的句法形式也依然存在。如：

（6）a. 王因**诛夷射而杀之**。(《韩非子·内储说下》)

　　b. 灵公疾，崔杼**迎故太子光而立之**，是为庄公。(《史记·齐太公世家》)

　　c. 桓公之少子林怨厉公杀其父与兄，乃令蔡人**诱厉公而杀之**。(《史记·田敬仲完世家》)（比较：《左传·僖公二十四年》"瑕甥、郤芮不获公，乃如河上，秦伯**诱而杀之**"）

d. 今于陵之宅不见筑者为谁，粟不知树者为谁，何**得成室而居之**，**得成粟而食之**？（《论衡·刺孟》）

e. 王大将军执司马愍王，夜遣世将**载王于车而杀之**。（《世说新语·仇隙》）

（7）a. 有间，遣吏**执而问之**，则手绞其夫者也。（《韩非子·难三》）（比较：《韩非子·内储说下》"昭奚恤令吏**执贩茅者而问之**，果烧也"，《韩非子·外储说右上》"太公望至于营丘，使吏**执杀之**以为首诛"）

b. 亚父受玉斗，置之地，拔剑**撞而破之**。（《史记·项羽本纪》）

c. 见五谷可食，**取而食之**；见丝麻可衣，**取而衣之**。（《论衡·自然》）

d. 天怒，**击而杀之**。（《论衡·雷虚》）

e. 庾征西大举征胡，既成行，止镇襄阳。殷豫章与书，送一折角如意以调之。庾答书曰："得所致，虽是败物，犹欲**理而用之**。"（《世说新语·排调》）

以上例（6）用"而"连接两个"VO"结构，前后的两个"O"语义上所指为同一个；例（7）为"有标记式"连动共宾结构。"无标记式"连动共宾结构"V_1V_2O"是由"有标记式"连动共宾结构"V_1而V_2O"省略"而"形成的；"有标记式"连动共宾结构"V_1而V_2O"又是由"V_1O而V_2O"合并前后两个"O"形成的。

甲式、乙式两种结构形式都比"无标记式"连动共宾结构"V_1V_2O"出现得早，一直到东汉以后，它们还继续存在。

第三，丙式：由使令义动词构成的多动词复杂谓语句。

这是指"（NP_1）V_1（NP_2）使/令（NP_3）V_2"这样的句式，其表达语义的功能与上古汉语"V_1"和"V_2"之间含有因果关系的连动共宾结构非常相似，即施事（NP_1）实施及物动词V_1所表示的动作行为，导致受事（NP_2）实现某种状态（V_2）。这种句式在先秦传世文献及《史记》中都没

有，但出土的秦汉时期的文献中已有用例。如：[①]

> （8）先善以水洒，而**炙蛇膏令消**，傅。（马王堆汉墓帛书《五十二病方》）
>
> （9）**燔所穿地，令之干**，而置艾其中。（马王堆汉墓帛书《五十二病方》）
>
> （10）恐力不能……**养之使强**，哀盈使张。（银雀山汉墓竹简《六韬》）

正如魏培泉（2000）所指出的，这种句式是由复句（两个分句）压缩而成的，所以早期的用例多可在"使/令"之前断开。

中古时期，这种句式相当多见，据魏培泉（2000），在古注、佛经及《论衡》《抱朴子》《齐民要术》等文献中都有。如：

> （11）夫决水使之东西，犹**染丝令之青赤**也。（《论衡·本性》）
>
> （12）汝当以王法开辟四方之国，言有叛戾者皆**征之使服**。（《诗经·大雅·江汉》孔颖达疏）
>
> （13）**打尊者音头令破**，血流污面。（《中阿含经》）[比较：**击尊者音头破**，血流污面。（同书述同一件事）]
>
> （14）有草**拔令去**，勿使荒没。（《齐民要术·种槐柳楸梓梧柞》）
>
> （15）以水七升，**煮令米熟**，去滓，温服七合。（《金匮要略·呕吐哕下利病脉证治》）

这类句式中的V_2，有些是经常出现在上古连动共宾结构中"V_2"位置的，如"破、坏、去"等，但在连动共宾结构中，V_2后面必须出现宾语（受事），特别是像"破"这样的动词，即使单用，后面也必须出现受事宾语，否则就是用于"受动"，而在丙式中，其后是不出现受事宾语的。

丙式只与前后动词含有因果关系的连动共宾结构在语义上有对应关系，前后动词表示单纯时间先后顺序的连动共宾结构，没有相应的丙

[①] 以下例句据魏培泉（2000）引。

式。①从这一点讲，丙式的大量使用，对连动共宾结构的衰落不应该形成根本性的影响，但是，丙式中V₂的组合功能与连动共宾结构中的V₂不同，则表明过去用于连动共宾结构中V₂位置的那些结果自足动词，其及物性已经削弱，其结果状态义得到了凸显。因此，丙式对部分连动共宾结构发生语义句法的重新分析却是具有重大的影响。

第四，丁式："（S）V₁+O+V₂"句。

这种句式就是王力先生所说的使成式的隔开式，有人叫作"特殊兼语式"（董志翘，1986）、"新兼语式"（宋绍年，1994；梁银峰，2001）。这种句式原本也是由复句紧缩而成的（魏培泉，2000），学者举出的一些例句，其中有些仍然可以按复句（两个分句）来分析。但由于韵律或"声气句读"的原因，有些中古时期的例子，人们会倾向于看作一个复杂谓语句。如：②

（16）饧，洋也。**煮米消烂**洋洋然也。（《释名·释饮食》）

（17）求得金已，即便拔出，因拔出时，复生极苦，**拔金出**已，薄疮缠裹……（《中阿含经》）

（18）时龟小睡，不识恩者，欲以大石**打龟头煞**。（《杂宝藏经》卷三）

（19）于是天帝释即化作白鼠，**啮其腰带断**。（《法显传》）

（20）何等为二？一者**断绝诸善根尽**，二者……（《佛本行集经》）

（21）初儿骑虎而还，打捶过痛，虎**啮儿脚伤**。（《洞冥记》，据《太平广记》卷六）

（22）持缸取水，即**打缸破**。（《大庄严论经》）

---

① 我们在汉代的注释中见到了如下的例子："以保息六养万民。"（《周礼·地官·大司徒》）郑玄注："保息谓安之使蕃息也。""服不氏掌养猛兽而教扰之。"（《周礼·夏官·服不氏》）郑玄注："扰，驯也。教习使之驯服。""祝主人皆拜妥尸。"（《仪礼·少牢馈食礼》）郑玄注："拜妥尸，拜之使安坐也。"贾公彦义疏："按《尔雅》：'妥，安坐也。'"单独看"保息、教扰、拜妥"，前后两个动词之间并无必然的因果关系，但从郑注看，后一动词都具有"致使"义，都是前一个动词导致的结果。

② 以下部分例句据魏培泉（2000）、梁银峰（2001）、赵长才（2001）引。

（23）**吹欢（情人）罗裳开**，动侬含笑容。（乐府诗集《子夜四时歌·夏歌》）

（24）雄鸽不信，嗔恚而言："非汝独食，何由减少？"即便以**觜啄雌鸽杀**。（《百喻经·二鸽喻》）

（25）**拔火开**，痛逼火，回转急炙。（《齐民要术·炙法》）

（26）太子之手，执于剑已，一下**斫七多罗树断**……是时色界净居诸天，即便化作大猛威风，**吹彼树倒**。（《佛本行集经》）

宋绍年（1994）、魏培泉（2000）、梁银峰（2001）都认为上古汉语中即有丁式，如"止子路宿"（《论语·微子》）、"阙地及泉"（《左传·隐公元年》）、"又射之，死"（《左传·昭公二十一年》）、"被发及地"（《左传·成公十年》）、"宰夫胹熊蹯不熟"（《左传·宣公二年》）、"晋人鸩卫侯不死"（《国语·鲁语》）、"抟气至柔"（马王堆汉墓帛书《老子》）、"煎之沸"（马王堆汉墓帛书《五十二病方》）等。但这些例子都完全可以作另外的分析，与中古时期的隔开式性质上是不同的。"止子路宿"中的"止"本身含有"使令"意义，用于"兼语式"是很正常的，就如同"召子路来"这样的句子。其他例子，都可以在前后VP之间加"而"连接，或者在V₂前断句。而中古时期大量出现的所谓隔开式，其中许多"V₁+O+V₂"无论是在韵律还是语法结构方面，都是紧密连在一起的，如上举"拔金出已"，"已"是对整个"拔金出"的陈述，这一例绝对不能断句为"拔金，出已"，也不能说成"拔金而出已"。再如：

（27）**剥皮去**后，身肉赤裸。（《贤愚经》）

（28）卿恒怀怨望，乃云**炊饭已熟**，合甑与人邪？（《南齐书·萧谌传》）

前一例"剥皮去"作"后"的修饰限定语，后一例"炊饭已熟……"作"云"的宾语，同时"剥皮去后""炊饭已熟"都是由两个标准音步构成的四字句，所以必须作为一个整体对待。但不可否认，这种隔开式是由两个分句演变来的，魏培泉（2000）对此有很好的论证。我们想补充说明的是，丁式与连动共宾结构之间没有发生学的关系，连动共宾结构作谓语，其主语是$V_1 V_2$共同的，而在丁式的源头——复句那里，V_1和V_2的主语是不同的，V_2的主语正好是V_1的受事宾语。

为什么到了中古丁式能够得以流行？我们认为这是因为这个时期"致使"义句法格式衰落后，V_2失去了携带宾语的功能，受事宾语只受V_1的约束，因此有些原本可以是连动共宾结构中$V_1 V_2$共带的宾语（受事）需要前移；同时，那些后一分句的V为非及物性的状态动词的复句（SVO，V）可以紧缩成一个复杂谓语句，这样就导致了丁式的繁盛。[①]所以，丁式中大部分并不与连动共宾结构相对应，只有少数丁式可以见到对应的连动共宾结构。如：

（29）打龟头破——汉将栾布、平阳侯等兵至齐，**击破三国兵**。（《史记·齐悼惠王世家》）

（30）啮其腰带断——**啮断人鼻若耳若指若唇**，论各可（何）殴（也）。（《睡虎地秦墓竹简·法律答问》）

（31）啮儿脚伤——任敖素善高祖，怒，**击伤主吕后吏**。（《史记·张丞相列传》）

（32）啄雌鸽杀——世谓子胥伏剑，屈原自沉，子兰、宰嚭诬逸，吴、楚之君**冤杀之**也。（《论衡·偶会》）

（33）踏地坏（《十律颂》）——饶，燕士，果悍，即引斧**椎坏之**。（《汉书·匈奴传》）

（34）打汝前两齿折（《贤愚经》）——雷电**击折树木**（《论衡·龙虚》）

从上面的分析可以看出，丁式的V_1和V_2之间也具有因果关系，所以其表义功能与前后动词之间具有因果关系的连动共宾结构是相似的。但在丁式中，V_2的及物性已经消失，主要表示状态结果义，这说明上古时期经常用

---

① 另外，西汉就有一种"[$V_1 O$]+V_2"句式，这种句式的表层结构与隔开式相似，但各成分之间的深层语义关系与隔开式并不相同。如《史记》中的"（见释之）持议平""叩头且破""杀其骑且尽"，这些句式应该分析为前面的"$V_1 O$"作主语，后面的"V_2"作谓语（蒋绍愚，1999b）。但这种句式对隔开式的形成和流行也是有影响的。

在连动共宾结构中后一动词位置的结果自足动词的语义句法功能发生了变化，在句子中已经不是强制性的要求带受事宾语了。所以，丁式虽然不能说是取代连动共宾结构的重要形式，但对连动共宾结构发生语义句法的重新分析和丙式一样具有重大的影响。

第五，四种形式对连动共宾结构的影响。

以上所列四种与连动共宾结构表义功能相近的形式，甲、乙两种早已有之，并且与连动共宾结构有渊源关系，其中乙式中本来就包括"有标记式"连动共宾结构。甲、乙两式的存在，阻遏了"无标记式"连动共宾结构的无限发展，这本质上就是"临摹原则"与"抽象原则"或精确性与经济性互相制约的表现。"两度陈述"标记"而"到中古失去活力，证明上古汉语的两个事件可以组织在一个句子中的语法结构规则已经解体，这样，首先是单纯表示时间先后顺序的连动共宾结构不为转变了的语法系统所容许，同时，表示因果关系的连动共宾结构不得不发生句法语义的重新分析。语言事实证明，单纯表示时间先后顺序的连动共宾结构到中古已经趋于消失，而前后动词含有因果关系的"V_1V_2+NP"结构形式中古时期却还随处可见，但是，中古时期的"V_1V_2+NP"的语义句法关系已经发生了变化，大部分"V_2"与"NP"之间可能已经不再是动作行为与受事的语义结构关系，"NP"在语义上只是"V_1"的受事，"V_2"的语义主要表示"V_1"的结果，加上韵律的作用，"V_2"与"V_1"的结构关系变得非常紧密，从而实现了由连动共宾结构到动结式述补结构带宾语的重新分析。这种重新分析的发生与丙式、丁式的兴起又有极大的关系。丙式、丁式的使用一方面说明上古汉语的"致使"义句法格式到中古已经基本衰落，同时也说明上古汉语大部分结果自足动词在某些句法格式中其及物性已经弱化甚至消失，功能和语义上都相当于一个不及物动词，或者说结果自足动词的动作义弱化或消失，结果义得以凸显和加强。既然在丙式、丁式中V_2表示结果义且可以不带受事宾语（一般也不能带宾语），那么，那些"V_1V_2+NP"中的V_2同样可以分析为只表示结果义且不与其后的NP发生直接语义关系的成分，于是"V_1V_2"由"连动"变"动补"的重新分析就自然发生了。

三、结语

蒋绍愚（1999b）指出："有很多动结式'V_1+V_2'是由动词并列式'V_1+V_2'发展来的。"动结式的产生是汉语史上的一件大事，动结式与连动共宾结构具有渊源关系是学界公认的事实。但是，动结式究竟何时真正产生，至今学界意见不一。我们认为，既然最早的动结式来源于"V_1+V_2+O"这种连动共宾结构，那么，如果能够论证连动共宾结构衰落的时间，就有可能帮助我们确定动结式产生的时代。"V_1+V_2"由连动关系变成动补关系，是通过"A→B"这样的重新分析实现的，连动共宾结构的衰落从东汉开始，到六朝，除史书外，单纯表示时间先后顺序的连动共宾结构已经消失，连用动词之间具有因果关系的连动共宾结构的V_2已经基本固定为数量有限的结果自足动词，由此推测，动结式六朝时期已经产生，东汉时期可以看作萌芽或过渡时期。

连动共宾结构的衰落是汉语语法系统发生结构性演变的重大问题，汉语从此由允许一个句子中有两个陈述中心到只允许有一个陈述中心。连动共宾结构是有两个陈述中心的结构，而动结式是只有一个陈述中心的结构。需要再次强调的是，语言演变中的任何一个现象都不是孤立的单一事件，连动共宾结构的衰落自然与语法系统中的多种因素有关。在历史语法研究中，只有理清楚多种语法现象之间的关系，才可能理清楚某一种语法现象的演变轨迹。多种语法现象之间的关系不能简单地断定为此因彼果的因果关系，而应该看作此消彼长、此长彼消的互动关系。

第三节 连动共宾结构与动结式的关系[①]

前文多次提到连动共宾结构与动结式述补结构的关系，这也是近年来汉语语法史学界讨论得很多的一个问题。连动共宾结构与动结式述补结构具有发展演变关系，这是大家公认的，梅祖麟（1991）、蒋绍愚

---

① 本节的主要内容曾以《语义特征分析在语法史研究中的作用——"V_1+V_2+O"向"V+C+O"演变再探讨》为题在第二届中青年语言学者论坛（浙江大学，2004年5月）上宣读，后发表于《北京大学学报（哲学社会科学版）》2005年第2期。

（1999b）、魏培泉（2000）、刘承慧（2002）等人都作过很好的研究。但是，"连动"是如何演变为"动结"的，哪些"连动"能够演变为"动结"，是什么原因促使"连动"演变为"动结"，如何判断"连动"已经演变为"动结"，很多问题，都还值得继续讨论。本节拟运用语义特征分析法，对上述问题进行探讨。

"语义特征"本是语义学中的概念，指某个词意义构成的特点。20世纪七八十年代，语法学家通过语义特征分析来研究现代汉语语法现象，取得了可喜的成绩（陆俭明，1991）。"所谓语义特征分析，是指通过分析某句法格式的各个实例中处于关键位置上的实词所具有的共同的语义特征，来解释、说明代表这些实例的句法格式之所以独具特色、之所以能与其他同形句法格式相区别、之所以只允许这一部分词语进入而不允许那一部分词语进入的原因"（陆俭明，2003：121）。语义特征分析在汉语语法史研究中是否也能起到重要作用？我们认为，研究一种没有形态变化的语言的历史演变，[①]语义特征分析的作用是不言而喻的，以往的研究实际上已经自觉不自觉地运用了这种方法。需要特别强调的是，语义特征分析必须与功能特征分析相结合，即语义特征的分析必须经得起功能特征分析的验证，而功能特征的分析必须有语义特征分析的依据。

在第一节中，我们对上古汉语的连动共宾结构从不同的角度作了分类，与动结式有直接关系的只是V_1、V_2紧连且共带一个受事宾语的一类。动结式指"时彼大臣，救活一人"（《贤愚经》）、"斫破寡人六十万军营"（敦煌变文《汉将王陵变》）这种动词带结果补语和受事宾语的结构。

关于动结式的来源和形成时代，已经发表了大量的研究成果，而且在动结式主要来源于连动结构这一点上，学术界已基本上达成了共识。对动结式形成的时代还有不同看法，我们同意蒋绍愚（1999b）和吴福祥（1999）的意见，认为动结式形成于东汉六朝时期。至于连动结构（"V_1+V_2+O"）为什么会演变为动结式（"V+C+O"），学者们也作了多方探讨，本文将在已有研究的基础上，着重通过语义特征的分析来说明演变的原因以及证明东汉六朝时期已经发生了"V_1+V_2+O"向"V+C+O"的演变。

[①] 有些学者认为上古汉语是有形态变化的，但至今在学界尚未形成共识。

一、连动共宾结构中动词的语义特征与动结式

如前文所述,连动共宾结构中的动词都是自主动词,即具有[+自主]语义特征,它们表示的都是由具有自控能力的有生命体(主要是人或国家、军队)发出的动作行为,即具有[+可控]语义特征。在上古汉语中,非自主、不可控动词不能进入连动共宾结构。如"(苏秦)见说赵王于华屋之下"(《战国策·秦策一》)、"齐因孤国之乱,而袭破燕"(《战国策·燕策一》)中,"见""说"都是"苏秦"自主、可控的动作行为,"袭""破"都是"齐"自主、可控的动作行为。

连动共宾结构中的两个动词V_1、V_2(西汉开始还有三个动词、四个动词共带一个受事宾语的)的先后位置遵循时间顺序原则,两个动词在语义上是连贯关系。这种连贯关系从语义上还可以细分为两类:一类是单纯的时间先后顺序,即后一个动词表示的事件是接着前一个动词表示的事件实现的,如"见说赵王"是先"见赵王",然后"说赵王";一类是含有因果关系的时间先后顺序,即前一个动词表示的事件的实现,导致了后一个动词表示的事件的实现,前者是因,后者是果,如"袭破燕"是先"袭燕",后"破燕",同时"破燕"也是"袭燕"导致的结果。不少学者提到,上古汉语的连动结构后来发展演变成了动补结构(动结式),其实不能笼统地这样说,我们通过对语言材料的分析发现,上古汉语的连动共宾结构并不是都能向动结式演变的。第一,只有在语义上含有因果关系的"$V_1 V_2$"才有可能发展成动结式,单纯表示时间先后顺序的动词连用不可能、事实上也没有发展为动补结构。下面是《史记》中的"V_1+V_2+O"用例,这些"V_1+V_2+O"后来并没有向"V+C+O"演变。

(1)**捕斩**吕禄(《史记·吕太后本纪》);**弑代**之(《史记·晋世家》);田忌**信然**之(《史记·孙子吴起列传》);**养食**之(《史记·老子韩非列传》);吴王**信用**嚭之计(《史记·伍子胥列传》);**袭攻**出公(《史记·仲尼弟子列传》);大王**收率**天下(《史记·张仪列传》);**见谢**王翦(《史记·白起王翦列传》);其母窃**举生**之(《史记·孟尝君列传》);复**召求**之(《史记·范雎蔡泽列传》);

大王**信行**臣之言（《史记·范雎蔡泽列传》）；请**指示**王（《史记·廉颇蔺相如列传》）；**图议**国事（《史记·屈原贾生列传》）；光既得专诸，**善客待**之（《史记·刺客列传》）；**执问**涂厕之刑人（《史记·刺客列传》）；秦王必**说见**臣（《史记·刺客列传》）；**追击**燕王（《史记·刺客列传》）；厚**遗结**之（《史记·李斯列传》）；**破逐**广等兵（《史记·李斯列传》）；始皇甚**尊宠**蒙氏，**信任**贤之（《史记·蒙恬列传》）；张耳数使人**召前**陈余（《史记·张耳陈余列传》）；**推予**张耳（《史记·张耳陈余列传》）；韩信**击虏**（魏）豹（《史记·魏豹彭越列传》）；**击坑**章邯秦卒二十余万人（《史记·黥布列传》）；**诮让召**（黥）布（《史记·黥布列传》）；**迁逐**义帝（《史记·淮阴侯列传》）；**归逐**其主（《史记·淮阴侯列传》）；**降平**齐（《史记·淮阴侯列传》）；**袭夺**齐王军（《史记·淮阴侯列传》）；**击取**楚（《史记·淮阴侯列传》）；樊哙**击斩**豨（《史记·韩信卢绾列传》）；章邯**追围**之（《史记·田儋列传》）；**击逐**齐王假（《史记·田儋列传》）；**距击**田都（《史记·田儋列传》）；**烧夷**齐城郭（《史记·田儋列传》）；**掘烧**王先人冢（《史记·郦生陆贾列传》）；**迁杀**义帝（《史记·郦生陆贾列传》）；**击绝**楚饷道（《史记·傅靳蒯成列传》）；**围守**盎军中（《史记·袁盎晁错列传》）；**修起**礼乐（《史记·儒林列传》）；等等。

第二，即便"$V_1 V_2$"之间含有因果关系，后来也不一定演变为动结式，因为"$V_1 V_2$"是否演变为动结式还与连用的动词的语义句法特征有关，与两个动词是否可以"复合"在一起表示"动结"意义有关。如《史记》中有：

（2）**谗亡**太子建（《史记·楚世家》）；辛**破得**丹（《史记·白起王翦列传》）；**说下**齐（《史记·淮阴侯列传》）；**击降**殷王（《史记·樊郦滕灌列传》）

例（2）中"V₁ V₂"之间具有因果关系，"逯太子建"导致了"亡太子建"的结果，"破丹"导致了"得丹"的结果，"说（shuì）齐"导致了"下齐"的结果，"击殷王"导致了"降殷王"的结果，但它们后来没有演变为动结式，这是因为虽然在具体的句子中"V₁ V₂"有因果关系，但通常"V₁"不一定能导致"V₂"这种结果。有的"V₁"表示的动作行为或事件能导致什么结果是很难预测的，甚至没有优选的结果项，如"逯""说"，有的"V₁"表示的动作行为或事件虽然可以预测其可能的结果或者有优选的结果项，但其后的"V₂"不是优选项甚至超出了可预测的范围，这样的"V₁ V₂"也不会演变为动结式，如"破得""击降"，"破"表示的是击垮、摧毁，很难与"获得"这种结果联系在一起；"击"的结果是使对象遭到伤害或损失，而"降（投降）"则不是"击"的可预测的结果。所以说"V₁ V₂"能否演变为动结式，与"V₁"的语义特征有关系，也与"V₁"和"V₂"之间是否可以固化为动作和结果的关系有关。只有当V₂能表示V₁的必然结果或可预测的结果，V₁ V₂才可能固化为动作和结果的关系，最后演变为动结式。

前后动词语义上具有因果关系的"V₁+ V₂+O"中的一部分在中古时期逐渐演变成了"V+C+O"，这种演变与"V₂"的语义特征有很大的关系：这些"V₂"除了具有［+自主］［+可控］语义特征外，还具有［+终结］语义特征。［+终结］语义特征的表现是，动词表示的动作行为实施后，相关的事物就发生了变化并且处于一种既成状态，这种状态伴随动作的终结而产生。如"昔者齐南破荆"（《战国策·秦策一》）中的"破"，施事"齐"发出"破"这一动作，受事"荆"就进入"破"的既成状态。这种既表示动作又表示动作结果的动词，就是我们前边所讲的结果自足动词。这些"V₂"在上古汉语中还具有［+外向］语义特征，即它所表示的动作行为一定施及某个受事对象。如"齐破荆"，"破"是"齐"发出的动作行为，这一动作行为施及受事对象"荆"。

综上所述，后来演变为结果补语的"V₂"，都具有［+自主］［+可控］［+终结］［+外向］语义特征。这种语义特征映现到句法上，就是这类动词都能出现在以下三种句法位置：

"NP1__NP2"："齐破燕"（《战国策·赵策三》）

"NP__":"宋破"(《战国策·秦策一》)

"NP1+V__NP2":"齐因孤国之乱,而袭破燕。"(《战国策·燕策一》)

上古常见的结果自足动词有"杀、得、破、败、伤、去、灭、折、坏、断、绝"等,[①]它们都经常出现在"V_1+V_2+O"格式中V_2的位置上。中古汉语的"V_1V_2O"中最常充当"V_2"的动词,据魏培泉(2000)主要有"破、坏、折、伤、裂、没、落、倒、毁、起"等以及"去、走",魏文列举了大量的实例,此不赘。这实际上说明,中古时期的"V_1V_2O"的结构形式,其"V_2"已经基本上固定在少数一些上古汉语的结果自足动词范围内,再加上少量中古新兴为常用词的结果自足动词如"没、落、倒"等。我们认为,上古汉语的"V_1+V_2+O"句法格式到中古时期已经发生了重新分析,V_1V_2已经由连动关系重新分析为动补关系(动结式),理由是V_2位置已经固定为少数上古汉语的结果自足动词,而在这种句法结构中这些动词的语义句法特征都发生了变化,不再具有综合性,语义上不再具有[+自主][+可控][+外向]特征,功能上失去了带受事宾语的能力(详下文)。

可以简单地这样说:真正演变为结果补语的是"V_1V_2O"中那些属于结果自足动词的"V_2",所以笼统地说连动共宾结构中的"V_1V_2"后来演变成了动结式是不准确的。

二、连动关系为什么会变成动补关系

为什么在"V_1V_2O"中"V_2"为结果自足动词时"V_1V_2"会由连动关系演变成动补关系?这当然与语法系统中的多种因素有关,而这种演变之所以发生,我们认为主要是由充当"V_2"的结果自足动词的语义特征和句法特征决定的。前文分析了结果自足动词的语义特征,这种语义特征有相

[①] 结果自足动词根据[+终结]语义特征、[+外向]语义特征的强弱还可以再作分类:一类[+终结]语义特征弱、[+外向]语义特征强,如"杀、得";一类[+终结]语义特征强、[+外向]语义特征弱,如"坏、折、断、绝";一类介乎二者之间,如"破、败、伤、去、灭"。不同小类在三种句法位置的分布概率有差异,与相关论元的语义关系也稍有不同,如"大室之屋坏"(《左传·文公十三年》),就很难说"大室之屋"是受事。

对应的句法表现：与［+自主］［+可控］语义特征对应的功能特征是可以在施事主语句中充当谓语；与［+外向］语义特征对应的功能特征是可以带受事宾语。这三项语义特征对应的功能特征可以概括为及物性功能。与［+终结］语义特征对应的功能特征是可以不带宾语单独作谓语陈述主语（通常为动作行为的受事）所处的状态，这项功能特征可以叫作"描述"功能。随着上古汉语的综合性动词到中古逐渐向分析性句法结构演变，结果自足动词的语义句法功能也在发生变异：进入具体的句法格式中，它或者保留和凸显其及物性功能和动作行为义，其描述功能和结果状态义被抑制甚至丧失，这时其语义句法功能就可能同于一般的及物动词；或者保留和凸显其描述功能和结果状态义，其及物性功能和动作行为义被抑制甚至丧失，这时其语义句法功能就可能同于一般的不及物动词。总之，它不能再同时既表示动作行为，又表示动作行为的结果，既具有及物性功能，又具有描述功能。有些结果自足动词多出现在只保留和凸显其描述功能和结果状态义的句法格式中，以致后来最终演变为一个比较典型的不及物动词，如"坏、断、伤、怒、绝、裂、碎"等，有的则多出现在只保留和凸显其及物性功能和动作行为义的句法格式中，后来也就基本上成了一个及物动词，如"杀、得"（详下文），有的结果自足动词则两种情况都有，如"破、败、灭"等。①

---

① 也许上古的有些结果自足动词到中古分化成了两个词项，一个是及物动词，一个是不及物动词，如同现代汉语中的"破、败、灭"等词。据《现代汉语词典》（第7版），"破"有"❶完整的东西受到损伤变得不完整：手~了｜纸戳~了｜袜子破了一个洞。❷使损坏；使分裂；劈开：~釜沉舟｜势如~竹｜~开西瓜"等义项，其中❶就是不及物动词，❷是及物动词。"败"有"❶在战争或竞赛中失败（跟'胜'相对）：战~国｜立于不~之地｜甲队以二比三~于乙队。❷使失败；打败（敌人或对手）：大~侵略军"等义项，其中❶是不及物动词，❷是及物动词。"灭"有"❶熄灭（跟'着（zháo）'相对）：火~了｜灯~了。❷使熄灭：~灯｜~火"等义项，❶是不及物动词，❷是及物动词。现代汉语在词汇层面处理"破、败、灭"语义句法上的两种对立现象，中古汉语也应该存在这种对立，当然也就可以在词汇层面来处理这种对立（中古的"四声别义"或"清浊别义"，其中有些可能就是通过词汇手段来区分结果自足动词在语义句法上的两种对立现象）。但是，从历时演变来看，就在句法层面来处理这些词的不同的功能和意义也是可以的，因为它们的两种语义句法特征在句法分布上是互补的。

为什么结果自足动词会发生这种演变？这与语言系统内部的调整有关。上古汉语从某种程度上讲具有综合性特点，结果自足动词就属于综合性动词的一类。作为综合性动词，它们是一个词汇单位同时表示两种意义：动作行为和动作行为的结果。也就是说，在上古汉语中，要表示包含动作行为及其结果的事件，可以只用一个词汇单位就能实现。一个词汇单位表示两种意义，这违背了语言的"象似性"（iconicity）原则，用分析性的动结式表示原来一个结果自足动词表示的意义，这就增加了语言的"象似性"，所以这种变异是有其必然性的。但这种必然性一定要有某种条件来触发，连动共宾结构到中古因为具有"两度陈述"标记功能的连词"而"的衰亡而逐渐失去生命力，[①] 以及与上古连动共宾结构具有部分相同表义功能的"使/令（O）V""V_1（O）使/令（O）V_2"句式的兴盛正好构成了这种条件。以"破"为例，如：

（3）齐**破**燕，赵欲存之。（《战国策·赵策三》）

（4）燕**攻**齐，齐**破**。（《战国策·齐策六》）

（5）信又**攻**鄢郢，**破**之。（《史记·白起鄢列传》）

（6）（项羽）使黥布等**攻破**函谷关。（《史记·高祖本纪》）

（比较：《史记·项羽本纪》"亚父受玉斗，置之地，拔剑**撞而破**之"）

例（3）中"齐"一定实施了某种动作行为才会导致"燕""破"的结果，但到底实施了什么动作行为，句子中没有表现出来。例（4）中"燕"实施了"攻"的动作行为，导致"齐破"的结果，动作行为和结果在句子中都有相应的形式表现；但是，并不是"燕"一实施"攻"的动作行为，"齐"就会呈现"破"的状态，"破"在表结果的同时，还表示了某种含过程意义的动作行为，所以这里的"破"仍然是一个结果自足动

---

① 上古汉语连动共宾结构的V_1V_2之间也不一定要用"而"，但那只是"而"被删减，V_1V_2表示两个相关陈述的性质没有发生变化，因为"而"的大量使用标志着上古汉语存在将两个陈述组织放在一个句子里的语法规则。进入东汉，由于"而"经常被删减导致"而"衰落，从而使得两个陈述组织在一个句子里的语法规则逐渐解除，这样，V_1V_2容易被重新分析为表示一个陈述的句法单位，并进一步演变成动结式，详见第六章。

词。例（5）、例（6）也同样动作行为和结果在句子中都有相应的表现形式，但"破"在表示结果的同时，其及物性功能并没有丧失，所以其后都要带受事宾语，既然后面带受事宾语，它的外向性的动作行为义就没有失去，所以即使在例（4）中，它仍然是一个主要的动词，而不是前一动词"攻"的补语。但是，由于"破"前出现了表示动作行为的动词，而该动词表示的动作行为又能导致"破"的结果，并且该动词的施及对象也就是"破"后的宾语，那么"破"的及物性功能和动作行为义就容易受到抑制；同时，由于"攻"和"破"之间没有连词"而"隔开，"攻""破"之间的边界容易消除，这样"破"就可能演变成结果补语。如下面这些例句中，处于V_2位置的"破、坏、裂、倒、没、落"，就很难说还具有及物性功能和外向性的动作行为义，语义上，它们既不是表示施事者自主、可控的动作行为，也不是表示外向的、对受事施加影响的动作行为，功能上，它们已经失去了带受事宾语的能力，这可以从"NP V_1O"成立，"NP V_2O"不能成立得到证明。[①]

（7）悉令彻泽，正月地释，驱羊**踏破**地皮。（《齐民要术·种葵》）

（8）譬如健夫**打破**恶狗鼻，于汝等意云何？（《大庄严论经》）

（9）相率上剑，树枝下垂，**刺坏**身体，毒痛难计。（《出曜经》）

（10）（师妇）候师垂至，**挽裂**衣裳。（《贤愚经》）

（11）"……我不能缘树。我今宁可**斫倒**此树耶？"即便**斫倒**。（《中阿含经》）

（12）蜀贼以桔槔**打没**侃二十余艘，人皆没水。（《晋中兴书》）

（13）石牛在青石砾上，忽鸣唤，声闻四十里。虎遣人**打落**两耳及尾。（《宋书·五行志四》）

（14）以梨**打破**头喻（《百喻经》）（比较：《百喻经》"见我头上无有发毛，谓为是石，以梨**打**我头**破**乃尔！"）

---

① 下举例（7）—例（14）据魏培泉（2000）引。

以上各例中的"破、坏、裂、倒、没、落"虽然在中古有时候也能单独作谓语动词并带宾语，但在这里它们语义上显然不与施事主语、受事宾语发生联系，"羊破地皮""健夫破恶狗鼻""树枝坏身体""师妇裂衣裳""我倒此树""蜀贼以桔槔没侃二十余艘""虎遭人落两耳及尾"都是不能成立的。例（14）通过两个相关的句子比较，更能看出"破"只是表示动作行为"打"实施后"头"呈现的状态。这说明，这些动词由于语义特征发生了变化，已经由连动结构中的后一动词演变成了结果补语。

有一个问题我们必须回答：在连动共宾结构中用于后一动词频率最高的"杀"（《史记》中"V杀O"多达130多例）为什么中古及其以后很少用作结果补语，也没有真正变为不及物动词？梅祖麟（1991）认为"杀"从上古到中古经历了由他动到自动的变化，对此，魏培泉（2000）曾提出异议。实际上，根据"V杀"和"V死"的对比来证明"杀"由他动变自动是缺乏说服力的。"杀"也是结果自足动词（见第三章），又经常用在连动共宾结构中后一动词的位置，当然可以像"破"等一样演变为结果补语，所以有些中古的用例，"杀"是可以被看作结果补语的，如"时人谓'看杀卫玠'"（《世说新语·容止》）、"笑杀秦罗敷"（沈约《少年新婚为之咏》）。但无论是在中古还是近代汉语以至现代汉语，"杀"都是主要用作及物动词。这是因为，"杀"更多的是出现在适宜于保留和凸显其及物性功能和动作行为义、抑制其描述功能和结果状态义的句法格式中。之所以会如此，是因为汉语中还有另一个具有描述功能和结果状态义的常用词"死"。

梅祖麟（1991）根据太田辰夫（1958/1987）和志村良治（1974/1993）提出："从先秦到唐代，汉语有个'自动词化'的趋势。"我们认为这种表述不是很清晰准确。首先，不是先秦的他动词都有向自动词演变的趋势。其次，就是结果自足动词，也并不是都"化"成了自动词。再次，为什么会"自动词化"？哪些动词"自动词化"了？我们认为，上古汉语强制性要求带受事宾语而不带受事宾语就一定用为"受动"的动词，都是结果自足动词,[1]到中古,它们有时候可以不带受事宾语或者不大能带受事宾语,这只是其语义句法功能的变化。这些动词在上古有这样的综合性特征:语义[a+动作行为;b+结果状态];功能[a+及物性;b+描述性]。到中古,由综合性向分析性发展,在不同句子中,或保留、凸显a特征,与一般及物动词相似,或保留、凸显b特征,与一般不及物动词相似。如中古的"破",在"NP1破NP2"结构形式中保留、凸显的是a特征,在"V1破"不带宾语、"VO破"、"S使破"、"V(O)使(O)破"等结构形式中保留、凸显的是b特征,而在"V1破O"结构形式中,因为可以找到对应的"V1破"不带宾语、"VO破"、"V(O)使(O)破"形式,所以我们认为保留、凸显的也是b特征,因此可以分析为结果补语。再如魏培泉(2000)曾分析了如下例句:"梵志怖惧,咒水灭之,尽其神力,不能使灭,怪而舍走。"(《法句譬喻经》)上古汉语的"灭之"一定是一个动作加一种结果,"灭"表示综合的意义,但在这里,从下文"不能使灭"看,"灭之"的"灭"就只是单纯表示动作行为,不含结果义了,保留、凸显的是a特征,与一般及物动词相似;而"使灭"中的"灭"就主要是表示结果义,保留、凸显的是b特征,与一般不及物动词相似。又如:"又正定甲乙之日……及制度、衣服各有等差,当正之使正。"(《礼记·王制》"命典礼考时、月,定日,同律、礼、乐、制度、衣服,正之"孔颖达疏)这虽是唐代的注疏,但"正之使正"说明上古一个"正(之)"表示的综合性意义到这个时候需要用分析性的句法结构来表示:"正之"表示动作行为,"正"只具备上古综合性动词"正"的a特征,"使正"表示动作行为的结果,"正"只具备上古综合性动词"正"的b特征。

---

[1] 在特定语境中用作受动的动词除外,如:"今王**逐**婴子,婴子**逐**,盼子必用矣。"(《史记·楚世家》)"举兵南伐,**并**乌孙之势也。乌孙**并**,则匈奴危盛,而西域危矣。"(《汉书·蒯伍江息夫传》)"婴子逐"是紧承上句"逐婴子"说的,"乌孙并"是紧承上句"并乌孙"说的。"蜚鸟尽,良弓**藏**;狡兔死,走狗**烹**"(《史记·越王句践世家》)、"屈原**放逐**,乃赋《离骚》;左丘失明,厥有《国语》;孙子**膑脚**,《兵法》修列;不韦**迁蜀**,世传《吕览》;韩非囚秦,《说难》《孤愤》"(《报任安书》)都是对偶句或排比句。

由此我们认为，"破"等一批经常出现在连动共宾结构中"V_2"位置的动词从上古到中古不是一个简单的由他动而自动词化的问题，而是综合性动词向分析性句法结构发展的过程中其语义句法特征演变带来其语义句法功能分化的问题。其中，有些后来主要用作他动，如"杀、得"等，有些后来主要用作自动，如"坏、折、断、绝"等，有些则在不同的句法格式中或用作他动，或用作自动，如"破、败、伤、去、灭"等。事实上，即使到现代汉语，"破、败、灭"等仍然有自动、他动两种功能和意义。对于中古时期的"破"等这批动词，我们可以采用两种方式来处理：一是将到中古已经发生分析性演变的结果自足动词处理为两个不同的词项（有些可能真的存在着语音区别）；一是将其处理为一个词项，在句法层面通过分析其分布上的互补来作出解释。我们倾向于采用后一种方式。

三、如何证明"V_1V_2"的语义句法关系发生了变化

要证明"V_1V_2"由连动变成了动补，确实是一件很困难的事，学术界为此作出了很大的努力，在公开发表的论著中，论证最充分的当属梅祖麟（1991）、蒋绍愚（1999b）、魏培泉（2000）。大家比较一致的看法是，当后一个动词不再具有及物性（也不再有使动用法），不再对其后的"NP"具有选择限制的能力时，它就变成了结果补语。但如何证明它不再具有及物性（也不再有使动用法），不再对其后的"NP"具有选择限制的能力？已有的研究在论述影响连动变动补的各种因素时实际上已经部分回答了这个问题。这里我们只是综合已有成果，从三个方面证明上古连动共宾结构中的"V_1V_2"到中古时期已由连动关系变成了动补关系。

（一）一些上古汉语充当"V_2"时其后一定要带受事宾语的动词，在中古文献中充当"V_2"不带宾语或可以不带宾语，如《世说新语》中的"啮破""打折""摆折""截断"，《贤愚经》中的"啄坏""灭尽""挽出""推却"，《百喻经》中的"洗净""烧烂"（蒋绍愚，1999b）。既然其后不带宾语，就说明其及物性功能和动作行为义已经丧失而在句法结构中仅仅表示前一个动词的结果。

（二）有些"V_2"有对应的"使/令（O）V""V_1（O）使/令（O）

V_2"的用法。如：①

> （15）是故小师强怒喜狂说，反令使天地道**伤**。（《太平经·国不可胜数诀》）
> （16）我此头上，有此宝珠，不能使**去**，今者乞食，为人蚩笑。（《撰集百缘经》）
> （17）欲令塔大，无多宝物，那得使**成**。（《贤愚经》）
> （18）无菅、茅，稻秆亦得。用厚泥封，勿令**裂**；裂复上泥。（《齐民要术·作豚奥糟苞》）
> （19）取彼罪人，嚼之令**破**。（《正法念处经》）
> （20）死人未坏，不应打令**坏**。（《四分律》）

上面两种格式，"使/令（O）V"中的"V"和"V_1（O）使/令（O）V_2"中的"V_2"都不能带受事宾语，说明这些动词的及物性功能已经消失；它们前面有"使/令"或者还有别的动作行为动词，说明它们的动作行为义被抑制，在句子中主要表示结果状态义。

（三）有些"V_2"有对应的"（S）V_1O V_2"的用法，即有些用于连动共宾结构中"V_2"位置的结果自足动词，可以出现在所谓隔开式的"V_2"的位置。很多学者都已经证明，这种格式中的"V_2"只能被看作不及物动词。我们认为，这其实是这些动词语义特征发生了变化——[+自主][+可控][+外向]特征消失，只保留了[+终结]语义特征；相应地其功能特征也发生了变化——及物性功能消失，只保留了描述功能。如：

> （21）诸比丘行出入时，脚踏地**坏**。（《十律诵》）（比较：《出曜经》"相率上剑，树枝下垂，刺**坏**身体，毒痛难计"）
> （22）即便化作大猛威风，吹彼树**倒**。（《佛本行集经》）（比较：《中阿含经》"'我不能缘树。我今宁可斫**倒**此树耶？'即便斫**倒**"）

---

① 例句引自魏培泉（2000）。

（23）炊为再馏，摊令冷。细擘曲**破**，勿令有块子。（《齐民要术·作酢法》）（比较：《齐民要术·作酢法》"于盆中和之；擘**破**饭块，以曲拌之，必令均调"）

（24）太子之手，执于剑已，一下斫七多罗树**断**。（《佛本行集经》）（比较：《世说新语·术解》"祜恶其言，遂掘**断**墓后，以坏其势"）

（25）今当打汝前两齿**折**。（《贤愚经》）（比较：《贤愚经》"此王家马，汝何以辄打其脚**折**"）

对比相应的句子至少可以说明，"坏、倒、破、断、折"等到中古已经不再强制性地要求带受事宾语了，其及物性功能在这种句式中已经丧失或大为减弱；在"$V_1 O V_2$"格式中，"O"只受"V_1"的支配和约束，处于"V_2"位置的"坏"等对"V_1"的受事宾语不再具有选择限制的能力，那么，在相应的"$V_1 V_2 O$"格式中，受事宾语在语义上可能也只受"V_1"的支配和约束，据此则可以将这些"V_2"分析为结果补语。

四、结语

任何一个语法成分的演变，都有其内因和外因，内因是决定性因素，外因是触发演变的因素。上古汉语一部分连动共宾结构中的"$V_1 V_2$"由连动关系到中古演变为动补关系，其内因就是V_2在上古是结果自足动词，具有综合性语义特征。随着其综合性语义特征发生变化，其句法功能也会相应地发生变化，而句法功能的变化，又进一步促使语义发生变化。这种变化的外因如前所述，连词"而"的衰亡使得上古的连动共宾结构逐渐失去生命力，"使/令（O）V""V_1（O）使/令（O）V_2"句式的兴盛又使得V_2经常出现在凸显其［+终结］语义特征和描述功能特征，抑制其［+自主］［+可控］［+外向］这些表动作行为的语义特征和及物性功能特征的句法位置上，于是表层结构形式相同的"$V_1 V_2 O$"从上古到中古就发生了内部的语义句法关系的演变。

现代汉语语法研究运用语义特征分析法，"为的是做两件事：一件事，用以解释造成同形多义句法格式的原因；另一件事，用以说明在某个句法格式中，为什么同是动词，或同是形容词，或同是名词，而有的能进入，有的不能进入"（陆俭明，2003：106）。本文运用语义特征分析法与此有所不同：我们是通过考察同一个语法成分在不同时代其语义特征的不同，来证明其功能发生了变化。[①]需要再次强调的是，我们并不认为一个语法成分的功能的变化是语义特征变化引起的，也不肯定说语义特征的变化是功能特征变化引起的，而认为二者之间是一种互动关系。

汉语史上的很多语法演变现象都可以通过语义特征分析加以解释和证明，比如一个动词演变为介词，功能变了，其语义特征也一定不一样了，如果能证明其语义特征发生了变化，就可以帮助证明由动词向介词的演变已经实现（马贝加，2003）。又如"给"由表给予到表被动、"教"由表使役到表被动，固然是多种因素引发的（蒋绍愚，2002），但"给""教"的功能演变也一定伴随着语义特征的变化，通过对动词"给""教"的语义特征分析，可以说明它们为什么会演变为表被动的标记，通过分析其语义特征的变化，可以证明它们功能的变化。有些语法成分的演变，可能是由与之在句法结构中共现的别的成分的语义特征不同引起的，如表能力义的动词演变为能愿动词（或情态动词），关键原因是其后的谓词性成分的语义特征不同：其后谓词性成分如果是具有［+自主］［+可控］［+动态］语义特征的动词，则表能力义；如果是具有［-自主］［-可控］［+状态］语义特征的动词，则会变成能愿动词（或情态动词）（柯理思，2003）。这些都说明，语义特征分析对于研究汉语语法史是能够发挥很大作用的。

参考文献

曹广顺（1999）试论汉语动态助词的形成过程，《汉语史研究集刊》第二辑，巴蜀书社。

陈承泽（1982）《国文法草创》，商务印书馆。

---

① 严格地说，既然语义特征和功能都发生了变化，就不能看作同一个语法成分了，但因为二者有源流关系，且用相同的汉字记录（语音也发生了变化，有些词还发生了音变以区分不同的意义和功能），所以姑且称之为"同一个语法成分"。

戴浩一（1988）时间顺序和汉语的语序，黄河译，《国外语言学》第1期。
董志翘（1986）中世汉语中的三类特殊句式，《中国语文》第6期。
冯胜利（2002）汉语动补结构来源的句法分析，《语言学论丛》第二十六辑，商务印书馆。
郭　锐（1993）汉语动词的过程结构，《中国语文》第6期。
郭　锐（1997）过程和非过程——汉语谓词性成分的两种外在时间类型，《中国语文》第3期。
蒋绍愚（1999a）抽象原则和临摹原则在汉语语法史中的体现，《古汉语研究》第4期。
蒋绍愚（1999b）汉语动结式产生的时代，《国学研究》第六卷，北京大学出版社。
蒋绍愚（2002）"给"字句、"教"字句表被动的来源——兼谈语法化、类推和功能扩展，《语言学论丛》第二十六辑，商务印书馆。
柯理思（2003）试论谓词的语义特征和语法化的关系，载吴福祥、洪波主编《语法化与语法研究》（一），商务印书馆。
梁银峰（2001）先秦汉语的新兼语式——兼论结果补语的起源，《中国语文》第4期。
刘承慧（2002）《汉语动补结构历史发展》，翰芦图书出版有限公司。
陆俭明（1991）语义特征分析在汉语语法研究中的运用，《汉语学习》第1期。
陆俭明（2003）《现代汉语语法研究教程》，北京大学出版社。
马贝加（2003）在汉语历时分析中如何区分动词和介词，《中国语文》第1期。
梅　广（2003）迎接一个考证学和语言学结合的汉语语法史研究新局面，载何大安主编《古今通塞：汉语的历史与发展》，"中研院"语言学研究所筹备处。
梅祖麟（1991）从汉代的"动、杀""动、死"来看动补结构的发展——兼论中古时期起词的施受关系的中立化，《语言学论丛》第十六辑，商务印书馆。
宋绍年（1994）汉语结果补语式的起源再探讨，《古汉语研究》第2期。

太田辰夫（1958/1987）《中国语历史文法》，蒋绍愚、徐昌华译，北京大学出版社。

王大年（1998）《九歌》中的声气句读与文法句读，载郭锡良主编《古汉语语法论集》，语文出版社。

王　力（1958）《汉语史稿》（中册），科学出版社。

魏培泉（2000）说中古汉语的使成结构，《"中研院"历史语言研究所集刊》第七十一本第四分，"中研院"历史语言研究所。

魏培泉（2003）上古汉语到中古汉语语法的重要发展，载何大安主编《古今通塞：汉语的历史与发展》，"中研院"语言学研究所筹备处。

魏培泉（2004）《汉魏六朝称代词研究》，"中研院"语言学研究所。

吴福祥（1999）试论现代汉语动补结构的来源，载江蓝生、侯精一主编《汉语现状与历史的研究——首届汉语语言学国际研讨会文集》，中国社会科学出版社。

谢质彬（2001）动词连用和双述语结构——为许威汉先生教学科研五十年而作，载徐时仪、陈吾云编《语苑集锦——许威汉先生从教50周年纪念文集》，上海教育出版社。

杨伯峻编著（1990）《春秋左传注》（修订本），中华书局。

赵长才（2001）"打破烦恼碎"句式的结构特点及形成机制，《汉语史研究集刊》第四辑，巴蜀书社。

志村良治（1974/1993）汉语的使成复合动词形成过程之研究，荀春生译，载大河内康宪主编《日本近、现代汉语研究论文选》，北京语言学院出版社。

第六章　上古汉语连词"而"专题研究[①]

"而"是先秦汉语中使用频率非常高的一个虚词，各类论著都一致判定其词类属性为连词。这个连词在整个汉语史上都很特别，后代口语中没有任何一个连词与之功能相近。"而"在先秦汉语中使用频率高，出现的句法环境表面上看来很复杂，因而引起了研究者的高度关注，早期虚词著作自不用说，自《马氏文通》后许多语法著作都对"而"多有讨论，近年来，更出现了不少研究"而"的单篇论文。这些研究，主要内容不外乎"而"连接何种语法成分，表示何种句法关系和语义关系，或者"而"连接的成分之间具有何种语法和语义关系。

裘燮君（2005）大致总结了自《马氏文通》以来多家论著对连词"而"语法功能的认识，这里不再重复。需要补充说明的是，各家论述从研究角度看，可以分成训诂派、语法派和修辞派。自刘淇之后的虚词著作以及《汉语大词典》《汉语大字典》

[①] 本章的内容，除了来自本人讲授的北京大学中国语言文学系语言专业研究生必修课"汉语语法史研究专题"（2004年秋季第一次开设）的讲义，部分内容也见于本人讲授的北京大学中国语言文学系本科生语言专业主干基础课"汉语史（下）"（2003年春季第一次开设）。在本科生课程教学过程中，曾指导唐媛同学完成本科生学年论文《〈论语〉的"而"》（2003年6月），指导廖娟同学完成本科生毕业论文《"而"的基本功能与连动式的变化发展》（2004年5月）。在研究生课程教学中，2004级汉语史专业博士生孙洪伟同学曾提交《先秦"NP+而+VP"结构性质之分析》课程论文（2005年2月）。本章利用了上述三位同学论文中所提供的部分语言事实。

和绝大多数《古代汉语》教材，大抵都属于训诂派，其特点是根据"而"所在的句子不同，对"而"做不同的训释，根据不同的训释说明"而"具有多种句法语义功能。《马氏文通》、吕叔湘（1942/1982）、薛凤生（1991）、裴燮君（2005）基本上属于语法派，其特点是强调"而"的连接功能。没有单纯从修辞的角度来研究连词"而"的论著，但《马氏文通》和吕叔湘（1942/1982）在强调"而"的连接功能的同时，也往往从修辞的角度来观察"而"使用的特点。如《马氏文通》说："'而'字用以过递动字者：前后两动字，中间'而'字以连之。此种句法，有自三字以至七八字、数十字者。"（马建忠，1898/1983：282）然后分字数由少至多举例分析。在讲到"名而动"（下文有时记作"NP而VP"）句式时，举若干例后说："所引诸名字，若'人'，若'君子'，若'小人'……各为上截，皆当重顿，则下接'而'字，神情跃然矣。"（马建忠，1898/1983：289）在分析"先君而有知""陈氏而不亡"时说："夫'而'字解如'若'字之义亦通，然将两上截重读，接以'而'字，其虚神仍在。"（马建忠，1898/1983：289）吕叔湘（1942/1982：334）在谈平行句时说："文言里可以用'而'字，如'草熏熏而木欣欣'，'山树为盖而岩石为屏，云从栋生而水与阶平'，'酒力醒而茶烟歇，送夕阳而迎素月'。这里所说可加'而'字，是就文法的观点说；如从修辞的观点说，用'而'字跟不用'而'字，使文句具有不同的风格，那又是另一问题了。"

训诂派有关"而"的研究对阅读古文有帮助，在古代汉语的教学中有其便利之处，但毕竟不能揭示"而"的本质特点，从语法的角度看，是不可取的。修辞派观察到的现象应该说只是连词"而"作为一个语法功能词在运用中的一种伴随现象，不是"而"固有的特点。语法派强调"而"的连接功能，"而"作为一个连词，当然其基本功能就是连接功能，但究竟是一种什么样的连接功能？对此，《马氏文通》、吕叔湘（1942/1982）、薛凤生（1991）、裴燮君（2005）都提出了很有见地的看法，但是，他们的论述也还有不尽如人意之处，尤其是没有对"而"作出准确的具有概括性的统一解释。《马氏文通》指出："'而'字之为连字，不惟用以承接，而用为推转者亦习见焉。然此皆上下文义为之。不知'而'字不变之例，惟用以为动静诸字之过递耳，是犹'与''及'等字之用以联名代诸字也。"（马建忠，1898/1983：282）据此，《马氏文通》主张"而"的功能就是连接谓词性成分。这种观点要面对的问题是通常所说的主谓之间用"而"，即"NP而VP"中"而"如何分析？所谓状语和中心语之间的"而"如何分析？《马氏文通》对这两种"而"的分析可以说已经相当精彩，但由于对"而"的本质特点揭示得不够深刻，对具体的句子分析还存在不准确或不细致的地方。吕叔湘（1942/1982）、薛凤生（1991）、裘燮君（2005）继承了《马氏文通》的基本精神。吕叔湘（1942/1982：342）认为："'而'字在本质上是一个真正的'连'词，这里所谓'连'即'连而不断'的'连'。'而'字连系的，无论是相顺的两事，还是相反的两事，是同时的两事，还是先后的两事，用'而'字的句子都是一贯而下，不作顿挫。"又说："'而'字在本质上是个以平联为作用的连系词。"（吕叔湘，1942/1982：377）但吕叔湘（1944/1982）又认为"而"可以用来表示转折、情景、假设等关系，其中"情景"就是指"而"连接谓词性成分及其修饰语，"假设"就是指"人而无恒，不可以作巫医"（《论语·子路》）这一类句子中的"而"。[①]薛凤生（1991）很肯定地说："'而'字的基本定义：（a）语法功能：连接子句以构成复句；（b）语意功能：表示其前之子句为副（subordinate clause），即副词性的描述语（adverbial modifier），其后之子句为主（main clause），即语意焦点（focus）。这个简明的定义可以概括住'而'字的众多不同用法，更重要的是，只有这样的定义才能让我们合理地解释那些不同用法的真正含义。"但是，要把所有用"而"的句子都看成"复句"，显然是不合适的，因为至少有些带"而"的句法结构只是一个单句的句内成分，如"恕而行之，德之则也，礼之经也"（《左传·隐公十一年》），"恕而行之"作主语。"纳我而无二心者，吾皆许之上大夫之事，吾愿与伯父图之"（《左传·庄公十四年》），"纳我而无二心"与"者"构成一个

[①] 不过，吕叔湘（1942/1982：414）又指出："前人往往说这个'而'字等于'若'。其实这只是一种方便说法，这个'而'字虽然有表示条件的作用，可不必当作与常见的'而'字不相干涉的另一关系词。'而'字仍是转折的用法，'人而无恒'是说'人应有恒，而今无恒，则虽巫医之事亦不胜任矣'。"

体词性结构。"天犹有春秋冬夏旦暮之期，人者厚貌深情。故有貌愿而益，有长若不肖，有顺懁而达，有坚而缦，有缓而焊"（《庄子·列御寇》），"顺懁而达""坚而缦""缓而焊"都是作"有"的宾语。即使像"小子鸣鼓而攻之可也"（《论语·先进》）这样的句子，按照薛凤生（1991）解释，"而"连接的是"小子鸣鼓"和"（小子）攻之"两个小句，也不一定是正确的分析。在这个句子中，"小子"和"鸣鼓而攻之"构成主谓关系，"小子"和"鸣鼓""攻之"都不是直接成分关系，虽然语义上"鸣鼓"和"攻之"的施事都是"小子"，但句法上不能说它们分别构成主谓关系。同时，就像裘燮君（2005）所指出的，语意上"而"连接的两部分并不都是前副后主，更多的恐怕是两个并列项，如"任重而道远""子温而厉"等等。裘燮君（2005）大体上是承继了《马氏文通》、吕叔湘（1942/1982）的基本观点，只是分析所谓"而"连接状语和中心语的材料时，主张既要看到显性的语法关系，也要看到隐性的语义关系，如"始舍之，圉圉焉；少则洋洋焉，攸然而逝"（《孟子·万章上》），《马氏文通》已经分析过这个句子，认为："'攸然'，状字，所以肖将逝之容。下接'而'字，以连'逝'字者，则'攸然'非'逝'时之容，乃'逝'前之容也。"（马建忠，1898/1983：286）《马氏文通》的意思是"攸然"本是说明前文"鱼"的状态的。裘燮君（2005）则认为："'攸然'是个双指多项成分，而且是一个共存性多项成分，即指向成分'攸然'与跟它发生语义联系的前后两个被指成分'鱼'和'逝'是共生共存的，即'攸然'在语义上兼指'鱼'和'逝'。"并说"攸然"在这里是合并了"婉转游动貌"和"远貌"两个义位，前一个义位语义指向"鱼"，后一个义位语义指向"逝"。这种分析是不能成立的，任何一个词在实现了的句子里只可能是一个义位。裘燮君（2005）在分析所谓"而"连接主语和谓语时，认为"而"前的所谓主语是"谓词性短语的省略形式"。"省略"说滥觞于《马氏文通》，吕叔湘（1942/1982）、裘燮君（2005）都自觉不自觉地用"省略"来解释这种现象，其实这并没有揭示这类句子的本质特征，也不能真正讲清楚"而"的语法功能。

那么，作为一个功能词，"而"究竟具有什么样的语法功能？要回答这个问题，我们认为需要将之与上古汉语语法系统的特点联系起来，同时与后代"而"的衰落联系起来。上古汉语中，"而"出现频率非常高，如在不到2万字的《论语》中，连词"而"使用了340次，在不到20万字的《左传》中，连词"而"使用了3000余次。所以吕叔湘（1959：56）说："可用'而'字的地方实在太多了，我们几乎可以说，问题不是何处可用'而'字，而是何处不可用'而'字。"为什么上古汉语"而"会高频率使用，到中古汉语"而"就逐渐衰落，并且没有一个与之功能相近的成分替代它呢？上古汉语连词"而"的使用是与上古汉语语法系统的特点联系在一起的，对"而"的基本功能的认识，必须和对上古汉语语法系统的认识联系起来，从而在认识"而"的基本功能的同时，也能够认识到"而"在上古汉语语法系统中的重要地位，也能够认识到"而"的衰落与汉语语法系统的演变具有相关性。

第一节 "而"的基本功能：标记"两度陈述"[①]

"而"的基本功能是什么？根据我们对上古汉语材料的分析，"而"的基本功能是标志"两度陈述"，所以我们把"而"叫作"两度陈述"标记。所谓标志"两度陈述"，就是说，"而"作为连词所连接的，一定是两个陈述性成分，这两个陈述性成分可以分为两个分句，一个分句自然构成一个陈述；也可以合并在一个句子里，"而"连接的两个陈述性成分构成一个复杂的述谓性结构，这个复杂的述谓性结构包含两个陈述。一般认为，连词"而"可以连接词、词组、分句，可以表示多种语法关系，如并列、承接、递进、因果、转折、假设等，还可以连接状语和中心语，如杨树达《词诠》列出了"而"二种所谓副词用法、十种连词用法，《汉语大词典》在"而"的连词义项下列出了八种用法，《汉语大字典》列出了"而"的七种连词用法、三种副词用法（部分本自杨树达《词诠》），所有的各种用法，在我们看来，都是标志"两度陈述"。事实上，"而"的

[①] 本节内容曾以《"两度陈述"标记：论上古汉语"而"的基本功能》为题，在第六届国际古汉语语法研讨会暨第五海峡两岸汉语语法史研讨会（陕西师范大学，2007年8月）上宣读，后发表于《历史语言学研究》第三辑（商务印书馆，2010年）。

作用就是连接两个陈述性成分，至于这两个陈述性成分之间的关系，完全是由这两个陈述性成分之间的语义搭配关系决定的。这一点，《马氏文通》早就有了明确的认识："'而'字之位，不变者也。而上下截之辞意，则又善变者也。惟其善变，遂使不变者亦若有变焉。"（马建忠，1898/1983：291）这就是说，通常所说的连词"而"表示的各种语法关系，本来只是"而"所连接的上下两个陈述性成分之间存在的语义关系，"而"仅仅只是起到将两个陈述性成分连接起来的作用。

下面对"而"连接各种不同成分进行分类描写。

一、连接"动静诸字"

《马氏文通》所列举的"'而'字用以过递动字者"和"'而'字用以过递动静诸字者"（马建忠，1898/1983：282—286）的所有例句，"而"连接的前后成分都是动词性和形容词性的，这是汉语中最典型的陈述性成分，说"而"连接的是两个陈述，自然没有问题。下面我们选取若干《论语》和《左传》中的例子：

(1) 君子食无求饱，居无求安，敏于事而慎于言，就有道而正焉，可谓好学也已。（《论语·学而》）

(2) 质直而好义，察言而观色。（《论语·颜渊》）

(3) 敏而好学，不耻下问。（《论语·公冶长》）

(4) 无刑而伐之，服而舍之，度德而处之，量力而行之，相时而动，无累后人，可谓知礼矣。（《左传·隐公十一年》）

(5) 直而不倨，曲而不屈，迩而不偪，远而不携，迁而不淫，复而不厌，哀而不愁，乐而不荒，用而不匮，广而不宣，施而不费，取而不贪，处而不底，行而不流。（《左传·襄公二十九年》）

(6) 夫宠而不骄，骄而能降，降而不憾，憾而能眕者，鲜矣。（《左传·隐公三年》）

(7) 归之而质其太子，必得大成。（《左传·僖公十五年》）

二、连接主谓结构或完整的句子形式

主谓结构也是典型的陈述性成分,可以充当一个句子中的结构成分(多作谓语),也可以独立成为一个句子,所以也常用"而"连接。如:

(8)士不可以不弘毅,任重而道远。(《论语·泰伯》)

(9)鱼馁而肉败,不食。(《论语·乡党》)

(10)君子务本,本立而道生。(《论语·学而》)

(11)子为政,焉用杀?子欲善,而民善矣!(《论语·颜渊》)

(12)民生厚而德正,用利而事节,时顺而物成,上下和睦,周旋不逆,求无不具,各知其极。(《左传·成公十六年》)

(13)右师视速而言疾,有异志焉。(《左传·成公十五年》)

(14)知武子曰:"天子在,而君辱稽首,寡君惧矣。"(《左传·襄公三年》)

(15)匠庆谓季文子曰:"子为正卿,而小君之丧不成,不终君也。"(《左传·襄公四年》)

(16)栾魇死,盈之善未能及人,武子所施没矣,而魇之怨实章,将于是乎在。(《左传·襄公十四年》)

例(8)、例(9)"而"连接的两个主谓结构语义上是并列关系,可以说是两个并列的小句(或分句,下同),也可以说是两个主谓结构共同构成的一个复杂句子。例(10)"而"连接的两个主谓结构语义上是条件关系,可以看作两个小句,也可以看作由两个主谓结构构成的复杂句子。例(11)连接的两个主谓结构语义上也是条件关系,有的版本在"而"前点断,那是将两个主谓结构各视为一个小句;有的版本不点断,那么也可以看作是两个主谓结构构成的复杂句子。例(12)三个"而"各连接两个主谓结构,每两个主谓结构之间的语义关系,可能不同的人有不同的看法,但都是通过"而"构成复杂句子,然后相互间形成并列关系。例(13)"视速"和"言疾"两个主谓结构通过"而"连接在一起共同作句子的谓语,全句的主语是"右师"。例(14)、例(15)、例(16)"而"也是连接两个主谓结构，但通常都会在"而"之前断句，将"而"之前后的两个主谓结构各视为一个小句，其实，按照上古汉语的语法，不断开也是可以的。

汉语中的任何一个主谓结构，都可以看作一个陈述，"而"用在两个主谓结构之间，其作用就是将两个陈述连接在一起形成一个复杂的陈述，无论在"而"之前断句不断句，"而"的语法性质和连接功能都是一样的。至于两个主谓结构之间的语义关系，那是由它们自身各自所表示的意义决定的，"而"并不表示什么并列、条件、转折之类的语法意义。

句子形式更具有典型的陈述性，自然也能用"而"连接。上举连接主谓结构的例（15）、例（16）都可以看作"而"连接两个句子形式。再如：

（17）季氏富于周公，而求也为之聚敛而附益之。（《论语·先进》）

（18）为仁由己，而由人乎哉？（《论语·颜渊》）

（19）夫子焉不学，而亦何常师之有？（《论语·子张》）

（20）（起）与田苏游，而曰"好仁"。（《左传·襄公七年》）（"而"连接的前后句子的主语不同。杜预注："田苏，晋贤人，苏言起好仁。"）

（21）今天或者大警晋也，而又杀林父以重楚胜，其无乃久不竞乎？（《左传·宣公十二年》）

（22）请分良以击其左右，而三军萃于王卒，必大败之。（《左传·成公十六年》）

（23）叔仲昭伯为隧正，欲善季氏，而求媚于南遗。（《左传·襄公七年》）

（24）夫音，乐之舆也；而钟，音之器也。（《左传·昭公二十一年》）（"而"连接两个判断句，且两个判断句的主语不同）

以上各例，考虑到"而"所连接的前后两项之间的语义关系、结构形式、句子的语气以及句子的长度等方面，一般都要把"而"之前后各看作一个分句,因此,我们说"而"的作用是连接两个句子形式(复句中的分句)。

三、连接两个名词性成分

以上所举两类"而"的用例,"而"所连接的前后两项都是动词(或动词性结构)和形容词(或形容词性结构)、主谓结构(或分句)这样的典型的陈述性成分,说"而"是"两度陈述"标记应该是没有疑问的。但是,如果"而"连接的一项不是或两项都不是上述这样的典型的陈述性成分,还能不能说"而"是"两度陈述"标记呢?如"而"连接的是名词性成分(包括体词性代词),还有下文要讨论的"而"连接所谓的介宾结构和VP,所谓的"而"连接状语和中心语,应该怎么认识?这些情况,也正是各家研究"而"产生分歧而众说纷纭的地方。我们认为,即使这种情况下,"而"也仍然是"两度陈述"标记。

"而"连接两个名词性成分有两种类型。

一种是描写句,"而"连接的两个名词性成分充当描写句的谓语。如:

> (25)且是人也,蜂目而豺声,忍人也,不可立也。(《左传·文公元年》)
>
> (26)是子也,熊虎之状而豺狼之声;弗杀,必灭若敖氏矣。(《左传·宣公四年》)
>
> (27)(穆子)梦天压己,弗胜,顾而见人,黑而上偻,深目而豭喙,号之曰:"牛!助余!"乃胜之。(《左传·昭公四年》)
>
> (28)余狐裘而羔袖。(《左传·襄公十四年》)
>
> (29)蟹六跪而二螯,非蛇蟮之穴无可寄托者,用心躁也。(《荀子·劝学》)

以上各例,"而"连接的前后两项充当句子的谓语,对句子的主语加以描写说明。"而"的前后项单独看是名词性成分,但因为都是带修饰语的名词性短语，而修饰语加强了短语的性质意义，①所以它们都可以用作描写句的谓语，因而也有了陈述功能。名词性短语充当描写句的谓语，现代汉语中也是有的，如"她苹果脸""那女孩大眼睛""他白背心蓝短裤""螃蟹八条腿两只夹钳"。这说明，在汉语的描写句中，名词性短语是可以充当谓语的。可见，这类句子中，"而"所连接的成分单独看时虽然是名词性的，但在句子中它们具有陈述功能，所以能够用"而"连接。光杆名词充当描写句的谓语则非常困难，现代汉语如此，上古汉语中也没有见到用例。如"那女孩眼睛"不能说，古代也没有"是人也目而声""蟹跪而螯"。②

一种是判断句，"而"连接的两项名词性成分充当判断句的谓语。上古汉语判断句是不用系词的，名词性成分可以直接作谓语，所以处于判断句谓语位置的名词性成分具有陈述性，所以可以用"而"连接。如：

（30）夫君，神之主而民之望也。（《左传·襄公十四年》）（或本"而"作"也"）

（31）白狄及君同州，君之仇雠，而我之昏姻也。（《左传·成公十三年》（或本无后一"之"字）

（32）此君之宪令，而小国之望也。（《左传·襄公二十八年》）

（33）因天下之力，伐仇国之齐，报惠王之耻，成昭王之功，除万世之害，此燕之长利而君之大名也。（《战国策·秦策三》）

（34）今夫蜀，西辟之国，而戎狄之长也。（《战国策·秦策三》）

以上各例，"而"连接的两个名词性成分都是对前面主语所作的判断，因为只有句末出现上古汉语判断句的显性标志"也"，所以似乎可以分析为

---

① 关于名词性成分的性质意义，可以参看谭景春（1998）。

② 《左传·襄公三十年》："甲午，宋大灾。宋伯姬卒，待姆也。君子谓宋共姬女而不妇。女待人，妇义事也。"此例中"女"谓行女道，"妇"谓行妇道（未嫁曰女，已嫁曰妇）。"女""妇"在该句中都具有谓词性，这从"妇"前有否定副词"不"修饰可以看出。"女而不妇"不是描写性谓语，是陈述性谓语。

单句，但从今人的标点看，一般都解读为两个分句，将"而"连接的两个名词性成分各看作一个判断句的谓语。我们认为应该分析为两个分句，"而"连接的是两个谓语成分。因为有"而"的连接，两个谓语成分的关系紧密了，所以即使"而"前不点断，也是可以的，但必须认为"而"所连接的两个名词性成分都是判断谓语。

（35）知䓨之父，成公之嬖也，而中行伯之季弟也。（《左传·成公二年》）

（36）夫齐，甥舅之国也，而大师之后也。（《左传·成公二年》）

这两例中"而"连接的两个名词性成分同样都是作判断谓语，而且都带判断句的显性标志"也"，所以"而"连接的肯定是两个分句。可见"而"之前后虽然都是名词性成分，但它们都是作句子的谓语，所以我们仍然可以说"而"连接的是两个陈述。从上面两例也可以看出，前面分析的五个例句，不过是"而"前的名词性成分后面没带表判断的语气词"也"而已。

（37）主晋祀者，非君而谁？（《左传·僖公二十四年》）

（38）楚国，第我死，令尹、司马，非胜而谁？（《左传·哀公十六年》）

（39）宗庙会同，非诸侯而何？（《论语·先进》）

（40）凡天下强国，非秦而楚，非楚而秦。（《战国策·楚策一》）

（41）韩地险恶，山居，五谷所生，非麦而豆。（《战国策·韩策一》）

以上各例，"而"连接的前后项都是光杆名词（包括体词性代词），它们同样也是充当判断句的谓语。例（37）—例（39）从句子的语气看是疑问句，但从句子的语义结构看都是判断句。这类判断句虽然没有用表示判断的语气词"也"，但前一个名词前有否定副词"非"表明前一项是否定判断。

综上所述，上古汉语中"而"连接两个名词性成分时，两个名词性成分一定是处于谓语的位置，具有陈述功能，所以"而"仍然是"两度陈述"标记。

四、连接名词性成分和动词性成分

这一类我们叫作"名而动"式或"NP而VP"式，不少论著叫作"主·而·谓"式，是有关"而"的研究中人们讨论最多，分歧最为严重的一类。其实，"而"前NP本是一个判断句的谓语，也具有陈述性，所以能够用"而"和VP连接。因为这个问题比较复杂，我们后文专用一节讨论。

五、连接所谓的介宾结构和动词性成分

关于"而"连接介宾结构和VP，《马氏文通》也有很好的论述："又可用为介字与动静诸字之过递者，惟不常耳。""介字除'之'字外，其本义皆可用如动字'与''以'等字是也……又'用''由'等字，介动两用者，往往而有。夫然，介字既可视同动字，则以'而'字为过递者，非连介字也，连动字也明矣。"（马建忠，1898/1983：287）《马氏文通》认为，连接介宾结构（《马氏文通》的"介字"加"司词"）和VP的"而"跟其他连接动静诸字的"而"性质是一样的。这个观点完全正确，可惜《马氏文通》对具体例句进行分析时，却认为是介宾结构含有动静之字。如举"以歜之家而主犹绩，惧干季孙之怨（怒）也"，然后说："'歜之家'，'以'字之司词也。下连'而'字，则意进一层。犹云'以歜之家世如此，而家主犹自纺绩，惧干季孙怨（怒）'也。凡以'以'字为上截，而后连以'而'字者，皆应重读。重读，则含有动字之意。"（马建忠，1898/1983：288）又举"夫贤者以感忿睚眦之意而亲信穷僻之人，而政独安得嘿然而已乎"等例后说："七引'以'字，莫不接以'而'字者，皆先将上截顿足，为'而'字跌进一层地步。夫顿足上截，则'以'字司词外，必有若动静等字含而未申者之余音矣。"（马建忠，1898/1983：288）

《马氏文通》之后，几乎无人再对"介宾结构+而+VP"有更好的分

析。我们认为,《马氏文通》把这种"而"分析为"连动字"的观点是正确的。但既然是介词,为什么又说是"非连介字也,连动字也明矣"呢?并不是如《马氏文通》所说介宾结构含有动静之字,而是因为这些介词仍然保留一定的陈述性,所以能够用"而"连接。上古汉语的介词都是由动词语法化来的,语法化有一条保持原则,即一个语法化的成分,往往保持其来源成分的语义特征和功能特征,尤其是语法化并不彻底的成分,表现得更为突出。《马氏文通》举例最多的是介词"以",据郭锡良(1998),"以"在甲骨文中只有动词用法,介词"以"到西周金文中才产生,是由动词"以"语法化来的。春秋战国时期,"以"主要用作介词、连词,但仍然有用作动词的,如《论语》中就有11例用作动词的"以"。在先秦汉语中,用作介词的"以"往往还具有很强的动作意义,如争论得很多的"以"表"率领"义,究竟是动词还是介词,就有不同意见(赵大明,2005)。一个实义词处在语法化过程中的时候,是将其归为实词还是虚词,判断起来有时候是很困难的。特别是汉语中的介词,完全无法从形态方面加以确认,即便在现代汉语中,有些也不能完全与动词区分清楚,所以一度有人称之为"副动词"(吕叔湘、朱德熙,1952)、"次动词"(黄盛璋,1957)。就是叫作介词,对其句法地位的分析也不一致,如赵元任(1979:331)讲介词短语的功能时,第一条就是"在连动式里作为V_1,修饰V_2";朱德熙(1982:174、175)也说:"纯粹的介词只能用在连谓结构里,不能单独作谓语。""所有的介词结构都能作连谓结构的前一个直接成分。"虽然或强调"修饰V_2",或强调"不能单独作谓语",但都认为"介宾结构+VP"是连动式或连谓结构。这不仅仅是一个名称问题,而是对介宾结构的语法性质的认识问题。当然,我们不能否认,现代汉语中典型的介宾结构不能构成一个完整的陈述,但应该承认,确实有不少介宾结构还带有相当强的陈述性。上古汉语中的很多介词与动词的界限,更是不容易划分清楚,有些被某些论著认作介词的,可能根本就还是动词,如何乐士(1999)说《左传》中的"当""循"是介词,就很值得商榷。至于《马氏文通》所列举的介词,《史记》《汉书》的用例与"而"到汉代的发展有关,可另行讨论;先秦的那些例子,我们可以承认其介词的词类属性,但我们认为"而"前的介宾结构仍然具有陈述性。第一,如前所述，介词都是来源于动词，它们还较多地保留动词的语义功能特征。第二，在先秦汉语中，"而"连接的两个陈述如果语义上不是并列关系，就一定遵循时间先后顺序，即前一个陈述表示的事件先发生，后一个陈述表示的事件后发生。据戴浩一（1988），现代汉语的介宾结构的位置是严格遵循时间顺序原则的，如"他在马背上跳"，一定是先"在马背上"后"跳"，而"他跳在马背上"，一定是先"跳"后"在马背上"。上古汉语的介宾结构并不完全遵循时间顺序原则（蒋绍愚，1999），但"而"所连接的介宾结构和VP之间一定遵循时间顺序原则，这和遵循时间顺序原则的"VP而VP"是完全一致的。介宾结构既然能够表示一个时间过程，对说话者来说就可以将其看作一个陈述。第三，先秦最具代表性、使用频率最高又使用最为广泛的介词"于（於）"没有通过"而"与VP连接的用例，[①]因为介词"于（於）"的语法化程度非常高，由"于（於）"组成的介宾结构完全丧失了陈述性。由此反证出那些用于这种句式的介词，还没有彻底语法化，还保留较强的陈述性。下面分析具体例句：

（42）**以**歜之家**而**主犹绩，惧干季孙之怒也。（《国语·鲁语下》）

（43）今**以**畏垒之细民**而**窃窃焉欲俎豆予于贤人之间，我其杓之人邪！（《庄子·庚桑楚》）

（44）且夫大王之地有尽，而秦之求无已。夫**以**有尽之地，**而**逆无已之求，此所谓市怨而买祸者也，不战而地已削矣。（《战国策·韩策一》）

（45）此三子者，皆布衣之士也，怀怒未发，休祲降于天，**与臣而**将四矣。（《战国策·魏策四》）

（46）然而田成子一旦杀齐君而盗其国。所盗者岂独其国邪？并

[①] 《左传·庄公二十八年》中有如下一例："楚令尹子元欲蛊文夫人，为馆于其宫侧，而振万焉。夫人闻之，泣曰：'先君以是舞也习戎备也。今令尹不寻诸仇雠，而于未亡人之侧，不亦异乎！'"何乐士（1999）认为是"VP+而+于+介词宾语"，但这个句子明显是省略。即"于"前有承前省略的动词"寻"（杜注"寻，用也"）。所以杨伯峻（1990：241）说："谓不用之于仇敌而用之于我侧。寻字直贯'于未亡人之侧'。"

与其圣知之法而盗之。(《庄子·胠箧》)

（47）将为胠箧探囊发匮之盗而为守备，则必摄缄縢，固扃鐍，此世俗之所谓知也。(《庄子·胠箧》)

以上6例均为《马氏文通》所引，3例"以"都很明显的具有"凭借""利用"义，两例"与"都有"连同"义，例（47）"为"也不能说完全丧失了动词义。所以这六例中的介宾结构都可以看作一项陈述。

再看别的例子。何乐士（1999）说《左传》中"介宾（也）·而·动"有49例，介词"及"17例，"因"8例，"以"4例（按，我们调查的结果有5例），"自"1例，"当"5例，"从"7例，"循"3例，"夹"3例，"代"1例。这里面，"当、从、循、夹、代"肯定只能看作动词，不能看作介词。"及"也都是"到达""接近"义，应该看作动词；"因"在先秦汉语中是否已经语法化为介词，颇有疑问，《王力古汉语字典》"因"的第一个义项是"凭借，依靠"，举的例子就是《左传·僖公三十年》："因人之力而敝之，不仁。"是将这种"因"看作动词。何文中列举出来的5例"因"，无一不可以分析为动词。实际上，《左传》中出现在该句式里的介词只有"以""自"，共6例，全列于下：

（48）戊申，入蔡，以城下之盟而还。(《左传·文公十五年》)

（49）以陈、蔡之密迩于楚，而不敢贰焉，则敝邑之故也。(《左传·文公十七年》)

（50）孟献子曰："以寡君之密迩于仇雠，而愿固事君，无失官命……"(《左传·襄公四年》)

（51）伯有之乱，以大国之事，而未尔讨也。(《左传·昭公二年》)

（52）且夫人之行也，不以所恶废乡。今子以小恶而欲覆宗国，不亦难乎？(《左传·哀公八年》)

（53）张侯曰："自始合，而矢贯余手及肘，余折以御……"(《左传·成公二年》)

例(48)"以……"带有明显的"携带"义,可以看作动词。其余4例"以……"都是表示原因,原因也是一种凭借的条件,是先有这种凭借,再实现后面的VP,所以"以……"还是可以看作一项陈述的。例(53)"自"是个语法化程度很高的介词,早在甲骨文中就有了介词的用法,所以要把"自始合"看作一项完整的陈述比较困难,但仅此一例,姑存疑。①

综上,先秦汉语中,"介宾结构+而+VP"的用例是非常少的,《左传》中也就上举例(49)—例(53)5例而已,《论语》中则一例也没有。就出现的介词来看,除了"自"一例外,其他的都保留相当强的动词性,所以我们认为这种句式中的"而"仍然可以看作"两度陈述"标记。当然,我们也得承认,既然是介宾结构,其陈述性肯定不如普通的VP,所以它只能出现在"而"前,不能出现在"而"后。

六、连接所谓状语和中心语

在汉语中,状语是没有形式标志的,它是根据谓词性中心语确定的一种语法成分,上古汉语中,名词、动词、形容词、数词、副词以及部分代词都可以充当状语。作为谓词性中心语的修饰成分,状语是用以说明谓词性成分所表示的动作行为的方式、手段、情状、时间、位置、范围、数量、频率或性质状态的程度的,它不仅在句法结构上总是与中心语构成直接成分关系,在语义结构上也总是与中心语发生直接关系。然而,一些论著中提到的所谓"而"连接状语和中心语的材料,其状语都可以看作对主语的陈述,也就是说在语义结构上都与主语发生关系。如:"始舍之圉圉焉,少则洋洋焉,攸然而逝。"(《孟子·万章上》)

《马氏文通》举此例后说:"'攸然',状字,所以肖将逝之容。

---

① 这个句子也许可以这样切分:自始|合而矢贯余手及肘。"合而矢贯余手及肘"是连谓结构,"自始"修饰的是这个连谓结构,"而"连接的是"合"和"矢贯余手及肘"两项陈述,只是今天我们受韵律的影响,习惯于在"自始合"后加语音停顿。另外,《论语·八佾》中有"子曰:'禘,自既灌而往者,吾不欲观之矣。'"谢质彬(1980)认为"自既灌"是表示范围的状语通过"而"与中心语连接,其实,"而"连接的是"既灌"和"往",也是连接两项陈述。

下接'而'字，以连'逝'字者，则'攸然'非'逝'时之容，乃'逝'前之容也。"（马建忠，1898/1983：286）上文曾提到过这个例句。所谓"乃'逝'前之容也"，就是说"攸然"并不是修饰说明"逝"的，而是说明主语"鱼"的，是说鱼先"攸然"，后"逝"。《马氏文通》的这种分析是完全正确的，而《马氏文通》说"而"字亦可用为状字与动静诸字之过递者，实际上是因为《马氏文通》对"状字"的定义、范围、功能的分析都混乱不清造成的，如根据构形特征将联绵词、重言词、后加"焉、然、如、乎、尔"的结构形式都归入状字，而这些词并非都只能充当状语（杨荣祥，1996）。同时，《马氏文通》的"状字""一身而兼二任，它既是字类的名称，指副词和副词性短语；又是句子成分的名称，指状语"（王海棻，1991：48）。所以在讨论"而"用为状字与动静诸字之过递时马氏不得不说："状字原以肖动静之貌，与静字无别。古人于静字状字，统以静字名之。"（马建忠，1898/1983：286）这样，面对"攸然而逝"，一方面要承认"攸然"是状字，一方面又要强调"攸然"不是肖"逝"之容。如果承认"攸然"是一个形容词，《马氏文通》就不会前后矛盾了。

《马氏文通》还举了《庄子·知北游》"使我欣欣然而乐与，乐未毕也，哀又继之"、《礼记·中庸》"故君子之道，暗然而日章；小人之道，的然而日亡"、《论语·先进》"子路率尔而对曰"、《庄子·德充符》"我怫然而怒，而适先生之所，则废然而反"、《韩非子·通解》"若然者，天下之人，促促然而争，循循然而侫，浑浑然而偷，其何惧而不为哉"等例，然后说："所引句内，状字后以'而'字承之者，明其与下截诸动字判为两事也。"（马建忠，1898/1983：286）所谓"判为两事"，就是我们说的"两度陈述"，也就是说，"欣欣然、暗然、的然、率尔、怫然、废然、促促然、循循然、浑浑然"都是陈述其前的主语的，并不是"肖"其后的"动字"之容。实际上，上古汉语中，"攸然""欣欣然"等都具有独立的陈述功能，所以还会有"见君子而后厌然"（《礼记·大学》）、"其心休休焉"（《尚书·秦誓》）、"尔毋从从尔！尔毋扈扈尔"（《礼记·檀弓》）、"如有所立卓尔"（《论语·子罕》）、"鼓瑟希，铿尔"（《论语·先进》）这样的句子。

汉语中，副词是只能充当状语的一个词类，如果"而"能够连接状语和中心语，那么应该有副词与中心语之间用"而"的例子，但实际语言中并无这样的用例，①这至少说明，"而"不能连接典型的状语和中心语。为什么由副词充当的状语不能用"而"与中心语连接？因为副词在句法上不具有独立的陈述功能。

一些论著中提到的"而"连接状语和中心语的例子，所谓状语，都是具有陈述功能的成分，它们都可以看作是对句子中主语的陈述，因此可以通过"而"与后面的另一陈述性成分连接。如：

(54) 郑人恶高克，使帅师次于河上，久而弗召，师溃而归，高克奔陈。(《左传·闵公二年》)

(55) 若出于东方，观兵于东夷，循海而归，其可也。(《左传·僖公四年》)

(56) 小国之事大国也：德，则其人也；不德，则其鹿也，铤而走险，急何能择？(《左传·文公十七年》)

(57) 九世之卿族，一举而灭之，可哀也哉！"(《左传·襄公二十五年》)

(58) 今日之事，幸而集，晋国赖之。(《左传·襄公二十六年》)（比较：《左传·襄公二十六年》"若不幸而过，宁僭，无滥"）

例 (54) "久"是形容词，在句子中陈述"郑人使高克帅师次于河上"这个事件。例 (55) "循海"是一个动宾结构，和"归"之间是一种遵循时间顺序原则的连动关系。虽然可以说"循海"是"归"的方式、手段，但是不能以此就说"循海"是状语，因为上古存在大量的遵循时间顺序原则的连动结构（用"而"连接或不用"而"连接），在这种结构中，前一个

---

① 《孟子·万章上》："虽然，欲常常而见之，故源源而来。""常常""源源"通过"而"与后面的动词性成分连接，暂时无法解释，因为我们很难说这里的"常常""源源"具有独立的陈述功能。"常常"在《孟子》中出现很奇怪，许多辞书都将之作为副词"常常"的最早用例，可是《孟子》之后，除了东汉赵岐在给《孟子》作注时重复原文用到之外，大约到唐代才再见到。

VP在语义上都可以理解为后一个VP的方式、手段。在这个句子中，"循海"和"归"一样，也是陈述其前的主语"师"。例（56）"铤"，杜预注"疾走貌"，也是一个形容词，是对主语"鹿"的陈述。例（57）"一举"在《左传》中只出现1次，但在《战国策》中出现20次，其中有13次是通过"而"与后面的VP连接，1次直接与VP连接，有6次"是秦之一举也"，"一举"指称一个事件。从《战国策》的用例中，我们可以看出"一举"的陈述性质：

> （59）夫以王壤土之博，人徒之众，兵革之强，一举众而注地于楚，诎令韩、魏，归帝重于齐，是王失计也。（《战国策·秦策四》）（《史记·春申君列传》引作"壹举事而树怨于楚"，《史记》同篇还有"顷襄王，其子也，秦轻之，恐壹举兵而灭楚"）

无论是"一举众"还是"壹举事""壹举兵"，都可以证明先秦时期的"一举/壹举"是一个陈述性成分，如果"举"后的宾语出现，其陈述性就显而易见，而"举"后之所以经常不出现宾语，是因为其宾语是不言自明的。

例（58）的"幸"也是对主语的陈述，《左传》中就有"幸"独立作谓语的例子，如：

> （60）然肸闻之，不信以幸，不可再也。（《左传·昭公十一年》）
> （61）下臣不幸，属当戎行，无所逃隐。（《左传·成公二年》）

虽然在《左传》中"幸而VP"很常见（《左传》中"幸"出现32次，"（不）幸而VP"就有13次），但"幸"并没有失去独立的陈述功能，特别是上举例（60）很能说明这一点。

下面再看一些表示状态意义的词语位于"而"前的例子。

> （62）子路率尔而对曰……（《论语·先进》）
> （63）夫子莞尔而笑曰……（《论语·阳货》）
> （64）一箪食，一豆羹，得之则生，弗得则死。呼尔而与之，行

道之人弗受；蹴尔而与之，乞人不屑也。（《孟子·告子上》）

（65）今夫麰麦，播种而耰之，其地同，树之时又同，浡然而生，至于日至之时，皆熟矣。（《孟子·告子上》）

"率尔而对""莞尔而笑""呼尔而与之""蹴尔而与之""浡然而生"与前文分析过的"攸然而逝"性质相同，"率尔"等都是对前面主语的陈述。虽然它们在语义上确实表示了"而"后动词的状态，但它们首先是对主语的陈述，所以可以通过"而"与另一个陈述连接。如果没有"而"连接，则这类表示状态意义的词语在句子中的句法性质就会存在两种分析的可能，一种仍然是对主语的陈述，和后面的VP构成连谓结构，一种是描写其后VP的情状，和后面的VP构成状中结构。如《孟子》中的例子：

（66）天**油然**作云，**沛然**下雨，则苗**浡然**兴之矣。（《孟子·梁惠王上》）

（67）推恶恶之心，思与乡人立，其冠不正，（伯夷）**望望然**去之，若将浼焉。（《孟子·公孙丑上》）

（68）故（柳下惠）**由由然**与之偕而不自失焉，援而止之而止。（《孟子·公孙丑上》）

（69）谏于其君而不受，则怒，**悻悻然**见于其面。（《孟子·公孙丑下》）

这些例子中"油然"等到底是对前面主语的陈述，还是对后面VP的修饰，可能不同的人会作出不同的分析。我们倾向于先秦时期应该分析为一个陈述，和后面的VP构成连谓结构，因为这类词语在先秦时期是可以独立充当谓语表示一个完整的陈述的。但必须承认，正是因为它们在语义上可以理解为描写后面VP的情状，所以当后来"两度陈述"标记"而"衰落后，这类连谓结构会发生重新分析，被分析为状中结构。

再看一些"而"前是动作动词而被一些论著分析为状语的例子：

（70）尝独立，鲤趋而过庭。（《论语·季氏》）

（71）其有不合者，仰而思之，夜以继日。（《孟子·离娄下》）

（72）（孟子）不应，隐几而卧。（《孟子·公孙丑下》）
（73）吾尝跂而望矣，不如登高之博见也。登高而招，臂非加长也，而见者远；顺风而呼，声非加疾也，而闻者彰。（《荀子·劝学》）

这些例子中的"V₁而V₂"都不应该分析为状中结构，应该分析为连谓结构，"而"连接的是两项陈述。首先，V₁（"趋、仰、隐几、跂、登高、顺风"）都是句子中主语实施的动作行为，理所当然应该看作对主语的陈述；其次，"V₁"和"V₂"之间具有时间先后关系（至少在认知心理上如此），这完全符合上古汉语复杂谓语句中多项谓词性成分在线性结构上遵循时间先后顺序原则的句法规则。如例（70）"鲤趋而过庭"，"趋"是"鲤"实施的动作行为，是对"鲤"的陈述（《论语·子罕》："过之，必趋。""趋"就是一个独立的陈述）；"趋"和"过庭"是两个连续的事件——先"趋"后"过庭"，"趋"并不是描述"过庭"的状态。

现代汉语中也有一些状语在语义结构上与句子中的主语发生关系，如"他高高兴兴地走了""她哭哭啼啼地说了一通"，"高高兴兴"在语义上也可以说是说明"他"，"哭哭啼啼"也可以说是说明"她"。但是，第一，"高高兴兴""哭哭啼啼"在语义上不可否认具有描摹其后动词所表示的动作行为的情状的作用；第二，现代汉语中"地"（口语中读轻声de）已经标志"高高兴兴""哭哭啼啼"的状语属性［朱德熙（1982）就把"地"（de）看作副词后缀］。所以，现代汉语中这类状语虽然在语义上可以与主语发生关系，但并不会产生句法分析上的分歧。现代汉语中的另一类句法结构，是应该分析为状中结构还是连谓结构，在语法学界是存在着分歧的，如"他仰着头想""他踮着脚看"，不少语法论著都把"仰着头""踮着脚"分析为状语，但是，赵元任（1979）就把"坐着看报""哭着出去了"分析为连谓结构，朱德熙（1982）专门分析了一类带"着"的连谓结构。我们认为现代汉语中"仰着头想""坐着看报"这类结构都应该分析为连谓结构。既然分析为连谓结构，"仰、踮、坐、哭"等在语义上与句子中的主语发生关系就是自然的事了。

上古汉语中，人们举出的所谓"而"前成分作状语的用例，无一例外地"而"前成分与句子中的主语有语义关系，同时又没有任何标志证明它们是状语，所以将"而"前的谓词性成分和"而"后的谓词性成分都分析为对主语的陈述，就应该看作合理的分析，而且，这样分析，既能与对上古汉语大量的连谓结构的分析取得一致，又有利于对连词"而"作出统一的解释——"两度陈述"标记。

有一点是我们必须承认的，就是本小节分析的这些例句中，"而"前的成分虽然可以看作一项陈述，是连谓结构的一部分，但在整个句子中，它不是语义的重心，句子的语义重心很明显是落在"而"后的谓词性成分上的。大概正是因为这一点，薛凤生（1991）提出了如下观点："而"的"语意功能：表示其前之子句为副（subordinate clause），即副词性的描述语（adverbial modifier），其后之子句为主（main clause），即语意焦点（focus）"。但是，正如我们前文所述，"而"连接的两项陈述之间并不都是这样的语义关系。如果"而"连接的两项陈述之间都是构成连谓结构，我们可以说"而"前子句为副，"而"后子句为主，因为从古至今，汉语由连谓结构充当谓语的句子，其语义重心都在后一项谓词性成分上。然而从"而"的所有用例来看，许多"而"连接的两项谓词性成分之间既无时间先后顺序关系，更无副、主之别，如《论语》中的"敏于事而慎于言""鱼馁而肉败"等，《左传》中的"美而艳""言惧而名礼""晋公子广而俭，文而有礼""绝叔姬而无绝婚"等。这样的"而"显然不能说它的语义功能是表示其前子句为副、其后子句为主的。

七、关于"既而""俄而"

我们说"而"只能连接两项陈述性成分，特别是指出"而"前不能是副词，那么对"既而VP""俄而VP"怎么解释呢？

先说"既而VP"。"既"在上古汉语中肯定已经用作副词，如："宋、卫既入郑。"（《左传·隐公十年》）"本既弱矣，其能久乎？"（《左传·桓公二年》）"文王既没，文不在兹乎？"（《论语·子罕》）但是，我们知道，副词"既"是由动词虚化来的。在甲骨文中，"既"主要用作动词，如："庚寅雨中日既。"李孝定（1965：1751—1752）："既，契文象人食已，顾左右而将去之也，引申之义为尽。"既"由食已引申出完毕义,这是很自然的引申,上古汉语文献中还有"既"用作动词表完毕义的。如《春秋经·桓公三年》:"秋,七月壬辰朔,日有食之,既。""既"单独作谓语,义为(日食)尽,完毕,也就是日全食。《左传·成公二年》:"新筑人仲叔于奚救孙桓子,桓子是以免。既,卫人赏之以邑,辞,请曲县、繁缨以朝。"《左传·成公十八年》:"齐为庆氏之难故,甲申晦,齐侯使士华免以戈杀国佐于内宫之朝。师逃于夫人之宫。书曰'齐杀其大夫国佐',弃命、专杀、以谷叛故也。使清人杀国胜。国弱来奔。王湫奔莱。庆封为大夫,庆佐为司寇。既,齐侯反国弱,使嗣国氏,礼也。""既"也是独立作谓语,表示前述的事件完毕。而所有"既而VP"中的"既"同样都是表示前述事件完毕。如:

（74）遂置姜氏于城颍,而誓之曰:"不及黄泉,无相见也!"既而悔之。(《左传·隐公元年》)

（75）夏,盟、向求成于郑,既而背之。(《左传·桓公七年》)

（76）初,晋武公伐夷,执夷诡诸。蒍国请而免之。既而弗报……(《左传·庄公十六年》)

"既"都应该看作一个独立的陈述,表示前述事件完毕。可见,"既而VP"中的"既"并不是副词,"既而VP"是连谓结构,只是"既"是对前述事件的陈述,VP是对另一个没有出现的主语的陈述。所以说"既而VP"中的"而"仍然是连接两项陈述。

至于"俄而VP",我们怀疑"而"只是一个记音词尾,因为文献中也有写作"俄尔"的,"俄"亦作"睋"。"俄"的本义是"小有偏侧",《说文》:"行顷也。"段玉裁注:"各本作行顷,乃妄加行耳。今正。《玉篇》曰:俄顷,须臾也……寻今义之所由,以俄顷皆偏侧之意。小有偏侧,为时几何,故因谓倏忽为俄顷。许说其本义以晐今义。"在先秦文献中,我们只在《公羊传》《庄子》《荀子》《韩非子》四书中见到"俄"字。《公羊传》中有"俄而"2例,"睋而"2例,《庄子》中"俄而"5例,"俄然"1例,《荀子》中"俄而"5例,《韩非子》中"俄而"4例。例如:

(77)至乎地之与人则不然，俄而可以为其有矣。"（《公羊传·桓公二年》）

(78)阳虎曰："夫孺子得国而已，如丈夫何？"睇而曰："彼哉！彼哉！趣驾。"（《公羊传·定公八年》）

(79)俄而有无矣，而未知有无之果孰有孰无也。（《庄子·齐物论》）

(80)乡也，混然涂之人也，俄而并乎尧、禹，岂不贱而贵矣哉！（《荀子·儒效》）

(81)赵襄主学御于王子于期，俄而与于期逐，三易马而三后。（《韩非子·喻老》）

令人感到奇怪的是，先秦文献中并无"俄尔"的用例，"俄尔"的用例到中古汉语中才见到。如：

(82)高辛氏，有老妇人居于王宫，得耳疾历时，医为挑治，出顶虫，大如茧。妇人去后，置以瓠蓠，覆之以盘，俄尔顶虫乃化为犬，其文五色，因名"盘瓠"，遂畜之。（《搜神记》卷十四）

(83)石季龙在邺，有一马尾有烧状，入其中阳门……俄尔不见。（《晋书·五行志》）

"而"作词尾，上古汉语确有用例。王引之《经传释词》认为《尚书·益稷》"启呱呱而泣"、《诗经·召南·野有死麇》"舒而脱脱兮"、《诗经·齐风·甫田》"突而弁兮"的"而"就是词尾，并且诗经的用例郑玄笺分别释作"脱脱然舒""突耳加冠为成人"。但这样的"而"很可能是连词，"而"前成分可以看作一项陈述。郑玄的笺只能说明"而"的"两度标记"功能到东汉时已经弱化。但《楚辞·九歌》里有"倏而来兮忽而逝"，《史记·日者列传》里有"宋忠、贾谊忽而自失，芒乎无色，怅然噤口不能言"。这样的"而"肯定是词尾，"倏而"有对应的"倏然"（《庄子·大宗师》"倏然而往，倏然而来而已矣"），"忽而"有对应的"忽然"（例多不烦举）。而且《庄子》中的一例"俄

然",更使我们增强了将"俄而"中"而"看作词尾的信心:

（84）昔者庄周梦为胡蝶,栩栩然胡蝶也,自喻适志与!不知周也。俄然觉,则蘧蘧然周也。(《庄子·齐物论》)

还有一个辅助证据,较早的工具书中没有解释"俄而"的,但《慧琳音义》卷三却解释了"俄尔":"俄尔者,少选倏忽之类,促于须臾也。"所以我们认为"俄而VP"中的"而"与我们讨论的连词"而"可能不是同一个成分。

以上我们分七类描写分析了"而"的分布,以证明它的基本功能就是连接两项陈述,所以我们称之为"两度陈述"标记。

八、余论:追求对虚词作出统一的解释

汉语虚词研究有悠久的历史,但一直到《马氏文通》出版之前,虚词研究可以说都属于训诂学的内容,而不属于语法学的内容。而训诂学有关虚词的训释,是不能真正揭示虚词的语法本质的。郭锡良(2003)曾对汉语虚词研究的历史和现状评说道:"我们必须认识到,传统的训诂方法有许多是不科学的,它对作为现代语法学的古汉语虚词研究,可以说是从根本上不适用的。""虚词是语法成分,每个虚词都是处在语言的语法系统之中,有其特定的位置和特定的语法意义和语法作用,它的演变也是有规律可循的。我们研究古汉语虚词,就是要解决这些虚词在特定时期古汉语语法系统中所具有的特定语法意义、语法作用及其演变规律。"训诂学讲虚词,往往一个虚词有多种语义和功能,这是不科学的。虚词是语法功能成分,其作用是表示某种语法意义的,对虚词的研究,就是要通过归纳分析其所有分布,解释它到底表示什么样的语法意义。但是,大概受传统训诂学的影响,长期以来,古代汉语的语法论著在讨论一些虚词的时候,虽然是从语法的角度讲虚词,但往往把句子或结构的意义指派到虚词身上,从而使得一个虚词具有多种语法语义功能,这实际上是不利于准确认识虚词的真实价值的。

我们相信,作为功能成分,汉语的虚词都应该有其最基本的功能,正确认识一个虚词,就是要准确认识它的基本功能。一个高度虚化的功能成分,固然会因为其出现的具体语言环境的不同而显得灵活多变,但"变中有不变焉",不变的就是其基本功能。虚词研究的目的就是要弄清楚各个虚词的基本功能,基本功能就是对一个虚词的概括的、统一的解释。

其实,《马氏文通》在讲虚词时是很注重作概括的、统一的解释的,如对连词"而"和一些介词、语气词的解释。但是追求统一的解释还只是一种研究理念,真正的目的是要作出正确的解释。《马氏文通》对连词"而"的解释是概括的、统一的,认为"而"的功能"惟用以为动静诸字之过递耳"(马建忠,1989/1983:282),但是不准确,因为"而"还可以连接名字、状字等。薛凤生(1991)对"而"的解释也是概括的、统一的,但同样不准确,因为"而"连接的两项之间的关系并不都是"副"和"正"的关系。裘燮君(2005)承袭吕叔湘的观点,认为"而"的作用就是表示"平联",同样不准确,因为大量的"而"连接的两项并不是平列关系。

"而"的功能与它所连接的成分属于何种词类没有关系,《马氏文通》从"而"所连接的两项成分的词类属性来观察"而",所以不能从根本上认识"而"的功能。"而"连接的两项,无论是何种词类属性,只要在句法结构中具有陈述性质,就可以用"而"连接。"而"所连接的成分之间具有何种语义关系,这也不是"而"的功能能够体现的,这种语义关系,完全由"而"所连接的两项成分之间的关系本身决定。所以,从"而"前后两项成分之间的语义关系来观察"而",也是不能从根本上认识"而"的功能的。如果从表述功能的角度来观察"而"连接的前后成分,就能得到概括的、统一的解释:"而"的功能是连接两项"陈述"。先秦时期所有的连词"而"都可以如此解释。

第二节 "名而动"结构的来源及其语法性质[①]

"名而动"结构是指"子产而死(,谁其嗣之)"(《左传·襄公三十

[①] 本节内容曾以《论"名而动"结构的来源及其语法性质》为题在中国语学会第57回大会(日本琉球大学,2007年10月)上宣读,后发表于《中国语文》2008年第3期。

年》）、"（相鼠有齿，）人而无止"（《诗经·鄘风·相鼠》）这样的句法结构。"名"代表体词性成分，"动"代表谓词性成分。

如何认识这一结构的语法性质，关键在于"而"的语法功能如何解释。上文我们已经论证，连词"而"的基本语法功能是标记"两度陈述"，即"而"连接的一定是两个具有述谓功能的成分，包括动词性成分、形容词性成分、充当判断语的名词性成分或充当描写性谓语的名词性成分、主谓结构、分句等。也就是说，只要连词"而"出现，它的前后一定各是一项陈述。在"名而动"结构中，"名"原本是一个判断句的谓语部分，是一项陈述，它和"而"后的"动"（也是一项陈述）通过"而"连接构成一个复杂谓语形式，共同对句子的主语加以陈述。因为整个句子的主语省略（往往是承前省），所以该结构看上去就成了名词性成分直接通过"而"与谓词性成分连接，实际上"而"连接的仍然是两项陈述。我们把省略的主语叫作"话题性主语"。

清代的训诂学家多把"名而动"中的"而"看作"若、如"的通假字，《马氏文通》对此进行了辩驳。《马氏文通》以后的许多语法论著以及绝大多数《古代汉语》教材，普遍认为连词"而"具有多种语法功能。其中"名而动"中的"而"被认为是假设连词。但是，在"（相鼠有齿，）人而无止"、"十人而从一人者，宁力不胜，智不若耶"（《战国策·赵策三》）这样的句子中，"而"显然不能说是假设连词。而且，我们很难解释这样的"而"和"学而时习之""美而艳"中的"而"到底是同一个语法形式还是不同的语法形式。

我们认为，"名而动"结构根本不是一个简单句，"而"连接的同样是两项陈述，是两个谓语，"而"前的"名"的体词性质是它的词类属性，从句法属性看，它是述谓性成分。

一、"名而动"结构的来源

在分析"名而动"的语法性质之前，先要弄清楚这一结构的来源。

近年来，连词"而"的语法功能颇受学界重视，发表了一些重要论文。其实，《马氏文通》早就对连词"而"有很精辟的论述（见前文）。可是对"名而动"中的"而"，虽然马建忠批评了清代学者以"通假"

释之的做法,但他自己的解释却也不是很明确,有时候甚至已经不是"语法"的解释。他说:"若'而'字之前若后惟有名字者,则其名必假为动静字矣。不然,则含有动静之字者也。不然,则用若状字者也。"(马建忠,1898/1983:288)又举《孟子·公孙丑上》"人役而耻为役,由弓人而耻为弓,矢人而耻为矢也"为例说:"'人役''弓人''矢人',三名也,而自为上截者,盖上截当重读,犹云'既为人役而耻为人役'云云,故'人役''弓人''矢人'虽自为上截,而其意含有动字者也。"(马建忠,1898/1983:289)那么"人役"这个"名字"到底是假借为动静字了呢?还是"含有动静之字"呢?还是"用若状字"呢?此外,"含有"到底是指句法上的省略还是语义上的隐含,也不清楚。不过,马建忠强调"而"前的名字具有陈述性,这是很高明的。《马氏文通》还特别举了两个典型的例子来强调"而"不应解作"若(如)"。特抄录如下:

> 有谓《左襄二十九》:"且先君而有知也,毋宁夫人,而焉用老臣。"又《昭二十六》:"后世若少惰,陈氏而不亡,则国其国也已。""先君"与"陈氏",皆自为上截所接,"而"字当作"若"字解,且以本文相比,则《襄公二十九年》一节,其前文有"先君若有知也"一句,《昭公二十六年》一节上文"后世若少惰",接云"陈氏而不亡",是"而""若"两字互用之明证。夫"而"字解如"若"字之义亦通,然将两上截重读,接以"而"字,其虚神仍在。如云"且先君虽死而或有知也",又如云"陈氏之为陈氏,至后日而仍未亡也",是将余味曲包之字补出,则"而"字仍不失为动静诸字之过递也。而况若而句者,经史往往而有。如执以"而""若"两字互用为解,遇有"而"字而无"若"字处者,又将何以自解也。《论语·述而》云:"富而可求也"句,必将"富"字重顿,而云"富之为富而可求也",则下句"虽"字已跃然矣。《左传·宣公十二年》云:"且君而逃臣,若社稷何。"犹云"且为一国之君而逃臣"云,如是上截顿足,则下截跌进更有力。若惟云"君若逃臣"云云者,则无余音矣。《孟子·万章上》云:"匹夫而有天下者,德必若舜禹,而又有天子荐之者。"此句重在匹夫,故当重顿。犹云"以匹

夫之绝无凭藉而能有天下者，则其德必若舜禹"云云。（马建忠，1898/1983：289—290）

今按，马建忠强调这种"而"仍属于"用以过递动静诸字者"是对的，但其论证完全从修辞的角度出发，通过体味文意来说明"而"前名字相当于动静字或"含有动静之字"，缺乏说服力。

薛凤生（1991）对"名而动"结构有一段很好的分析，他认为"人而无仪""人而无信""士而怀居""管氏而知礼""子产而死""十人而从一人"中，"而"前的名词是充当主语省略了的判断句的谓语，代表一个没有主语的子句。但他随后分析这些句子时却说："它们的意思分别是：'作为一个人''作为一个士''说到管氏那样的人''有个子产这样的官''（他们）有十个人'。"这就与马建忠那种"体味文意"的做法没有什么不同了，具有太强的主观性。与薛凤生不同，裴燮君（2005）则认为"而"前名词代表一个省略了谓语的句子，在"子产而死"中，"'子产'是个省略句，它含有'子产不应死、不可死'这样一种否定性谓词短语的意思"，裴燮君的这种说法并没有超出《马氏文通》，而且根本无法证明为什么是这样子的省略。

我们很赞成薛凤生所持的"而"前名词是充当主语省略了的判断句的谓语的观点。"而"前名词实际上是一个小句的谓语，这个小句是一个判断句，其主语没有出现。一个名词性成分如果充当判断谓语，是可以用连词"而"来连接的，如："知罃之父，成公之嬖也，而中行伯之季弟也。"（《左传·成公二年》）"成公之嬖"和"中行伯之季弟"，从词类属性说都是名词性成分，从句法上说，它们都是充当谓语，都具有陈述性质，它们都是对主语"知罃之父"加以陈述（判断），所以能够用"而"连接。

在"名而动"结构中，"而"前名词性成分同样是充当判断句的谓语，所以也可以用"而"连接，不同的只是"而"后的成分不是名词性的，也不是判断句的谓语，而是陈述句的谓语。"而"后的陈述性成分所陈述的对象从语义上看有时好像就是"而"前的名词性成分，但实际上，"而"后陈述性成分的句法上的主语是另一个全句省略了的话题性主语。

这个话题性主语既是由"而"前名词性成分充当判断谓语的小句的主语,也是"而"后谓词性成分充当的陈述句谓语的主语。如:"子产曰:'兄弟而及此,吾从天所与。'"(《左传·襄公三十年》)这个句子中,"而"连接的是两个只有谓语而主语没有出现的小句,两个小句的主语是同一个话题性主语,如果要勉强说出来的话,可以用"彼"来指代。这个句子要说全了,就是"彼,兄弟也,而及此……"。"兄弟"是一个判断句的谓语,"及此"是一个陈述句的谓语,所以都是陈述性成分,所以能够用"而"连接。因为"彼"和"兄弟"之间是一种判断关系,语义上"彼"就是"兄弟","兄弟"就是"彼",所以在话题性主语"彼"没有出现的情况下,"兄弟"看上去就像是"而"后陈述性成分的主语了,而实际上这个句子中"及此"的主语无论是句法的还是语义的都应该是"彼"。上古汉语中可以看到许多类似的句子,仅《左传》中就能找出近20例。如:

(1)今晋,甸侯也,而建国,本既弱矣,其能久乎?(《左传·桓公二年》)

(2)对曰:"吾一妇人,而事二夫,纵弗能死,其又奚言?"(《左传·庄公十四年》)

例(1)"而"连接的"建国"本是承"晋"而言的,前面的"甸侯也"是"晋"的判断谓语,如果"甸侯"之后没有"也",今人的标点也许会是"今晋,甸侯而建国……",这样,就形成了所谓的"名而动"结构。可见,所谓的"名而动","而"前的"名"事实上应分析为充当谓语的陈述性成分;"而"后的谓词性成分本不是对"而"前名词性成分的陈述,而是对话题性主语的陈述,如此例中的话题性主语就是"晋"。例(2)的话题性主语是"吾","一妇人"和"事二夫"都是对它的陈述,只不过前者是判断性的,后者是叙述性的。再如:

(3)对曰:"子,晋太子,而辱于秦。"(《左传·僖公二十二年》)

(4)祀,国之大事也,而逆之,可谓礼乎?(《左传·文公

二年》）
（5）鲁，周公之后也，而睦于晋。（《左传·襄公二十九年》）
（6）谓汶阳之田，敝邑之旧也，而用师于齐，使归诸敝邑。（《左传·成公八年》）
（7）善人，天地之纪也，而骤绝之，不亡何待？（《左传·成公十五年》）
（8）郑伯，男也，而使从公侯之贡，惧弗给也，敢以为请。（《左传·昭公十三年》）
（9）夫太子，君之贰也，而帅下军，无乃不可乎？（《国语·晋语一》）
（10）狐偃其舅也，而惠以有谋。（《国语·晋语四》）
（11）今夫齐王，长主也，而自用也。（《战国策·燕策一》）
（12）野马四，百璧一，此小国之礼也，而大国致之，君其图之。（《战国策·宋卫策》）
（13）乐者，圣人之所乐也，而可以善民心。（《荀子·乐论》）
（14）梁，我母家也，而秦灭之。（《史记·秦本纪》）
（15）宛小国而不能下，则大夏之属轻汉……（《史记·大宛列传》）

例（15）从上下文看，叙述的话题就是"宛"，"而"连接的是"小国"和"不能下"，都是对"宛"的陈述，"小国"是判断性的，"不能下"是叙述性的，所以能用"而"连接。如果单看"小国而不能下"，就成了所谓的"名而动"结构。

据此，我们认为，"名而动"结构来源于"话题性主语+名而动"的话题性主语不出现。所谓名、动，是就词类属性说的，从句法属性说，在该结构中，"名"和"动"都是充当小句的谓语，都是陈述性成分。所以我们认为在"名而动"中，"而"同样是一个"两度陈述"标记。

孙洪伟（2005）调查了《论语》《左传》《国语》《墨子》《孟子》

《庄子》《荀子》《韩非子》《吕氏春秋》《战国策》《史记》11种文献中的"名而动"式用例，共列出约110例，而何乐士（1999）说《左传》中的"名（主语）·而·动"就有99例（孙洪伟只列出了《左传》中的28例"名而动"）。① 这些"名而动"基本上都可以看作是话题性主语不出现形成的。如：

（16）伯牛有疾，子问之，自牖执其手，曰："亡之，命矣夫！斯人也而有斯疾也！斯人也而有斯疾也！"（《论语·雍也》）〔（伯牛）斯人也而有斯疾也〕

（17）邦君树塞门，管氏亦树塞门；邦君为两君之好，有反坫，管氏亦有反坫。管氏而知礼，孰不知礼？（《论语·八佾》）（彼管氏也而知礼）

（18）陷君于败，败而不死，又使失刑，非人臣也。臣而不臣，行将焉入？（《左传·僖公十五年》）（我臣也而不臣）

（19）平公见之，曰："司武而梏于朝，难以胜矣。"（《左传·襄公六年》）（彼司武也而梏于朝）

（20）且先君而有知也，毋宁夫人，而焉用老臣？"（《左传·襄二十九年》）（且彼先君也而有知）

（21）亡人而国荐之，非敌而君设之，非天，谁启之心！（《国语·晋语四》）（公子亡人也而国荐之。公子非敌也而君设之。"亡人"是肯定性判断谓语，"非敌"是否定性判断谓语）

（22）且一人之身，而百工之所为备。（《孟子·滕文公上》）（彼一人之身也，而百工之所为备）

（23）其子而食之，且谁不食？（《韩非子·说林上》）（彼其子也而食之）

---

① 当然，何乐士（1999）所列的99例"名（主语）·而·动"，有些在我们看来并不属于"名+而+动"，如"殿而在列""今我，妇人而与于乱"〔杨伯峻（1990：965）作"今我妇人，而与于乱"〕之类。

（24）骊姬泣曰："太子何忍也！其父而欲弑代之，况他人乎？"（《史记·晋世家》）（君其父也而欲弑代之）

二、"名而动"的语法性质及"名"的语义特征

通过上文对"名而动"的来源的讨论，已经可以很清楚地看出"名而动"的语法性质了："名而动"不是一个简单谓语句（分句），而是一个复杂谓语句，"而"连接的是两个陈述形式，"名而动"是一个复谓结构。"而"连接的两个成分虽然有"名"和"动"的不同，但在句法结构中都是陈述性成分。

上古汉语中名词性成分是比较容易充当陈述性成分的，因为可以直接充当判断性谓语。① 一个名词性成分在句法结构中只要是语义上对某一事物所作的判断，它就可以通过"而"与另外一个陈述性成分连接。另外一个成分可以是动词性的，也可以是名词性的。如：

（25）夫君，神之主而民之望也。（《左传·襄公十四年》）（或本"而"作"也"）

（26）白狄及君同州，君之仇雠，而我之昏姻也。（《左传·成公十三年》）（或本无后一"之"）

（27）此君之宪令，而小国之望也。（《左传·襄公二十八年》）

（28）夫齐，甥舅之国也，而大师之后也，宁不亦淫从其欲以怒叔父，抑岂不可谏诲？（《左传·成公二年》）

（29）因天下之力，伐雠国之齐，报惠王之耻，成昭王之功，除万世之害，此燕之长利而君之大名也。（《战国策·秦策三》）

（30）今夫蜀，西辟之国，而戎狄之长也。（《战国策·秦策一》）

以上各例，"而"连接的前后两项，从词类属性看，都是名词性的，但它们在句子中都是充当判断性谓语，是陈述性成分，所以能够用"而"连

---

① 汉语判断句中的系词虽然战国末期可能已经产生，但上古汉语的判断谓语一般是没有系词的。

接。据此，我们可以说《马氏文通》的"而""惟用以为动静诸字之过递耳"的论断并不周密。前后两项能否用"而"连接，与前后两项的词类属性其实没有关系，而是取决于其在句子中是否具有陈述功能，只要在句法结构中具有陈述性，就可以用"而"连接。

"而"连接的两项可以都是名词性成分充当的判断性谓语，当然也可以只有其中的一项是名词性成分充当的判断性谓语。当前项是名词性成分充当的判断性谓语，后项是谓词性成分充当的叙述性谓语时，就出现了"名而动"结构。"名""动"是就词类属性来说的，就语法性质而言，它们都是充当述语（谓语），都是陈述性成分。所以，"名而动"的语法性质绝对不是简单的主谓句，而是复谓结构，是另外的一个话题性主语的复杂谓语。

为什么不少人会将"名而动"看作一个简单的主谓句呢？这是因为"名"是对话题性主语的判断，"动"是对话题性主语的叙述，在语义上"动"也可以看作是对"名"加以叙述，于是就使人们觉得这种结构可以分析为"主·而·谓"。又因为"名而动"有不少是用在假设复句的前一部分，所以使人觉得"而"像一个假设连词。然而这种假设关系并不是"而"的功能决定的，而是"名而动"结构与后续分句之间的语义关系决定的。如《马氏文通》分析的"且君而逃臣，若社稷何"，"君而逃臣"与"若社稷何"两个分句之间语义上虽然是假设关系，但"君"和"逃臣"两项陈述之间语义上却存在转折关系。事实上也有不少"名而动"结构并不表示假设，如上文举出的"斯人也而有斯疾也""司武而梏于朝""亡人而国荐之，非敌而君设之""且一人之身，而百工之所为备"诸例，"名而动"都不是表示假设。

"名而动"结构在先秦汉语中相当常见，《马氏文通》就列举了不少例子，孙洪伟（2005）在11种文献中就找出了近110个例句，而我们调查《诗经》，46例连词"而"就有13例用于这种结构。是不是所有这些"名而动"都可以分析为"话题性主语+名而动"呢？

其实，这样的分析，只是从来源上对这种结构进行解释。我们知道，一种结构形式，在其产生之后，往往在用法上会有扩展，而扩展的形式不一定都能还原为原始形式。但是，即使不能还原为"X（话题性主语）+名而动"的句法形式,也不能否认"名"的陈述性质。就像孙洪伟(2005)所分析的,绝大多数"名"都具有"类意义",或者是本身就具有类意义,或者是上下文赋予其类意义。所谓类意义,实际上是名词性成分所具有的性质意义(谭景春,1998),性质意义强的名词性成分,都是陈平(1987)所说的"通指"(generic)类名词性成分。为什么这种结构中的"名"总是具有类意义呢?我们认为,这是因为这些"名"原本是来自判断句的判断性谓语。"判断"本是一个逻辑学术语,是思维的基本形式之一。逻辑学上,对事物的属性、属类有所断定的思维形式叫判断。判断句就是对事物的属性或属类作出判断的句子。当我们说"A是B"这个判断句时,B的类意义或性质意义一定比A强;说"B是C"时,C的类意义或性质意义一定又比B强。如:

子产是郑国宰相,郑国宰相(子产)是郑国人民非常爱戴的人

这两个判断句中出现的三个名词性成分的性质意义强弱级差是:

郑国人民非常爱戴的人 > 郑国宰相 > 子产

又如:

汪汪是(一条)京巴狗,京巴狗是(一种)宠物狗

这两个判断句中出现的三个名词性成分的类意义强弱级差是:

宠物狗 > 京巴狗 > 汪汪

为什么是这样?因为判断谓语是说明主语的属性或属类的,所以谓语部分的名词性成分的属性、属类意义必须强于被判断的名词性成分。"名而动"结构中的"名"本是来自判断句的谓语,所以必然具有较强的性质意义(或类意义),即便是一些专有名词,也会在具体的语言环境中获得较强的性质意义(或类意义)。

就句子的表层结构的合法性来说,不少"名而动"的"名"前固然不能补出一个话题性主语,但我们认为,在深层的语义结构中,这个话题性主语是存在的。首先,所有"名而动"结构都出现在对话或评述性语言

中，没有出现在客观叙述性语言中的，这说明包含这种结构的句子具有很强的主观性。其次，在上下文中，通常有一个显性的或暗含的与"名"对比的成分，说话人是把"名"作为一个对比焦点提出来的。《马氏文通》多次提到"名"当"重读""重顿"，实际上就是认为"名"是个对比焦点。现代汉语中的对比焦点是携带重音的，古人说话时是否"重读""重顿"，今天不得而知，但任何语言中，对比焦点一定会通过某种手段得到凸显。"而"前"名"既然是对比焦点，对比就是强调它是什么，是说话人主观上对其作出判断，因此我们认为在这种结构中，说话人是将"名"作为一个判断提出来的。如：

(31) 相鼠有皮，人而无仪。人而无仪，不死何为？（《诗经·鄘风·相鼠》）

(32) 我有子弟，子产诲之；我有田畴，子产殖之。子产而死，谁其嗣之？（《左传·襄公三十年》）

(33) 叶公曰："王子而相国，过将何为！"（《左传·哀公十七年》）

例 (31) "人"与"鼠"对比，相对"鼠"，说话人要说的"是人"；例 (32) "子产"与别的人对比，是一个令人爱戴的人（从上文可以看出），说话人要说的"是这样的一个子产"；例 (33) "王子"与别的身份对比，说话人要说的"是王子"。正因为"而"前"名"在说话人那里是当作一个判断提出来的，所以它具有陈述性，所以能够用"而"和另一个陈述性成分"动"连接。

有一类"名而动"，其前有假设连词"若""使"等，"名"多是专有名词或人称代词，其本身的性质意义很弱，上下文中也没有明确的与之对比的成分，似乎很难看出"名"具有判断谓语的性质。如：

(34) 物莫不若是。且予求无所可用久矣，几死，乃今得之，为予大用。使予也而有用，且得有此大也邪？（《庄子·人间世》）

(35) 今宋国之深，非直九重之渊也；宋王之猛，非直骊龙也；

子能得车者，必遭其睡也。使宋王而寤，子为齑粉夫！（《庄子·列御寇》）

（36）吾尝居山穴之中矣。当是时也，田禾一睹我，而齐国之众三贺之。我必先之，彼故知之；我必卖之，彼故鬻之。若我而不有之，彼恶得而知之？若我而不卖之，彼恶得而鬻之？（《庄子·徐无鬼》）

（37）造父方耨，时有子父乘车过者，马惊而不行，其子下车牵马，父子推车，请造父助我推车。造父因收器，辍而寄载之，援其子之乘，乃始检辔持策，未之用也，而马咸鹜矣。使造父而不能御，虽尽力劳身助之推车，马犹不肯行也。（《韩非子·外储说右下》）

（38）方晏子伏庄公尸哭之，成礼然后去，岂所谓"见义不为无勇"者邪？至其谏说，犯君之颜，此所谓"进思尽忠，退思补过"者哉！假令晏子而在，余虽为之执鞭，所忻慕焉。（《史记·管晏列传》）

首先要强调的是，这类用例说明"而"没有表示假设的作用，因为句首已经有假设连词，汉语从古至今没有在一个句子的主语前后都出现假设连词的用法，所以那种认为"而"用如"若"的解释是不可信的。这类句子中的"而"前"名"虽然本身性质意义很弱，但上下文赋予了其性质意义。例（34）"予"是"求无所可用久矣，几死，乃今得之"的"予"，这就有了说话人主观上形成的对比——是这样的"予"，不是世人所认为的那样普通的"予"，所以"予"仍然是一个对比焦点。例（35）"宋王"是"非直骊龙"之猛的"宋王"，这就有了说话人主观上形成的对比——是此"宋王"（有"非直骊龙"之猛的性质意义），不是一般所说的"宋王"，所以"宋王"仍然是一个对比焦点。例（36）的"我"是先（有）之、先卖之的"我"，例（37）"造父"是不使用辔策就使马驯服的"造父"，例（38）的"晏子"是见义勇为、"进思尽忠，退思补过"的"晏子"，同样都是说话人强调的对比焦点。据此我们认为，这些句子中的"而"前"名"，在说话人那里也是当作一个判断提出来的，都具有陈述性质，所以能够用"而"连接，"名而动"仍然应该看作一个复谓结构。

朱德熙（1988）曾根据赵元任"一个整句是由两个零句组成的复句(complex sentence)"的观点，指出"名词主语之有陈述性〔或者说是'谓语性'（predicativity）〕是句法位置赋予它的"；"名词性成分只有在主语位置上表现出陈述性，在宾语和修饰语位置上没有这种性质。名词的陈述性是主语这个句法位置赋予它的"。朱文也讲到了"名而动"这种结构，认为"名"是主语，因为主语位置赋予了它陈述性，所以可以用"而"和充当谓语的"动"连接。孙洪伟（2005）也认为"名而动"是一个主谓结构，但他"认为不是主语这个句法位置赋予NP陈述性，而是因为NP本身固有或上下文赋予的类意义在句中得到了突显，因此具有陈述性"。我们认为，主语位置上的名词性成分，无论何种原因使得其具有陈述性，其本质总归是一个指称性成分，我们不能既说它是指称性成分，又说它具有陈述性。"名而动"中的"名"不仅仅是具有陈述性的问题，从表述功能来说，它在该结构中就是用作陈述，它是作为判断句的谓语来使用的。上古汉语判断句可以不用系词，名词性成分可以直接充当判断谓语，才会产生这类"而"前"名"。由此我们认为，"名而动"根本不是主谓结构，不是什么"主·而·谓"，而是一个连谓结构，"而"连接的是两个陈述。这样，我们就可以将"名而动"中的"而"与其他连接前后两项都是谓词性成分的"而"统一起来作出解释了。

三、关于"时间名词+而+动"

前面讨论的"名而动"中的"名"不包括表示时间意义的名词性成分。上古汉语中还有大量的"时间名词+而+动"的用例，何乐士（1999）统计《左传》的这类用例就有71例。如：

(39) 公父定叔出奔卫。三年而复之，曰："不可使共叔无后于郑。"（《左传·庄公十六年》）
(40) 晋人获秦谍，杀诸绛市，六日而苏。（《左传·宣公八年》）
(41) 矫曰："不杀二子，忧必及君。"公曰："一朝而尸三

卿，余不忍益也。"(《左传·成公十七年》)

（42）文公伐原，令以三日之粮。三日而原不降，公令疏军而去之。(《国语·晋语四》)

（43）李兑用赵，减食主父，百日而饿死。(《战国策·秦策三》)

（44）子之持戟之士，一日而三失伍，则去之否乎？(《孟子·公孙丑下》)

（45）凡马，日中而出，日中而入。(《左传·庄公二十九年》)

（46）四月，陈无宇献莱宗器于襄宫。晏弱围棠，十一月丙辰而灭之。(《左传·襄公六年》)

（47）宋有富人，天雨墙坏。其子曰："不筑，必将有盗。"其邻人之父亦云。暮而果大亡其财。(《韩非子·说难》)

前6例时间名词表示时段，后3例时间名词表示时点。我们认为这些时间名词在该结构中都具有陈述功能，都代表一个陈述。马庆株（1991）指出，现代汉语中具有顺序义的体词具有陈述功能，可以作谓语，有顺序义的名词主要是时间词、衔位名词以及绝对处所词。上举各例中的时间名词都具有顺序义，它们同样具有陈述功能。但古今时间名词的陈述功能表现并不完全相同。现代汉语中具有顺序义的时间名词可以前加时间副词、后加"了"作谓语（也可以同时前加时间副词后加"了"），这种时间名词所充当的谓语表示变化意义。[①]上古汉语含顺序义的时间名词也可以充当谓语，但不表示变化，而表示经历某个时段（时段名词）或到达某个时点（时点名词）。如：

（48）子仪在位，**十四年**矣。(《左传·庄公十四年》)

（49）鲁人惧，听命。**甲戌**，同盟于平丘，齐服也。令诸侯日中造于除。**癸酉**，退朝。(《左传·昭公十三年》)

"十四年"即经历了十四年；"甲戌""癸酉"即到甲戌这一天、到癸

[①] 另有含顺序义的时间名词直接作谓语的，如"今天星期三""明天大年三十"，这可以看作特殊的判断句。

酉这一天。①经历时段和到达时点都是陈述，所以可以通过"而"与另一个陈述性成分连接。为什么时间名词会有这种陈述性质呢？这是因为时间是自然延续的，任何一个时间段都有延续的过程，任何一个时间点都是从它之前的时间点延续来的，所以时间词能很自然地包含谓词性成分才有的"过程意义"。可以说，时间词的词义构成中本来就包括［经历/到达］这样的义素，因此时间词具有较强的陈述性，这也是无论古今汉语，时间名词的语法功能都与普通名词有显著差异的根本原因。

说明了时间名词的陈述性特点，也就可以解释为什么时间名词可以通过"而"与"动"连接了，在"时间名词+而+动"中，"而"的功能仍然是标记"两度陈述"。下面我们再分析几个例句来说明时间名词的陈述性质。

(50) 今是长乱之道也，祸未歇也，必三年而后能纾。(《左传·襄公二十九年》)

(51) （赵婴）祭之，之明日而亡。(《左传·成公五年》)

(52) 言之，之莫而卒。(《左传·成公十七年》)

(53) 且夫韩、魏之所以畏秦者，以与秦接界也。兵出而相当，不至十日而战胜存亡之机决矣。(《战国策·齐策一》)

(54) 处三日而民歌之曰："公胡不复遗冠乎！"(《韩非子·难二》)

例（50）"三年"前有副词"必"修饰，足以证明"三年"是一个陈述性成分。②例（51）、例（52）的时间名词前有表示"经历"意义的动词"之"，这是将时间名词本身包含的"过程意义"用显性的形式表现出来，有动词"之"，"之明日""之莫"就从意义到形式都是陈述性

---

① 句法上，"甲戌""癸酉"固然也可以分析为时间性状语或主语，但它们都可以通过"而"和后面的陈述性成分连接［如上举例（46）］，它们本身具有陈述性，所以在上古汉语中将之分析为一个小句也许更为有道理，今人在给古书标时，这样的时间词之后往往点断，大概也是因为觉得它们表示了一个相对独立的陈述。

② 这个句子当然也可以将"必"分析为整个"三年而后能纾"的修饰语，但当以将"必"分析为"三年"的修饰语为优。

成分，用"而"与"动"连接，就是很正常的；但是，即使没有动词"之"，用"而"连接在上古汉语中也是正常的，而且更为常见。例（53）的时间名词"十日"前有动词"至"，"至十日"是述宾结构，当然可以用"而"与"动"连接，但不用"至"，同样合上古汉语的语法，"十日"同样表示到达某个时间点。例（54）"处三日"就是经历三日，"经历"的意义由动词"处"表示，但如果不用"处"，"三日"同样能够表示经历三日。调查上古汉语文献可以看到，时间名词直接表示经历时段或到达时点比起时间名词前用动词表示经历时段或到达时点占有绝对优势，用动词的是非常少见的。

因此，我们认为，"时间名词+而+动"也要分析为连谓结构，"而"同样是"两度陈述"标记。

第三节 "而"在上古汉语语法系统中的重要地位[①]

连词"而"使用的高峰期是春秋到西汉时期。东汉开始，"而"的使用就成衰退之势，如在约23万字的《论衡》中，"而"作连词单独使用约2100次，平均每万字约出现91次；在约28万字的东汉佛典译经中，"而"约出现579次，平均每万字约出现20次。在不到7万字的《世说新语》中，"而"约出现370次，平均每万字约出现53次，在约2万字的《百喻经》中，"而"约出现130次，平均每万字约出现59次。而在《左传》中，"而"约出现3000次，平均每万字约出现172次；《论语》中"而"约出现340次，平均每万字约出现162次；《史记》中"而"约出现6200次，平均每万字约出现120次。《论衡》中的"而"出现频率还比较高，因为该书毕竟出自文人之手，并没有完全摆脱书面语色彩，同时，我们发现不少"而"都是出现在四字句中，具有添足音节的性质。《世说新语》和《百喻经》中"而"的出现频率比东汉译经还高，这是因为《世说新语》中有

[①] 本节内容曾以《论"而"在上古汉语语法系统中的重要地位》为题在第七届国际古汉语语法研讨会（法国国家科学院东亚语言研究所，2010年9月）上宣读，后以《"而"在上古汉语语法系统中的重要地位》为题发表于《汉语史学报》第十辑（上海教育出版社，2010年）。

不少文人的语言,《百喻经》中有一些固定的语句(如"从何而生""而作是言"之类)用"而"。我们推测,东汉以后的实际口语中,连词"而"已经很不活跃了。

为什么从春秋时期到西汉时期"而"会大量使用呢?我们认为这与上古汉语的语法系统有着密切的关系,作为一个功能词,"而"在上古汉语语法系统中具有重要的地位。

一、"而"的出现时代

1. 连词"而"始见于东周金文和先秦的传世文献

甲骨文中没有"而",也没有与先秦时期连词"而"功能相近的功能词。据此,可以说殷商时代"而"还没有产生。早期金文中也没有"而",战国时期的金文中才出现"而"。据崔永东(1994),连词"而"到春秋后才在铭文中频繁出现,在中山诸器铭文中,"而"字颇多(按,中山诸器为战国时铜器,共见"而"11例)。另外,可能略早于中山王诸器的叔夷镈中也有一例"而":"丕显穆公之孙,其配襄公之妣,而成公之女。"据此,就目前见到的出土资料看,西周还不见连词"而"。

传世文献中,最早使用连词"而"的是今文《尚书》和《诗经》。但这两种文献的成书年代很难说准。比如《尚书·盘庚》中出现了两例"而",梁启超《古书真伪及其年代》认为《盘庚》绝对是商周时代的作品,顾颉刚《论今文尚书著作时代》也认为是周代的作品,而陈梦家《尚书通论》则认为《盘庚》是战国时代的作品。今文《尚书》中共出现"而"27例,其中在被多数人认为是西周早期作品的《盘庚》中2例,《吕刑》中2例。裘锡圭(1992)曾通过《尚书》和甲骨卜辞、西周金文对比后指出:"通过跟西周春秋铜器铭文对比,我们可以相信《尚书》中《周书》的大部分(自《大诰》以下各篇),虽然其文字在不断传抄刊刻的过程中已经出现了不少讹误,但是大体上还保持着'原件'的面貌。《商书》用词行文的习惯往往与甲骨卜辞不合。如《盘庚》喜欢用'民'字,在卜辞里却没有发现过同样用法的'民'字。但是《商书》各篇所反映的思想以至某些制度却跟卜辞相合。看来,它们(《汤誓》也许要除外)大概确有商代的底本为根据,然而已经经过了周代人比较大的修改。"由此看来，我们似乎不能肯定西周时代就已经使用"而"了。关于《诗经》，通常认为，《周颂》《大雅》《小雅》的时代早一些，在这些作品中，出现了14例"而"（其中《周颂》2例，《大雅》3例，《小雅》9例）；其他各篇共31例。这些"而"到底是反映了西周时期的语言现象，还是本来就出自春秋以后或是后人改动，不好肯定。

2. "而"的大量使用是自春秋后期开始的

"而"的大量使用是自春秋后期开始的。这样说的重要证据是，《春秋经》极少用"而"（仅见宣公八年"庚寅，日中而克葬"一例），而春秋三传中"而"使用频率则非常高。虽说可能存在文体的原因，但是我们可以找到对应的句子：

(1)《春秋经·隐公四年》：戊申，卫州吁弑其君完。《左传》：四年春，卫州吁弑桓公而立。

(2)《春秋经·昭公八年》：楚人执陈行人干征师杀之。《左传》：楚人执而杀之。

(3)《春秋经·昭公八年》：陈人杀其大夫公子过。《左传》：陈公子招归罪于公子过而杀之。

(4)《春秋经·昭公十六年》：楚子诱戎蛮子杀之。《穀梁传·昭公十一年》：夷狄之君诱中国之君而杀之。

这些材料有力地说明，"而"的大量使用是在《春秋经》以后。

"而"的大量使用带有突发性，从《左传》开始，"而"突然成为汉语中的高频词，先秦诸子、《国语》、《战国策》一直到西汉的《史记》，"而"都高频出现，直到东汉"而"开始衰落（关于"而"的衰落及其对汉语语法的重大影响，还需要进一步研究）。

这个"而"是怎么来的？目前还很难解释。"而"的本义，今本《说文》为"颊毛也"（中华书局影印大徐本，段玉裁认为原作当是"须也"）。段玉裁注："引申假借之为语词，或在发端，或在句中，或在句末；或可释为然，或可释为如，或可释为汝。或释为能者，古音能与而同，假而为能。"但是是如何引申的，没有证据。"而"的本义显然很难引申出连词的用法，各种假借义且不说产生的时代，即使产生在连词用法之前，也很难引申出连词用法。我们怀疑连词"而"可能就是一个"原生"的记音词。

二、"而"在上古汉语语法系统中的重要地位

1."而"的使用规则

"而"的基本功能是标记"两度陈述"。"而"的使用规则就是将两项具有陈述功能的成分连接起来，即当两项具有陈述功能的成分需要联系在一起形成一个复杂述谓形式的时候，往往置"而"于其间。

就目前我们对材料的认识来看，"而"的使用，有时候是强制性的，有时候则似非必须。下面是《论语·学而》中出现的"而"，我们来看哪些"而"是必须用的，哪些"而"可以不用：

（5）学而时习之，不亦说乎？
（6）人不知而不愠，不亦君子乎？
（7）其为人也孝弟，而好犯上者，鲜矣！
（8）不好犯上，而好作乱者，未之有也。
（9）君子务本，本立而道生。孝弟也者，其为仁之本与！
（10）吾日三省吾身：为人谋而不忠乎？与朋友交而不信乎？传不习乎？
（11）道千乘之国，敬事而信，节用而爱人，使民以时。
（12）礼之用，和为贵。先王之道斯为美，小大由之。有所不行，知和而和，不以礼节之，亦不可行也。
（13）君子食无求饱，居无求安，敏于事而慎于言。
（14）就有道而正焉，可谓好学也已。
（15）贫而无谄，富而无骄，何如？子曰：可也。未若贫而乐、富而好礼者也。

凭语感和我们对上古汉语文例的了解，例（5）中的"而"、例（11）中的前一"而"、例（12）中的"而"、例（14）中的"而"是必须的，否则

就不成句了。①例（6）、例（13）中的"而"可以不用，但必须代之以语气停顿。例（7）中的"而"、例（8）中的"而"、例（9）中的"而"、例（10）中的"而"、例（11）中的后一"而"、例（15）中的"而"也可以不用，但是有"而"与没"而"语义上是有差别的，至少语义的明确程度会很不一样。②

吕叔湘（1959：56）说："可用'而'字的地方实在太多了，我们几乎可以说，问题不是何处可用'而'字，而是何处不可用'而'字。"上面例（5）—例（15）是有的地方"而"必用，有的地方"而"可用可不用，那么什么时候不可用"而"呢？总的来说，"而"联系的必须是两项具有陈述功能的成分，凡只包含一个陈述性成分的句子，就用不着"而"。但是，也有一个句子包含两项陈述性成分却不用"而"的，如：

（16）楚子诱戎蛮子杀之。（《春秋经·昭公十六年》）（比较：《穀梁传·昭公十一年》"夷狄之君诱中国之君而杀之"）

（17）见叔孙穆子，说之。（《左传·襄公二十九年》）（比较：《左传·襄公二十五年》"见棠姜而美之，使偃取之"）

例（16）今标点本多不在"杀"之前断开，但是我们可以感觉到"杀"之前应该有语气停顿，例（17）今标点本则都在"说之"之前断开，可证明例（16）在"杀"之前断开似乎更有道理。如是，则如若两项陈述性成分之间加入语气停顿，则"而"可以不用。再看例子：

（18）越王乃令其中军衔枚潜涉，不鼓不噪以袭攻之，吴师大北。（《国语·吴语》）

（19）李牧数破走秦军，杀秦将桓齮。（《战国策·赵策四》）

---

① 清代刘淇的《助字辨略》讲"而"时一开始就指出："而，承上转下，语助之辞，《论语》'本立而道生'是也。又如《论语》'敬事而信'，此而字，但为语助，无所承转，去而字则不可以句也。"

② 《马氏文通》对"而"在句子中所起的修辞作用多有论述，见前文。

（20）故往见郭隗先生曰："齐因孤国之乱，而袭破燕……"（《战国策·燕策一》）

"袭攻之"是袭之、攻之，"破走秦军"是破秦军、走秦军（使秦军逃跑），"袭破燕"是袭燕、破燕，都包含两项陈述性成分，为什么其间不用"而"呢？我们认为这是"而"在其历史发展中的衰落迹象，是两项陈述性成分之间的"而"被省略的结果（参见第五章第一节）。

那么，"而"的运用到底是遵循什么样的规则呢？凡说话人认为，两项陈述性成分所述事件之间具有紧密联系，就要用"而"将两项陈述性成分连接起来，从而将两个小句组合在一个句子中构成复杂谓语句。吕叔湘（1942/1982：342、378）曾通过比较文言中的"而"与"然""则"的差异后指出："'而'字在本质上是一个真正的'连'词，这里所谓'连'即'连而不断'的'连'。'而'字连系的，无论是相顺的两事，还是相反的两事，是同时的两事，还是先后的两事，用'而'字的句子都是一贯而下，不作顿挫。转折句虽然在心理上无不有转折，在说话的口气上，却有的是一气说下，有的是停顿取势。前者用'而'字是本分，后者原来也用'而'字，但后来就常常被'然而'或'然'取而代之。现在，就一般而论，我们可以说：语气无停顿处用'而'，有停顿处可以用'而'，而用'然'为多，大停顿如一段之后另起一段，则必用'然'或'然而'。拿比较具体的情形来说，凡是连成一小句，作为更大一句的一个部分的，只用'而'，不用'然'……""用'而'的句子是连绵的，常常是一气呵成的；用'则'的句子是顿挫的，仿佛是一问一答似的……所以用'而'字则两事合为一事，用'则'字则两事仍为两事。"这是很有见地的。

至于有些"而"看上去是连接分句与分句，那是"而"的功能由一个句子内的用法扩展到句子之间的用法，或者也许只是由于受句子长度的影响而形成的声气句读。[①]如：

---

① 有人提出古书有文法句读和声气句读之别，那么古人的声气句读是什么情形，目前还很少有人进行探讨。"声气句读"与"语法句读"的不一致由黄侃提出，见王大年（1998）。

（21）夫子焉不学，而亦何常师之有？（《论语·子张》）
（22）今天或者大警晋也，而又杀林父以重楚胜，其无乃久不竞乎？（《左传·宣公十二年》）
（23）请分良以击其左右，而三军萃于王卒，必大败之。（《左传·成公十六年》）
（24）叔仲昭伯为隧正，欲善季氏，而求媚于南遗。（《左传·襄公七年》）

即使在这种情况下，仍然像吕叔湘所说的，"而"所连接的两个分句也是"一贯而下""一气呵成"的，说话人是将两事"合为一事"来说的。

必须用"而"的句子中，两项陈述之间或为时间先后关系，或为方式与手段的关系，或为因果关系，或为并列关系。其共同特点是两项陈述在事理上存在自然的联系（至少说话人是这样认为的），没有"而"就会影响甚至破坏这种自然的联系。如"敬事而信""节用而爱人"，如果不用"而"，"敬事"与"信"、"节用"与"爱人"之间的事理联系就难以体现出来。另外，还有韵律方面的因素起作用，没有"而"会破坏韵律的和谐，如"敬事而信"。

2. "而"在上古汉语语法系统中的重要地位

上古汉语语法系统与中古以后的汉语语法系统最大的区别之一是，上古汉语一个句子中可以同时拥有两个相对独立、互不管辖的叙述中心，我们将一个句子的两个相对独立、互不管辖的叙述中心叫作"双陈述结构"。[①]双陈述结构的存在依赖于"而"的使用，也就是说，"而"的使用是双陈述结构存在的前提，因此也可以说，"而"的大量使用，是上古汉语语法系统与后代汉语语法系统的结构性差别的重要标志，由此可见，"而"在上古汉语语法系统中具有多么重要的地位。

我们这里说的双陈述结构与通常讲汉语语法（包括现代汉语和古代汉语）时所说的连谓结构或复谓结构是不同的，前文我们称作"复杂的述谓

[①] 冯胜利（2002）曾讨论秦汉时期汉语的"双核结构"与后代的动补形式的关系。本文所论"双陈述结构"与冯文立论角度和讨论的对象不同。

性结构",实际上也没有突出其特点。应该说,双陈述结构也可以包括在连谓结构(或复谓结构)之内,但只指一个句子中的两项陈述性成分互相独立,互不管辖,可以各自成为述谓中心的复谓结构(如果"而"连接的是两个分句,当然更是两个互相独立,互不管辖的陈述了)。如"卫州吁弑桓公而立","(卫州吁)弑桓公"和"(卫州吁)立"是两个相对独立的述谓中心,无论在句法结构上还是在语义关系上,都不以另一项陈述为中心而依附之成为其附加成分;"夷狄之君诱中国之君而杀之"同样包括"(夷狄之君)诱中国之君"和"(夷狄之君)杀之(中国之君)"两个相对独立的陈述。

梅广(2003)提出:"从上古到中古,汉语的发展是从一种类型的语言演变成另一种类型的语言。""历史上汉语句法的整个发展趋势就是从并列到主从。上古汉语是一种以并列为结构主体的语言;中古以降,汉语变成一种以主从为结构主体的语言。上古汉语发展出一个semantically unmarked的并列连词'而',很可以用来说明以并列为结构主体的语言的特质。"梅文所说的并列结构,与本文所说的双陈述结构大体近似。当中古时期"而"衰落后,双陈述结构就不再是合法的句法结构了,我们认为,这是汉语语法从上古到中古发生结构性重大变化的重要表现之一。梅文认为从上古到中古,汉语发生了类型的变化,这个观点是很深刻的。

由"而"连接的双陈述结构的前后项都是句子的陈述中心,这可以从其句法功能方面加以证明。

前后项可以分别陈述不同的主语。如:

(25)子曰:"为政以德,譬如北辰,居其所而众星共之。"(《论语·为政》)
(26)鱼馁而肉败,不食。(《论语·乡党》)
(27)于是乎民和而神降之福,故动则有成。(《左传·桓公六年》)

前后项的动词可以携带不同的宾语。如:

(28)二年春,宋督攻孔氏,杀孔父而取其妻。(《左传·桓公二年》)

(29) 惠之三十年，晋潘父弑昭侯而立桓叔，不克。（《左传·桓公二年》）

(30) 听其言而观其行。（《论语·公冶长》）

前后项可以有不同的状语成分。如：

(31) 且君尝为晋君赐矣，许君焦、瑕，朝济而夕设版焉，君之所知也。（《左传·僖公三十年》）

(32) 初，梁伯好土功，亟城而弗处。（《左传·僖公十九年》）

(33) 不如私许复曹、卫以携之，执宛春以怒楚，既战而后图之。（《左传·僖公二十八年》）

(34) （宋公）尽以其宝赐左右而使行。（《左传·文公十六年》）

(35) 失鲁而以千社为臣，谁与之立？（《左传·昭公二十五年》）

(36) 执焉而又说其言，从之固矣。（《左传·哀公十二年》）

前三例"而"前后的VP都各自有自己的状语成分。例（34）"而"前的VP有状语成分"尽以其宝"，而该状语成分与"而"后的VP没有句法和语义上的联系，可见这个状语成分只属于"而"前的一项陈述。例（35）、例（36）"而"后的VP有状语成分"以千社""又"，该状语成分与"而"前的VP没有句法和语义上的联系，可见它们只属于"而"后的一项陈述。

前后项可以有不同的补语成分。如：

(37) 所谓道，忠于民而信于神也。（《左传·桓公六年》）

(38) 敏于事而慎于言。（《论语·学而》）

(39) 召穆公思周德之不类，故纠合宗族于成周而作诗。（《左传·僖公二十四年》）

(40) 齐国庄子来聘，自郊劳至于赠贿，礼成而加之以敏。（《左传·僖公三十三年》）

前二例各自带补语，例（39）补语"于成周"只属于前一项陈述，例（40）补语"以敏"只属于后一项陈述。

前后项可以各带语气助词。如：

（41）江乙曰："州侯相楚，贵甚矣而主断，左右俱曰'无有'……"（《战国策·楚策一》）
（42）今割矣而交不亲，驰矣而兵不止，臣恐山东之无以驰割事王者矣。（《战国策·韩策一》）
（43）子欲善而民善矣！（《论语·颜渊》）
（44）今晋主汾而灭之矣。（《左传·昭公元年》）

前二例语气词"矣"只属于前一项陈述，后二例"矣"只属于后一项陈述。

否定词只管辖一项陈述。如：

（45）小人不知天命而不畏也，狎大人，侮圣人之言。（《论语·季氏》）
（46）未葬而襄公会诸侯，故曰子。（《左传·僖公九年》）
（47）栾书怨郤至，以其不从己而败楚师也，欲废之。（《左传·成公十七年》）
（48）子良曰："晋、楚不务德而兵争，与其来者可也。（《左传·宣公十一年》）
（49）吾见师之出而不见其入也！（《左传·僖公三十二年》）
（50）夫子欲寡其过而未能也。（《论语·宪问》）

例（45）前后项各自有否定词，说明第一个否定词并不管辖"而"后的陈述，所以"而"后的陈述还要另加一个否定词。例（46）—例（48）的否定词只管辖"而"前的陈述，例（49）、例（50）的否定词只管辖"而"后的陈述。[①]

---

① 冯胜利（2002）曾举"不战而胜，不攻而得""学而不思则罔，思而不学则殆"为例说，"（前一例）'不'只能否定短语中的第一个动词，而无法辖制第二个动词。如果要否定第二个动词，只有在第二个动词前加进否定词。"这个说法大体上是正确的，但是，也不能说否定词绝对不能管辖"而"前后的两个动词。如："圣人，吾不得而见之矣；得见君子者，斯可矣。"（《论语·述而》）"盛德之士，君不得而臣，父不得而子。"（《孟子·万章上》）不过这样的用例很少，且我们暂时只见到"而"前动词为"得"的例子。

"而"还可以连接两个性质不同的陈述,一项是判断性的,一项是叙述性的(见前文)。如:

(51)今晋,甸侯也,而建国,本既弱矣,其能久乎?(《左传·桓公二年》)

(52)对曰:"子,晋太子,而辱于秦。"(《左传·僖公二十二年》)

(53)伯牛有疾,子问之,自牖执其手,曰:"亡之,命矣夫!斯人也而有斯疾也!斯人也而有斯疾也!"(《论语·雍也》)

上面三例,"而"前的一项陈述都是判断性的,"而"后的一项陈述都是叙述性的。

以上事实足以说明,"而"连接的两项陈述性成分是相对独立、互不管辖的,都是句子的陈述中心。

3. "而"与上古汉语的连动共宾结构

在第五章中我们曾提到:"先秦汉语中存在着一种'V_1O_1(NP)V_2O_2(之)'句式,这种句式的特点是:(1)'V_1O_1(NP)'和'V_2O_2(之)'共同表示一个连贯的事件;(2)'O_1(NP)'和'O_2(之)'所指相同,即充当'O_2'的代词'之'指代的就是前面充当'O_1'的'NP';(3)'V_1'和'V_2'都是及物动词,它们共同指向相同的受事。"如:

(54)楚人执陈行人干征师杀之。(《春秋经·昭公八年》)

(55)楚子诱戎蛮子杀之。(《春秋经·昭公十六年》)

(56)十三年春,叔弓围费,弗克,败焉。平子怒,令见费人执之。(《左传·昭公十三年》)

(57)丁巳,其夫攻子明,杀之,以其妻行。(《左传·襄公二十二年》)

(58)楚公子橐师袭舒庸,灭之。(《左传·成公十七年》)

(59)吴公子札来聘,见叔孙穆子,说之。(《左传·襄公二十九年》)

以上各例，在杨伯峻（1990）中，前三例的"V_1O_1（NP）"和"V_2O_2（之）"之间没有点断，后三例则点断了，为什么会出现这种分歧？我们推测，一方面，根据"V_1O_1（NP）"和"V_2O_2（之）"之间的语义上的联系，似乎应该连缀在一起；一方面，"V_1O_1（NP）"和"V_2O_2（之）"又各自能够构成一个独立的陈述，所以又可以点断。我们关心的问题是，既然前后两个动词都能够独立携带宾语，说明二者都是独立的陈述中心，但是，如果在"V_1O_1（NP）"和"V_2O_2（之）"之间加入"而"，两个独立的陈述就自然连接在一起了，于是就形成了双陈述结构，今人也就不会在点断不点断之间犹豫了。请看例句：

（60）楚子诱戎蛮子杀之。（《春秋经·昭公十六年》）[夷狄之君诱中国之君而杀之。（《穀梁传·昭公十一年》）]

（61）见叔孙穆子，说之。（《左传·襄公二十九年》）[见棠姜而美之，使偃取之。（《左传·襄公二十五年》）]

（62）要靳尚刺之。（《战国策·楚策二》）[要靳尚而刺之。（《战国策·楚策二》）]

（63）楚人执陈行人干征师杀之。（《春秋经·昭公八年》）[楚人执而杀之。（《左传·昭公八年》）]

可见，"而"的作用，就是使两个相对独立的陈述共现于一个句子中的句法形式合法化，从而形成双陈述结构。

"而"连缀的两项陈述虽然在形式上都是动词各自带宾语，但两个宾语语义上是"同一个"，因此，根据经济原则，在形式上就可以将二者加以归并，于是就形成了"V_1而V_2O"这样的连动共宾结构，如"楚人执而杀之"。

在"V_1而V_2O"中，"而"仅仅只是一个语法标记，不表示任何实际的语义信息，因此省略"而"不会影响句子所表达的意义，于是就形成了"V_1V_2O"这样的连动共宾结构，如：

（64）诚得劫秦王，使悉反诸侯之侵地，若曹沫之与齐桓公，则大善矣；则不可，因而**刺杀**之。（《战国策·燕策三》）

（比较：《战国策·齐策六》"市人从者四百人，与之诛淖齿，刺而杀之"）

（65）（苏秦）**见说**赵王于华屋之下，抵掌而谈。（《战国策·秦策一》）（鲍注："见说，见而说也。"）

（66）越王乃令其中军衔枚潜涉，不鼓不噪以**袭攻**之，吴师大北。（《国语·吴语》）

（67）孟尝君乃取所怨五百牒**削去**之，不敢以为言。（《战国策·齐策四》）

这些"V_1V_2O"在上古汉语中同样是双陈述结构，"刺杀之"即"刺秦王而杀之、刺而杀之"，"袭攻之"即"袭而攻之"，"削去之"即"削而去之"。它们不过是由于"而""不为义"而被省略罢了。这种形式的双陈述结构在上古汉语中（尤其是战国晚期到西汉）十分常见，因为上古汉语同时还存在"$V_1O_1（NP）而V_2O_2（之）$""$V_1而V_2O$"的形式，因此只能将其分析为双陈述结构。

至此，"V_1V_2O"这种连动共宾结构的形成过程可以大致描述如下：

"$V_1O_1（NP）V_2O_2（之）$"（执陈行人干征师杀之）→"$V_1O_1（NP）而V_2O_2（之）$"（要靳尚而刺之）→"$V_1而V_2O$"（楚人执而杀之）→"V_1V_2O"（晋人执杀苌弘）

由此我们可以看到"而"在"V_1V_2O"这种连动共宾结构形成过程中所起的作用，同时，由于"而"的存在，这种"V_1V_2O"我们必须分析为双陈述结构。西汉以后，随着"而"的衰落，"V_1V_2O"逐渐减少并定型化，两个动词的句法语义关系也开始发生重新分析而逐步演变为动结式（见第五章第三节）。

三、结语

上古汉语允许一个句子有两个陈述中心，这就是双陈述结构，这种句法规则依赖"而"的使用。双陈述结构是上古汉语语法系统区别于后世汉语语法系统的重要标志之一。

我们再来比较一下前文举过的一个例子：

见叔孙穆子，说之。（《左传·襄公二十九年》）［见棠姜而美之，使偃取之。（《左传·襄公二十五年》）］

从这个例子可以看出，从表达功能讲，"而"相当于一个语气停顿，从句法功能讲，其作用是将两个陈述性的成分连缀在一起。为什么要连缀在一起？因为在说话人看来，两个陈述所述事件是有联系的，是一个大的事件的两个部分。用语气停顿，是两个各含一项陈述性成分的句子表现两个相对独立的事件，用"而"将两项陈述性成分连接起来，则是由一个包含两项陈述性成分的句子表现一个复杂的事件，这个复杂的事件包含两个相关的事件。

因为有"而"标志"两度陈述"，双陈述结构中两个动词的宾语可以归并，于是产生了"执而杀之"这样的连动共宾结构；这种结构的"而"省略，就形成了"执杀苌弘"这样的连动共宾结构。上古汉语的这两类连动共宾结构都属于双陈述结构。进入中古，"而"开始衰落，双陈述结构的句法规则也开始解体，特别是"V_1V_2O"这种结构，上古汉语中要分析为"V_1而V_2O"，中古时期"而"逐渐失去了"两度陈述"标记的功能，部分"V_1V_2"也就逐渐由双陈述结构（连动）演变为单陈述结构（动补）。这是上古汉语语法系统到中古汉语语法系统的一次重大的结构性演变，而这一演变与"而"的盛衰有着密切的联系。

参考文献

陈宝勤（1994）先秦连词"而"语法语义考察，《古汉语研究》第1期。

陈梦家（1957）《尚书通论》，商务印书馆。

陈　平（1987）释汉语中与名词性成分相关的四组概念，《中国语文》第2期。

崔永东（1994）《两周金文虚词集释》，中华书局。

戴浩一（1988）时间顺序和汉语的语序，黄河译，《国外语言学》第1期。

冯胜利（2002）汉语动补结构来源的句法分析，《语言学论丛》第二十六辑，商务印书馆。

顾颉刚（1982）论今文尚书著作时代，载《古史辨》，上海古籍出版社。
郭锡良（1998）介词"以"的起源和发展，《古汉语研究》第1期。
郭锡良（2003）古汉语虚词研究评议，《语言科学》第1期。
何乐士（1999）《左传》的连词"而"，载伍云姬编《汉语方言共时与历时语法研讨论文集》，暨南大学出版社。
何乐士、敖镜浩、王克仲等（1985）《古代汉语虚词通释》，北京出版社。
黄盛璋（1957）试论次动词、介词的划分中几个问题，《语文教学》11月号。
蒋绍愚（1999）抽象原则和临摹原则在汉语语法史中的体现，《古汉语研究》第4期。
李孝定编述（1965）《甲骨文字集释》，"中研院"历史语言研究所。
梁启超演讲（1955）《古书真伪及其年代》，中华书局。
吕叔湘（1942/1982）《中国文法要略》，商务印书馆。
吕叔湘（1959）《文言虚字》，上海教育出版社。
吕叔湘、朱德熙（1952）《语法修辞讲话》，中国青年出版社。
马建忠（1898/1983）《马氏文通》，商务印书馆。
马庆株（1991）顺序义对体词语法功能的影响，《中国语言学报》第四期，商务印书馆。
梅　广（2003）迎接一个考证学和语言学结合的汉语语法史研究新局面，载何大安主编《古今通塞：汉语的历史与发展》，"中研院"语言学研究所筹备处。
裘锡圭（1992）谈谈地下材料在先秦秦汉古籍整理工作中的作用，载《古代文史研究新探》，江苏古籍出版社。
裘燮君（2005）连词"而"语法功能试析，《广西师范学院学报（哲学社会科学版）》第3期。
孙洪伟（2005）先秦"NP+而+VP"结构性质之分析，"汉语语法史专题研究"课程论文。
谭景春（1998）名形词类转变的语义基础及相关问题，《中国语文》第5期。

王大年（1998）《九歌》中的声气句读与文法句读，载郭锡良主编《古汉语语法论集》，语文出版社。

王海棻（1991）《马氏文通与中国语法学》，安徽教育出版社。

魏培泉（2003）上古汉语到中古汉语语法的重要发展，载何大安主编《古今通塞：汉语的历史与发展》，"中研院"语言学研究所筹备处。

谢质彬（1980）从《论语》一书看上古汉语连词"而"的用法，《河北大学学报（哲学社会科学版）》第2期。

徐中舒主编（1998）《甲骨文字典》，四川辞书出版社。

薛凤生（1991）试论连词"而"字的语意与语法功能，《语言研究》第1期。

杨伯峻编著（1990）《春秋左传注》（修订本），中华书局。

杨伯峻、何乐士（1992）《古汉语语法及其发展》，语文出版社。

杨荣祥（1996）试析《马氏文通》状字部分存在的问题，《语言研究》第2期。

杨荣祥（2010）"两度陈述"标记：论上古汉语"而"的基本功能，《历史语言学研究》第三辑，商务印书馆。

赵大明（2005）《左传》中率领义"以"的语法化程度，《中国语文》第3期。

赵元任（1979）《汉语口语语法》，吕叔湘译，商务印书馆。

朱德熙（1982）《语法讲义》，商务印书馆。

朱德熙（1988）关于先秦汉语里名词的动词性问题，《中国语文》第2期。

第七章　虚词历时演变专题研究

　　虚词是汉语语法研究的重要内容。汉语没有形态变化（先秦以前汉语是否有形态变化尚存争议），虚词对词组、句子甚至语篇的构成都起着非常重要的作用，这就是为什么在《马氏文通》以前虽然没有系统的语法研究，但虚词研究却很受重视的原因。

　　《马氏文通》以前依附于训诂学的虚词研究，我们在第一章绪论中已经介绍过了。训诂学的虚词研究，重点是考察虚词的来源，即由实词到虚词的演变，即所谓实词虚化；其次是解释虚词在具体语句中的意义，多有随文释义的问题；另外考察的对象主要是先秦典籍中的虚词，对中古以后的虚词几乎没有关注。1953年，中华书局出版了张相的《诗词曲语辞汇释》，训释了近代汉语中见于诗词曲的虚词五百多条，另有附目六百多条，人们由此开始关注文言之外历史上虚词的面貌。其实吕叔湘早年的近代汉语语法研究论文，其中多半涉及近代汉语虚词［如"们、在、著（着）、底、地、得、来"等，见吕叔湘（1943/1984）］，王力（1958）、太田辰夫（1958/1987）也都论述了许多汉语史不同时期虚词的来源及历史演变。1994年，湖北人民出版社出版了何金松的《虚词历时词典》，该词典收先秦至近代的虚词3113个，对了解不同时期汉语虚词的整体面貌颇有帮助。20世纪八九十年代开始，陆续有人对不同时期的各类虚词进行共时描写和历时演变研究，副词、介词、连词、助词、语气词都有研究专著出版（参见第一章绪论）。随着语法化理论的引进，大批学者运用语法化理论考察汉语各个时期虚词的语法化过程,取得了丰硕的成果。

相较于印欧语,汉语的虚词在语法研究中尤为重要,自然虚词的历时演变研究也是汉语语法史研究的重要内容。以往的虚词研究,在探究虚词的来源方面成果很多,采用语法化理论研究汉语虚词的,也多是追溯虚词的源头及其由此演变为功能词的语法化过程,当然也有不少论著着力于探讨虚词语法化的动因和机制。可以说,汉语虚词的历时演变研究,已经有了很好的基础,但是需要进一步深入研究的问题仍然是很多的。第一,我们应该充分吸收语法化理论,结合汉语实际,进一步探索汉语功能词语法化的动因和机制,将汉语虚词的历史演变研究上升到对规律的探讨。第二,要结合汉语的特点,利用汉语不间断的三千多年文献记载的优势,描写分析汉语不同时期虚词运用的特点:不同时期常用、高频虚词的功能演变,不同时期虚词的新旧更替,不同时期同义虚词的使用差异。第三,借助语言类型学及语义图模型,解释汉语中大量多功能虚词的多功能关联模式,通过跨语言比较,论证多功能虚词的语义演变和功能扩展过程及其多功能形成的机制。第四,加强虚词与句式的关系研究,把虚词放到整个语法系统中加以认识,从而确定常用虚词的真正价值。

汉语虚词历时演变需要探讨的问题很多,本章主要通过几个个案研究,对汉语虚词历时演变研究的视角、方法作一些初步的探讨。第一节探讨上古汉语语气词"乎"的多功能形成过程和机制;第二节探讨汉语史上多个处置义介词的语法化过程,包括"以""持""取""捉""将""把";第三节探讨"底(的)"的来源及其与"者"的关系,证明"底"的来源应该是"者";第四节探讨副词"白"的来源及其语法化过程。

第一节 上古汉语语气词"乎"的功能变化[①]

"乎"是上古汉语使用频率很高的一个语气词,传统训诂学认为不同句子中的"乎"表达不同的语气,直到杨树达《词诠》和《汉语大词

[①] 本节内容曾以《疑问强度与主观化强度:上古汉语语气词"乎"的功能变化》为题在汉语语法史研究高端论坛(武汉大学,2018年3月)上宣读,后发表于《古汉语研究》2022年第1期。

典》，都列出了"乎"表达多种语气的项目，如：《词诠》列了"乎"的"助句，表有疑而询问者""反诘时用之""助句，表感叹""表商榷""表推宕""反诘以引下文"六种用于句末的用法（杨树达，1928/1986：107—109）。《汉语大词典》列了句末"乎"的表疑问、表选择、表反问、表揣测、表感叹、表祈使六种用法。《古书虚字集释》罗列的项目更多。麦梅翘（1987）是一篇专门研究《左传》"乎"的论文，基本上是根据句子的语气将"乎"分为若干类，大类有表疑问、表揣测、表反诘、表命令、表劝诫、表祈使、表感叹，大类下还有小类。但分类依据不清，有些是根据句子语气，有些是根据与"乎"搭配的虚词，各类下罗列《左传》中的例句而已。传统训诂学的解释，多受到"随文释义"的讥评，其实这是传统训诂学的研究性质决定的，训诂学要解决的是经学以及古书阅读中的问题，并不是要做语法的研究。《马氏文通》第一次从语法学的角度对语气词"乎"进行了全面研究，认为，"乎"的基本功能是表达疑问语气，这也体现了《马氏文通》研究虚词的一贯思想（如马建忠对语气词"也"的研究，对连词"而"的研究，都追求概括性强的统一解释）。后来郭锡良（1988、1989）承继马建忠的观念，倡导语气词单功能说，认为先秦汉语的语气词都是单功能的，"乎"的功能就是"传疑"。但随后不久，刘晓南（1991）就提出不同意见，认为语气词从商代到战国末，超过一千年的历史，不可能不发生变化，不能简单地说先秦汉语的语气词都只具有一种功能。刘文认为"乎"可以表达感叹、疑问、反诘、祈使等语气。

通常来讲，虚词尤其是语气词，应该有一个基本功能，语法研究讲究概括性，对语气词的解释，应该避免随文释义，不能把句子所表示的语气看作某个语气词的功能。但是，语气词属于超语段成分，严格地讲，其功能主要是语用功能，所谓语气，实质是表达说话人的主观情绪、态度、神情。既然是这种语用功能，在长期的使用过程中，由于说话人的主观情绪、态度、神情的细微变化，导致某个语气词的功能发生变化，也是很正常的。我们在追求语法现象的概括性解释时，首先还是要尊重语言事实。根据我们的对先秦到西汉若干文献的调查，我们认为，上古汉语中的语气词"乎"可以表达不同的语气。

一、以往研究述评

什么是语气？什么是语气词？在西方语言学中，语气是和情态结合在一起的，印欧语"mood"，"指由动词词形变化表示的一组句法和语义对立，例如直陈语气（无标记形式）、虚拟语气、祈使语气。语义上，这些对立涉及的语义多种多样，主要是说话人对语句事实内容的态度，如不肯定、明确、含糊、推测等。句法上这些对立可用动词的屈折形式或用助动词来表示"（戴维·克里斯特尔，2000：228）。可见，汉语研究中所说的语气词表达的各种"语气"，与印欧语里的"mood"是不完全对应的。[①]汉语从古汉语到现代汉语，都有一套语气词系统，用来表示句子的不同语气，《马氏文通》最早发现这是完全不同于印欧语的"华文所独"。但语气词与"语气"不是一回事，任何语言的句子都会带有各种不同的语气，汉语的句子也可以不用语气词而带有不同语气，古今汉语皆然。[②]但汉语的特别之处是还有一套句末语气词用来标记句子的不同语气。

在汉语语法研究中，对语气有不同的定义，吕叔湘（1942/1982：257）："'语气'可有广狭两解。广义的'语气'包括'语意'和'语势'。所谓'语意'，指正和反，定和不定，虚和实等等区别。所谓'语势'，指说话的轻或重，缓或急。除去这两样，剩下的是狭义的'语气'：假如要给它一个定义，可以说是'概念内容相同的语句，因使用的目的不同所生的分别'。"王力（1943/1985：160）："咱们说话的时候，往往不能纯然客观地陈说一件事情；在大多数情形之下，每一句话总带着多少情绪。这种情绪，有时候是由语调表示的。但是，语调所能表示的情绪毕竟有限，于是中国语里还有些虚词帮着语调，使各品情绪更加明显。凡语言对于各种情绪的表示方式，叫做语气；表示语气的虚词叫做语

[①] 王力（1944/1984：216）说："语气词虽各有其语法上的意义（如决定、疑问、反诘、夸张等），但多少总带着些情绪，所以若译成英语，语气可称为emotional moods，语气词可称为emotional particles。"何容（1985：150）说："moods是从动词的形变上寻出来的，这形变所表示的则是说话者对所说的话的心理态度；合起来说，moods就是说话者的心理态度之表现于动词之形者。"

[②] 可参见何容（1985）第八章"助词、语气与句类"。

气词。"郭锡良（1988）给语气下的定义是："语气就是说话人对所说句子与现实关系所持的态度。通俗地说，就是说这句话的口气，这包括思想认识、意志愿望方面的因素，也包括心理状态、感情色彩方面的因素，可以是直陈、疑问，可以是肯定、否定，可以是假设、拟测，可以是商量、命令，可以是赞叹、惊讶。"从这些定义可以看出，语气词的功能主要在于语用方面，但语气词同时也属于汉语的一类虚词，所以自有虚词的语法功能。所以孙锡信（1999：1）认为："A.语气是表示语句的不同作用，适用于不同的交际目的的情绪表现；B.语气是附着于整个句子的；C.语气是一种语法范畴，不同的语气可以表示不同的语法意义。"语气词就是用来帮助标记不同语气的句末虚词。

语气可以分为很多种类。如黎锦熙（1924/1992）分为决定、商榷、疑问、惊叹、祈使五类；吕叔湘（1942/1982）把狭义的语气分为五类十一种以上，广义的语气分为十二类二十种以上；王力（1943/1985）分为决定、表明、夸张、疑问、反诘、假设、揣测、祈使、催促、忍受、不平、论理十二类。郭锡良（1988、1989）专讲先秦汉语语气词，在《马氏文通》"传信""传疑"两大类的基础上分为陈述、疑问、感叹三类，但每类里的各个语气词表达语气的功能几乎都有差别。如本文讨论的"乎"，郭锡良（1989）认为"是个最纯粹的疑问语气词"，与同为疑问语气词的"与""邪"有区别："用'乎'是纯粹的询问语气，说话者把一件事情全部说出来，要求对方作肯定或否定的答复。用'与'或'邪'，疑问语气没有用'乎'那样纯粹、强烈，它是表示说话人猜想大约是这样，却非深信不疑，要求得到证实，是一种探询的语气。"可见分类的多与少，实际上是看细分还是粗分。

关于上古汉语语气词"乎"，清代以来的文言虚词著作训释极详，但都不免随文释义之弊。从语法学出发的研究，首先是《马氏文通》，马氏将"乎"的用法分为三种："'乎'字之助设问之句者，其常也。""'乎'字有助拟议之句者。夫拟议之句，本无可疑之端，而行文亦无句句僵说之法，往往信者疑之，而后信者愈信矣。""'乎'字之助咏叹之句者，非其常。"（马建忠，1898/1983：362、366）可见虽然马建忠认定"乎"是"传疑助字"，但其功用也并非一种。需要特别指出的是，从马建忠对大量例句的分析来看，他不仅注意到"乎"的语法功能，如是否与状字搭配，是否能够独立标记疑问，还特别注重从传情达意方面分析其语用功能。郭文极力主张语气词单功能说，认为先秦汉语里的"乎"只有一种功能，就是表示纯粹的疑问，即使像"必也正名乎"（《论语·子路》）、"善哉！技盖至此乎"（《庄子·养生主》）这样的句子中，"乎"仍然表示疑问语气。

吕叔湘《中国文法要略》兼讲文言白话语法，关于"乎"，分别在"传疑"章的"特指问""是非问""抉择问""反诘问""测度问"中提到，在"行动·感情"章又讲到"表建议或愿望的语气用'乎''欤'等词，大抵皆兼感叹"（吕叔湘，1942/1982：311）。"乎"还可用在假设小句后面表示停顿，表示感叹。吕叔湘认为"乎"是多功能语气词，对此郭锡良（1988）认为吕叔湘"未能摆脱传统认识的束缚"，"是不正确的"。刘晓南（1991）认为，先秦语气词随着历史变化，"层层积累，不同层面的单功能往往经由其历时性积淀而显出多功能特征"。并通过大量的语言材料，证明先秦时期的十个常用语气词都不是单功能的，其中"乎"就可以表示感叹，表示疑问，表示反诘，表示祈使。姚振武（2015：370、371、372）则认为"'乎'是一个比较'广谱'的语气词，可以用于多种句子"，除了用于各类问句（包括是非问句、特指问句、选择问句、反诘问句），"还可用于祈使句，加强命令、祈请、劝诫、禁止等语气"，"还可用于感叹句，加强感叹语气"。李小军（2013：117）也主张上古汉语里"乎""可出现于是非问句、特指问句、选择问句、反诘句、感叹句中"。

本节拟通过对语言事实的调查，结合主观化学说，从主观性和疑问度等级互动的角度，探讨上古汉语语气词"乎"的功能变化，并试图证明，一个以"传疑"为其基本功能的语气词是怎样演化出多功能的。

二、"乎"表达多种语气

传统训诂学对虚词随文释义的训释方式当然是不可取的，但通过对语言事实的调查，我们确实能够看到，上古汉语的多数语气词也并非单功能的。语气词兼有语法功能和语用功能，用在句子末尾，不参与句法构造，这种虚词，随着其所附句子的变化，发生功能变异是很正常的。我们主张语气词都有其基本功能，但由其基本功能，可以发展出其他功能，就像一个实词都有其本义，同时也可由本义引申发展出别的意义一样。

本书在穷尽调查了《左传》《论语》《孟子》《庄子》《战国策》《史记》等文献后，认为上古汉语语气词"乎"的基本功能是表询问，但由此扩展变化，也可表示测度问，表示反诘，表示祈使，表示感叹。刘晓南（1991）的判断基本上是正确的，只是他认为"乎"最初是表示感叹，表疑问是从表感叹发展来的，这一点我们有不同看法（详下文）。下面先分类举例说明"乎"所表达的不同语气。

1. 表询问

吕叔湘（1942/1982：294—295）说："问句的基本用途当然是询问，就是要求对方破除疑点，但是往往同时兼有副作用，甚至喧宾夺主，全然没有询问的意味。最简单的判别法就是看这句话要不要回答。如果是不要回答（或是问者自答，或是无可回答），那就表示这个问句的作用不在询问。"我们这里说的询问，就是说话人确有疑点，需要得到别人回答的问句。"乎"的基本功能就是表示询问。如：

（1）齐侯曰："鲁人恐乎？"对曰："小人恐矣，君子则否。"（《左传·僖公二十六年》）

（2）晏子对曰："据亦同也，焉得为和？"公曰："和与同异乎？"对曰："异。"（《左传·昭公二十年》）

（3）秦伯曰："晋国和乎？"对曰："不和。"（《左传·僖公十五年》）

（4）冉有曰："夫子为卫君乎？"子贡曰："诺，吾将问之。"（《论语·述而》）

（5）孟子对曰："杀人以梃与刃，有以异乎？"曰："无以异也。"（《孟子·梁惠王上》）

（6）良曰："料大王士卒足以当项王乎？"沛公默然，曰："固不如也，且为之奈何？"（《史记·项羽本纪》）

（7）冬，晋荐饥，使乞籴于秦。秦伯谓子桑："与诸乎？"对曰："重施而报，君将何求？重施而不报，其民必携；携而讨焉，无众，必败。"谓百里："与诸乎？"对曰："天灾流行，国家代有。救灾恤邻，道也。行道有福。"（《左传·僖公十三年》）

例（1）—例（6）是听话人直接回答询问，例（7）两个带"乎"句都得到了间接回答。

选择问实际上也是有疑而问。如：

(8) 使翦丧吴国而封大异姓乎？其抑亦将卒以祚吴乎？其终不远矣。（《左传·昭公三十年》）

(9) 文子使王孙齐私于皋如，曰："子将大灭卫乎？抑纳君而已乎？"（《左传·哀公二十六年》）

太田辰夫（1958/1987：370）认为，古代汉语里"事齐乎？事楚乎"（《孟子·梁惠王下》）这样的句子"不是选择疑问，实际上应该说是由两个是非疑问构成的句子"。虽然我们认为这类句子叫作选择问句没有问题，但就询问性质而言，与是非问确实没有什么区别，也是希望得到听话人回答的。《左传》里"乎"用于选择问就上举2例，《孟子》里有8例，如：

(10) 孟子曰："敬叔父乎？敬弟乎？"（《孟子·告子上》）

(11) 子绝长者乎？长者绝子乎？（《孟子·公孙丑下》）

《马氏文通》将这类例句归为"无疑而用以拟议者"（马建忠，1898/1983：361），我们认为，这种用"乎"的选择问句，即使说话人自己有倾向性的答案，但仍然希望听话人明确作出选择，所以，我们还是将其归为询问句。

以上"乎"都是用在一个陈述的后面形成是非问句，去掉"乎"，加上语调，句子就成了陈述句；反过来说，一个陈述句，在句末加上"乎"，就成了是非问句，所以说"乎"的功能是表示询问。然而"乎"也可以用于有疑问代词的特指问句。特指问句中已经有疑问代词标记疑问，为什么还要在句末加上"传疑"的"乎"呢？这个问题比较复杂，李晶晶、杨荣祥（2021）有专门的研究，在此只简单讲两点：第一，相对于前述表询问的"乎"，这种与疑问代词共现的"乎"产生时代略晚一些，《左传》只有少数用例，战国开始多一些，但在所有"乎"的用例中所占比例仍然很小；第二，"乎"与疑问代词共现形成的问句，虽然表示说话人确有所疑，但似乎求答倾向不强，语料显示，很少有听话人对这种提问给予针对性回答的。这种句子总是带有说话人探究或者希望听话人共同探究某种事实、原因、方式等的意味。如果说前述表询问的"乎"类似于现代汉语的语气词"吗"，这种与疑问代词共现的"乎"则类似于现代汉语的语气词"呢"。下面是"乎"用于特指问句的例子：

（12）对曰："告之以临民，教之以军旅，不共是惧，何故废乎？且子惧不孝，无惧弗得立。修己而不责人，则免于难。"（《左传·闵公二年》）

（13）先轸曰："子与之！定人之谓礼，楚一言而定三国，我一言而亡之。我则无礼，何以战乎？"（《左传·僖公二十八年》）

（14）霸主将德是以，而二三之，其何以长有诸侯乎？（《左传·成公八年》）

（15）齐必重于王，则向之攻宋也，且以恐齐而重王。王何恶向之攻宋乎？向以王之明为先知之，故不言。（《战国策·秦策一》）

（16）吾不忠于君，楚亦何以轸为忠乎？忠且见弃，吾不之楚，何适乎？（《战国策·秦策一》）

（17）无处而馈之，是货之也；焉有君子而可以货取乎？（《孟子·公孙丑下》）

（18）夫子胡不入乎？（《庄子·德充符》）

（19）上曰："天下属安定，何故反乎？"留侯曰……（《史记·留侯世家》）

这种用法的"乎"与前述表询问的"乎"功能并不完全相同，可以叫作表示探究问，姑附于此，暂不另立一类。

2. 表测度问

测度问虽然也传疑，但疑问强度不如询问句，说话人已有自己的答案，但疑信不定，希望得到听话人的证实。所以吕叔湘（1942/1982：281）说"测度句介乎疑信之间"。这种问句，往往是"乎"与一些表示情态的副词如"其"等呼应，马建忠（1898/1983：266）将许多这类带"乎"的句子归入"助咏叹之句者"一类，属于"非其常"。我们认为，这种句子主要不是用来表示咏叹的，而是用来表示一种推测或测度的，也不是"非其常"的，《左传》和其他先秦文献中都很常见。这类句子，偏于有疑时，求答性比较强，偏于无疑时，则近似于咏叹。如：

（20）晋侯问于史赵曰："陈其遂亡乎？"对曰："未也。"（《左传·昭公八年》）

（21）子干归，韩宣子问于叔向曰："子干其济乎？"对曰："难。"（《左传·昭公十三年》）

（22）王送知罃，曰："子其怨我乎？"对曰……（《左传·成公三年》）

（23）栾枝曰："未报秦施，而伐其师，其为死君乎？"（《左传·僖公三十三年》）

（24）栾怀子曰："其为未卒事于齐故也乎？"（《左传·襄公十九年》）

（25）今周德既衰，于是乎又渝周、召，以从诸奸，无乃不可乎？（《左传·僖公二十四年》）

（26）臧孙闻之，曰："国有人焉，谁居？其孟椒乎？"（《左传·襄公二十三年》）

（27）群臣谏曰："以百金之地，赎一胥靡，无乃不可乎？"（《战国策·宋卫策》）

（28）今国者，王之丛；势者，王之神。籍人以此，得无危乎？（《战国策·秦策三》）

（29）鸡其惮为人用乎？人异于是。（《左传·昭公二十二年》）

（30）仲弓问子桑伯子，子曰："可也简。"仲弓曰："居敬

而行简，以临其民，不亦可乎？居简而行简，无乃大简乎？"子曰："雍之言然。"（《论语·雍也》）

从上下文看，例（20）—例（22）求答性比较强，但说话人实际上有倾向性的答案；例（23）—例（30）求答性就比较弱，实际上是说话人用问句的形式表明自己的观点，如例（29），下一句就是对上面"乎"字句的肯定，例（30），接下来孔子就直接肯定了仲弓的观点。

表示测度问不一定要与"其"等副词搭配，如：

（31）夏数得天，若火作，其四国当之，在宋、卫、陈、郑乎？（《左传·昭公十七年》）

这个句子，如果句尾不用"乎"，就是明确的肯定句，带上"乎"，句子就增加了揣度义。

用"其"等副词的句子，如果句尾没有"乎"，也只能视为肯定陈述句。如：

（32）丙寅晦，齐师夜遁。师旷告晋侯曰："鸟乌之声乐，齐师其遁。"邢伯告中行伯曰："有班马之声，齐师其遁。"叔向告晋侯曰："城上有乌，齐师其遁。"（《左传·襄公十八年》）

例（32）中三个用"其"的句子，都是说话人根据某个前提得出的结论，如果句尾加"乎"，则成了测度问句。

3. 表反诘问

反诘问句是无疑而问，或问而无疑。马建忠（1898/1983：363）已经指出这类"乎"字句"本无疑也"，并且发现"句意正者，状字弗之；而句意反者，弗辞反不加焉"。吕叔湘（1942/1982：281、290）也指出，"反诘句有疑问之形而无疑问之实""反诘实在是一种否定的方式：反诘句里没有否定词，这句话的用意就在否定；反诘句里有否定词，这句话的用意就在肯定"。"乎"用于反诘问句，形式上是个问句，但答案是说话人已有的，并且比直接用陈述句表明自己的观点更具有主观强调作用。如：

(33) 子展曰："得罪于二大国，必亡。病不犹愈于亡乎？"（《左传·襄公十年》）

(34) 范文子谓栾武子曰："季孙于鲁，相二君矣。妾不衣帛，马不食粟，可不谓忠乎？"（《左传·成公十六年》）

(35) 学而时习之，不亦说乎？（《论语·学而》）

(36) 圣人之忧民如此，而暇耕乎？（《孟子·滕文公上》）

(37) 荀叔曰："吾与先君言矣，不可以贰。能欲复言而爱身乎？虽无益也，将焉辟之？"（《左传·僖公九年》）

(38) 今罪无所，而民皆尽忠以死君命，又可以为京观乎？（《左传·宣公十二年》）

前三例句中有否定词，说话人要表达的是肯定的观点，后三例句中没有否定词，说话人要表达的是否定的观点。所以说，这些句子虽然句尾有语气词"乎"，但并不是说话人有疑求答。

"乎"用于反诘问经常与一些情态副词搭配。如"岂、独、不亦（《左传》中有71例）、宁、庸、曾"。

(39) 子产曰："人心之不同如其面焉，吾岂敢谓子面如吾面乎？"（《左传·襄公三十一年》）

(40) 若韩子奉命以使而求玉焉，贪淫甚矣，独非罪乎？（《左传·昭公十六年》）

(41) 晋侯谓女叔齐曰："鲁侯不亦善于礼乎？"（《左传·昭公五年》）

(42) 今由千里之外，欲进美人，所效者庸必得幸乎？假之得幸，庸必为我用乎？（《战国策·魏策四》）

(43) 犀首伐黄，过卫，使人谓卫君曰："弊邑之师过大国之郊，曾无一介之使以存之乎？敢请其罪。"（《战国策·宋卫策》）

(44) 王侯将相宁有种乎？（《史记·陈涉世家》）

有些"乎"与"其、得无、无乃"等搭配使用,既可以表示测度问,也可以表示反诘问,需结合上下文判断。

"乎"经常与"况"搭配使用,吕叔湘(1942/1982:441)归到"逼进句",说"文言的典型的逼进句式则应用'况'或'而况'作成反诘句"。查《左传》,"况"表递进义共63例,"(而)况……乎"就多达50例。如:

(45)蔓草犹不可除,况君之宠弟乎?(《左传·隐公元年》)

(46)公曰:"君子不欲多上人,况敢陵天子乎?"(《左传·桓公五年》)

(47)窃人之财,犹谓之盗,况贪天之功以为己力乎?(《左传·僖公二十四年》)

"况"不与"乎"在一个句子中共现,只是表示语义递进一层,可见反诘语气主要是由"乎"表达的。如:

(48)苟有明信,涧、溪、沼、沚之毛,蘋、蘩、蕰藻之菜,筐、筥、锜、釜之器,潢、污、行潦之水,可荐于鬼神,可羞于王公,而况君子结二国之信,行之以礼,又焉用质?(《左传·隐公三年》)

4. 表祈使

"祈使句的作用是要求听话的人做某事"(朱德熙,1982:23)。"就祈使句而言,从句法形式上看,它的谓语主要由表示动作、行为的谓词性词语充当,主语往往是第二人称代词'你''您''你们'或第一人称代词复数式'咱们''我们';此外,祈使句的主语常常可以略去不说"(袁毓林,1993:7),"从表意功能上看,祈使句可以表示命令、建议、请求及与之相对的禁止、劝阻、乞免等"(袁毓林,1993:14)。祈使句无疑无问,是说话人提出一个主张,要求听话人执行,但句尾也可以用"乎"。上古汉语里,句尾用"乎"而确乎可以看作祈使句的用例不多。如:

(49)今女有力于王室,吾是以举女。行乎!敬之哉!毋堕乃

力！（《左传·昭公二十八年》）

（50）君曰："余不女忍杀，宥女以远。"勉，速行乎，无重而罪！（《左传·昭公元年》）

（51）皇非我因子潞、门尹得、左师谋曰："民与我，逐之乎！"（《左传·哀公二十六年》）

（52）急子至，曰："我之求也，此何罪？请杀我乎！"又杀之。（《左传·桓公十六年》）

（53）兼弱攻昧，武之善经也。子姑整军而经武乎！（《左传·宣公十二年》）

（54）殖绰、郭最曰："子殿国师，齐之辱也。子姑先乎！"乃代之殿。（《左传·襄公十八年》）

（55）原思为之宰，与之粟九百，辞。子曰："毋！以与尔邻里乡党乎！"（《论语·雍也》）

（56）先友曰："中分而金玦之权，在此行也。孺子勉之乎！"（《国语·晋语一》）

5. 表感叹

郭锡良（1988）认为"乎"不表示感叹，但无论是传统训诂学的虚词著作，还是《马氏文通》以及后来的论著，都认为"乎"可以用于感叹句。感叹句同样是无疑无问，是说话人对自己确认的事实深信不疑并赋予强烈情感的表达。朱德熙（1982：24）说："感叹句的作用是表达情感，但同时也报道信息。"所谓报道信息，实际上是说话人对确认的事实表明自己的态度和观点、立场等。上古汉语"乎"确实有用于感叹句的。如：

（57）为宋灾故，诸侯之大夫会，以谋归宋财。冬十月，叔孙豹会晋赵武、齐公孙虿、宋向戌、卫北宫佗、郑罕虎及小邾之大夫会于澶渊。既而无归于宋，故不书其人。君子曰："信其不可不慎乎……"（《左传·襄公三十年》）

（58）蔡侯、许男不书，乘楚车也，谓之失位。君子曰："位其不可不慎也乎！蔡、许之君，一失其位，不得列于诸侯，况其下乎……"（《左传·成公二年》）

（59）南蒯之将叛也，其乡人或知之，过之而叹，且言曰："恤恤乎，湫乎攸乎！深思而浅谋，迩身而远志，家臣而君图，有人矣哉！"（《左传·昭公十二年》）

（60）（南蒯）将适费，饮乡人酒。乡人或歌之曰："我有圃，生之杞乎！从我者子乎，去我者鄙乎，倍其邻者耻乎！已乎已乎！非吾党之士乎！"（《左传·昭公十二年》）

（61）故言有召祸也，行有招辱也，君子慎其所立乎！（《荀子·劝学》）

（62）或编曲，或鼓琴，相和而歌曰："嗟来桑户乎！嗟来桑户乎！而已反其真，而我犹为人猗！"（《庄子·大宗师》）

（63）孔子方负杖逍遥于门，曰："赐，汝来何其晚也？"孔子因叹，歌曰："太山坏乎！梁柱摧乎！哲人萎乎！"因以涕下。（《史记·孔子世家》）

（64）太史公曰：国之将兴，必有祯祥，君子用而小人退。国之将亡，贤人隐，乱臣贵。使楚王戊毋刑申公，遵其言，赵任防与先生，岂有篡杀之谋，为天下僇哉？贤人乎，贤人乎！（《史记·楚元王世家》）

（65）太史公曰：孔子称曰"居是国必闻其政"，田叔之谓乎！（《史记·田叔列传》）

上举例中，特意选列了《史记》"太史公曰"二例，这显然是太史公发表的感叹。《左传·昭公十二年》例各"乎"字，皆出现于乡人之歌，显然只能看作感叹句。

上述"乎"出现于五类语气的句子中，即使我们不承认"乎"本身能够表示五种不同的语气，也必须承认"乎"可以出现在表示五种不同语气的句子的句尾。从语篇的角度看，五种句子是有区别的：询问句有明确的询问对象，且请求作答，所以随后通常有听话人的话语回应（直接回答或间接回答）；测度问句也有询问对象，且希望询问对象对说话人的倾向性的观点态度给予肯定或否定，所以随后可能有听话人的回应；反诘问句虽然通常有具体的听话人（不一定要有特定听话人），但并不求答，因此随后通常没有听话人对相关话题的回应；祈使句有特定听话人，但因无疑无问，所以不要求听话人作言语回答；感叹句没有特定的听话人，所以通常是没有下文的独立的句子。据此，从发展的观点看，说上古汉语语气词"乎"只能表示疑问语气，恐怕是不能成立的。

三、"乎"功能变化的解释

语气词"乎"为什么能够出现在不同语气的句子末尾？

我们认为，"乎"的基本功能确实是表示疑问语气，但在上古汉语中，"乎"已经不是单功能语气词。这是因为，作为语气词，"乎"并不参与句子构造，是超语段成分，用在句尾，主要是起加强语气的作用。而语气，是说话人主观情绪和态度的体现，当说话人并非真正有疑而问时，采用问句的形式，往往就会附加上某种情绪和态度，"乎"也就随着经常出现在无疑无问的句子末尾，逐渐减弱了表疑问的功能，而增加了表示非疑问语气的功能。

上一节所列五种用"乎"的句子，第一种是真正的有疑有问，可叫作有疑有问句。第二种，虽然有疑，但说话人自己已经有答案，只是不完全肯定，可叫作疑信不定句。第三种，说话人的答案是明确的，不过是采用问句形式来强调自己的答案，可叫作无疑而问句。第四种，是说话人提出自己的主张，要求听话人执行某种行为，句子完全不再有疑有问，可叫作无疑无问句。第五种，说话人不仅有自己明确的观点和态度，而且加入了自己确信无疑、强烈肯定的情绪，可叫作确信无疑句。可见，五种用"乎"的句子，其差别就在于疑问强度的依次减弱。

用"乎"的句子的疑问强度变化为什么会发生？杨永龙（2003）在研究语气词"吗"的语法化过程和功能扩展过程时发现，"吗"的疑问强度的变化"正好经历了一个主观化过程（subjectivisation），即经历了一个在语言中逐步加入说话人对命题或所说内容的主观态度和倾向性的过程"。而且，"随着时间的推移，从（A）到（B），到（C），到（D），'VP无'格式的疑问程度逐渐减弱，而说话者的主观倾向性逐渐增强，构成一个具有不同主观化等级的连续统（continuum）。可图示为：

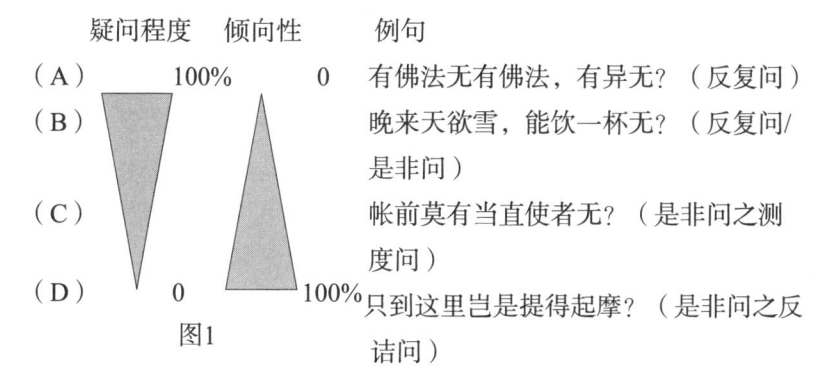

	疑问程度	倾向性	例句
（A）	100%	0	有佛法无有佛法,有异无?（反复问）
（B）			晚来天欲雪,能饮一杯无?（反复问/是非问）
（C）			帐前莫有当直使者无?（是非问之测度问）
（D）	0	100%	只到这里岂是提得起摩?（是非问之反诘问）

图1

这一连续统体现了'VP无'格式的主观化过程,与此同时也体现了"无"从否定词渐变为纯语气词的过程。"

杨文的研究给我们很好的启发。我们看到,"乎"字句疑问强度的减弱的过程,正好是主观化程度加强的过程,也就是说,"乎"字句的疑问强度与其主观化程度是成反比的。我们发现,上古汉语语气词"乎"所表语气的变化,正好可以印证杨文的观点,即"乎"字句的疑问程度不断减弱,而句子的主观化程度则不断增强。

有疑有问句,因有疑而问,疑问是客观存在的,主观性最弱,[①]这从句子中很少出现情态副词可以得到佐证。疑信不定句,说话人既要表明自己的倾向性态度,又想得到听话人对自己倾向性态度的肯定或否定,所以句子中通常有表示推测的情态副词。那么,疑信不定的语义是由表推测的情态副词表达的呢？还是由语气词"乎"表达的呢？我们认为主要是由情态副词表达的,但是"乎"既然能够出现在这样的句子中,就说明"乎"与这种语气是相适应的,同时,由于"乎"经常出现在这样的句子中,因此也就具有了传达这种疑信不定语气的功能。前面所举情态副词"其"不表疑问,加上"乎"才形成测度问的例子就说明了这一点。

疑信不定的测度句是"乎"的功能变化的重要过渡节点。有疑有问的询问句,说话人是没有答案必求答的,而疑信不定的测度句说话人有自己倾向性的答案,这既减弱了疑问度,同时也增加了主观性。无疑而问的

[①] 有疑有问句,是说话人请求回答,不能说完全没有主观性,但是相对于后面几种句子,主观性是最弱的。

反问句是说话人有自己明确的答案，不过是采用了问句的形式来强化自己的态度，因此疑问度更弱，主观性更强。无疑无问的祈使句是说话人认定了自己的观点和态度，请求或命令听话人施行某种动作行为，显然主观性更强，疑问度更低，但还有听话人，希望听话人用行动回应。确信无疑的感叹句不仅说话人对自己的观点和态度强烈认可，而且不需要特定的听话人，所以不但无疑，也不可能有问，因此是毫无疑问度可言的，其主观性也是最强的。①通常来说，主观性越强的句子，独立性越强。感叹句可以不依赖任何上下文而独立，所以是主观性最强的；询问句需要回答，是不自由不独立的，所以主观性最弱。

　　认知语言学认为，"疑问和感叹之间存在着内在的认知关系""疑问和感叹之间的认知联系是人类语言的一个共性"（石毓智，2004）。石毓智（2004）以此为据，论证英语、汉语中都存在来自疑问代词的感叹标记，并且认为现代汉语的"吗"也可以用作感叹标记（写作"嘛"）。石文的论证我们并不完全赞同，但有一点，疑问和感叹并非截然无关的，不过是"言语轻重之间"而已。不过，就上古汉语语气词"乎"来说，表感叹并不是直接来自表疑问的用法，而是经历了疑问度减弱的逐渐过渡。

　　刘晓南（1991）曾推测，"'乎'字传疑是由感叹引申而来的。引申的第一步在口语中表惊异之叹，如'嘻，善哉！技盖至此乎'（庄子），就在赞同之中含有巨大的佩服与惊诧。惊诧的情绪再引申就成了疑惑"。我们认为，从主观化的顺序来说，应该是由表疑问逐渐向表感叹扩展。在上述五种"乎"字句中，感叹句与反诘问句、祈使句是比较接近的，我们今天见到的古书标点本，许多句子，或标问号，或标感叹号，就在于感叹、反诘、祈使的界限难以定夺。

　　实际上，上述五种"乎"字句本来就是一个疑问度和主观性的反向连续统，祈使与感叹，反诘与感叹，很难截然划清界限，但是典型的用例还是可以区分的。根据典型用例，我们认为上古汉语"乎"可以表达五种不

---

① 祈使和感叹，已经不属于疑问范畴，说其疑问度更低、毫无疑问度可言，是相对于其他几种"乎"字句来说的。

同语气，就上古这一断代平面看，"乎"是一个多功能语气词。但其基本功能是表示疑问的，其他四种语气都是由表疑问扩展而来的。

第二节 处置介词的语法化①

处置式一直是汉语语法史研究的热点问题，讨论最多的是处置式的来源及其形成过程、处置式所表示的语法意义及处置式的功能扩展、处置介词的来源及其语法化过程和语法化机制。在众多学者的努力下，学界对处置式历史演变事实的认识越来越清楚，在"将/把"字句的基础上，联系上古汉语的"以"字句，又发现中古时期"取""持""捉"也曾具有处置介词的用法（曹广顺、遇笑容，2000；朱冠明，2004；曹广顺、龙国富，2005）。

本节专门讨论处置介词的来源及其语法化过程，也试图讨论处置介词的语法化机制。在汉语史上，出现过多个能够表示处置意义的介词，受到学界关注的主要有"以""持""取""捉""将""把"。这些处置介词都是从动词语法化来的。为什么历史上会有这么多动词都语法化为处置介词？为什么后来通用的处置介词选择了"将"和"把"？不同的动词先后语法化为处置介词，其共性何在？竞争的最后选择了"将"和"把"，原因何在？本节将在对各个处置介词形成过程进行大致描写的基础上，探讨上述问题。

一、来源词的语义分类

黎锦熙（1924/1992：161—162）最早对介词"将""把"的来源进行探讨，认为它们"当初却都是'手持而送进'之意的动词，渐渐地把意义变虚了"。这种说法得到大部分学者的认同。

查《汉语大词典》，"以""持""捉""取""将""把"等都是有"握

---

① 本节内容原为郭浩瑜、杨荣祥合作撰写的论文《关于汉语处置介词语法化的几个问题》。论文曾先后在湖北大学文学院（2015年9月）、湖南师范大学文学院（2015年11月）报告，后发表于《古汉语研究》2017年第2期。

持"或"携带"义的动词,处置介词就是从这个意义虚化而来的。这一组类义动词既有共性,也有差异,可以把它们分为三组。

第一组是"携带"义,即"控制(+使位移)",表示"控制"事物使之从一个地点"位移"到另一个地点。"率领"和"携带"意义相通,是抽象的"携带"。只是"率领"义的控制力与"握持在手"的控制力相比要小一些。这一组的介词最易进入工具式和广义处置式,这可能与空间位移的动作行为最为常见有关,故而"控制+位移"容易滑向"位移"义,从而导致"控制"义弱化。属于这一类的是"以""将""持"。例如:

(1)丁未卜,贞:惟亚以众人步?二月。(《甲骨文合集》35)
(2)殷之大师、少师乃持其祭乐器奔周。(《史记·殷本纪》)
(3)将笔来,朕自作之。(《洛阳伽蓝记·平等寺》)

第二组是"握住"义,即"握持(+使固定)",表示"握持"某物使之固定不动。属于这一类的是"捉""把"。二者意义最接近,其早期用法都是跟手有关的具体动作行为。这一组最容易进入狭义处置式,因其本义中的"控制"义最为鲜明、稳定。例如:

(4)臣左手把其袖,右手揕其胸。(《战国策·燕策三》)
(5)孙权捉预手,涕泣而别曰……(《三国志·蜀书·邓张宗杨传》)

第三组是"拿取"义,即"握持(+获取)",如"取"。例如:

(6)太保乃以庶邦冢君,出取币,乃复入,锡周公。(《尚书·召诰》)

这一组在"握持"义动词里的动作性最强,词义虚化程度最低,一直没有演变为典型的处置介词。

以上三组动词的词义对比情况如下：

	施事位移	握持	受事位移
"携带"类	+	+	+
"握住"类	−	+	−
"拿取"类	+	+	+

表面看起来"携带"类和"拿取"类相同，施事和受事都发生了位移，实际上二者动作的方向相反："携带"类是 N_1 带 N_2 去往某地（N_3），N_1 原本的位置是动作的起点；"拿取"类是 N_1 从某处获得 N_2，N_1 原本的位置是动作的终点。

统而言之，这些动词可以看作类义词，它们可以并列出现，组成同义联合结构，如："我时以手斫彼草，取执捉将，诣迦叶佛所。"（《佛本行集经》卷三十八）析而言之，这些"握持"或"携带"意义的动词是有区别的。在具体的语境下，其意义界限分明，不能混淆。下面的用例可以说明它们相互间的差异：

（7）（公）使莱驹以戈斩之。因呼，莱驹失戈，狼瞫取戈以斩囚，禽之以从公乘。（《左传·文公二年》）

（8）秦王谓轲曰："取舞阳所持地图。"（《史记·刺客列传》）

（9）迦叶弟子持瓶取水，睹变心动。（《中本起经》卷上）

（10）卿诸人便可取太守头持往。（《三国志·魏书·刘司马梁张温贾传》）

（11）（王）敕一臣言："汝捉一机，持至彼园，我用坐息。"（《百喻经·为王负机喻》）

（12）汝可速往捉彼歌人将向我边。（《佛本行集经》卷五十四）

"取"强调的是从无到有的获取过程；"捉"与"把"相类，强调"控制"某物/人以便进行处置的意味，二者上古一般不出现在"~往""~去"的结构里；"持""将"则自西汉始就常出现在"~往""~来"的结构里。这些词虽然词义相近，但并不能随意替换。

这些动词都能进入连动句式，然而各组动词所进入的连动式的语义类型却不相同。比如"以""持""将"进入表空间位移的连动式比较容易，广义处置式就是从这一类连动式发展而来的；发展出狭义处置式的连动式不需要受事和施事的位移，它常常强调施事控制住受事不动，从而对之进行某种处置，这种结构与"捉"和"把"最为相宜，所以"捉"和"把"最容易进入狭义处置式。虽然各词之间后来有互相影响和类化的现象，但其源头意义始终对它们的功能扩展方向有着至为深远的影响。

这几组动词虽然有区别，但"握持"义是它们的共性。按照义素分析的方法来分析，构成"握持"义项的义素是：（1）握持在手；（2）支配、控制。前者是具体的、表层的，后者是抽象的、深层的。深层的意义才是核心、根本和难以变更的，也是对其语法化产生影响的更重要的因素。

二、处置介词的语法化过程

1. "以"的语法化

"以"字甲骨文作 ，像手提一物。马贝加（2002）认为汉语中最早引进处置者的介词是"以"。据郭锡良（1998），"以"的本义为"提携""携带"，在甲骨卜辞中，难见具体的"携带"义的"以"，"以"多表"率领"义。我们把"以"所在的结构表示为"以（+N）+VP"，可分解为三项内容，即动作、对象、目的。

"率领"义：［动作：控制］+［对象：军队/众人］+［目的：使人进行位移从而采取集体（军事）行动］

我们认为"以"的词义虚化以"率领"义为起点，有三条路径。

路径一：强调"位移"。由"率领"（军队）扩展至"带领"（人）、"携带"（物），这是"以"的宾语即［对象］扩展的结果。"以"的动词义还很强，处置（到）当是在此语境中形成。如下举例（16），"以+N"不可后置，当视为处置（到）。

（13）丁未卜，贞：惟亚以众人步？二月。（《甲骨文合集》35）
（14）春，王正月，宋公入曹，以曹伯阳归。（《春秋经·哀公八年》）

（15）宫之奇以其族行。(《左传·僖公五年》)

（16）复以弟子一人投河中。(《史记·滑稽列传》)

路径二：强调"目的"。军队是将领的工具，所以"以+N"可以重新分析为表"工具"的介宾结构，进而扩展至介引依据、原因、时间，不但［对象］扩展了，VP也由位移、攻伐类扩展到其他义类动词，"以"的工具式、处置（给）、处置（告）应该是在这样的语境下产生的，如下举例（19）就可以看作"处置（给）"。

（17）齐侯曰："以此众战，谁能御之？以此攻城，何城不克？"(《左传·僖公四年》)

（18）晋人执季孙意如，以幕蒙之，使狄人守之。(《左传·昭公十三年》)

（19）天始以宝鼎神策授皇帝，朔而又朔，终而复始，皇帝敬拜见焉。(《史记·封禅书》)

路径三：表"率领"义的"以"和对象（军队）之间有一层关系，即"控制""致使"。如果强调"以"（控制、致使）和VP（结果）之间的因果关系，则"以"字结构有可能向致使义发展。这样的"以"也保留了一定的动词性，故而"以+N"也不能位于VP之后。

（20）管仲以其君霸，晏子以其君显。[①]管仲、晏子犹不足为与？(《孟子·公孙丑上》)

（21）夏五月癸丑，王死申亥家，申亥以二女从死，并葬之。(《史记·楚世家》)

2."持"的语法化

"持"，《说文》："握也。从手，寺声。"《左传》"持"仅5例，皆"握持""持守"之义，如：

[①] 杨伯峻（1960：58）的译文是："管仲辅佐桓公使他称霸天下；晏子辅佐景公使他名扬诸侯。"可见，"其君"是"霸""显"的当事。

（22）楚不在诸侯矣，其仅自完也，以持其世而已。（《左传·昭公十九年》）

（23）蒯聩不敢自佚，备持矛焉。（《左传·哀公二年》）

"持"的意义本为"握持（+固定）"，西汉以后开始与"位移"动词一起构成连动结构，于是在这种句子中具有了"携带""带领"义，如：

（24）殷之大师、少师乃持其祭乐器奔周。（《史记·殷本纪》）

（25）其人家有好女者，恐大巫祝为河伯取之，以故多持女远逃亡。（《史记·滑稽列传》）

（26）更持去，以恶食食项王使者。（《史记·项羽本纪》）

连动结构里，"持+N"是某个动作的手段，居于次要地位，① 后面的VP是其目的，居于主要地位，这种手段与目的的关系，很容易重新分析为工具式。

（27）使壮士车令等持千金及金马以请宛王贰师城善马。（《史记·大宛列传》）

（28）有人持璧遮使者曰……（《史记·秦始皇本纪》）

处置（给）、处置（告）也开始出现在《史记》中：

（29）卜式持钱二十万予河南守，以给徙民。（《史记·平准书》）

（30）须贾知之，大怒，以为睢持魏国阴事告齐，故得此馈。（《史记·范睢蔡泽列传》）

魏培泉（1997）认为"持"字处置（到）在东汉已经产生：

（31）宇即使宽夜持血洒莽第。（《汉书·王莽传》）

---

① 据马贝加（2014：4），"在双动词结构中，当两个词义相近或相关的V连用时，其中一个往往异化"，"来自动词的虚词大多产生于双动词结构，双动词结构是汉语语法化的温床"。这些都说明了动词虚化与V连用结构之间的关系。

朱冠明（2004）认为"持"字也可以出现于狭义处置式中，其所举之例有：

（32）当持是经典为诸沙门一切说之。（《太子须大拏经》）

（33）于是诸人……阴持女言，转密相语。（《贤愚经》卷十一）

我们认为"持"字式已经有从广义处置式或连动式向狭义处置式转化的趋势，但上面的例句里的动词仍是在广义处置式中常见的三价动词，未见扩展到二价动词，很显然真正的"持"字狭义处置式还没有出现。对于"持"字式为什么没有出现狭义处置式类型的原因，曹广顺、龙国富（2005）认为：与"取"相比，"持"字句结构单一，使用范围狭窄，只在姚秦时期的长安译场里有少量使用；同时它的动词性较强，是一个专职动词，没有其他用法（如副词），虚化的难度很大，所以它最终也没有产生典型的狭义处置式功能。叶文曦（2006）认为，"持"是重要义类的代表字，不容易发展出新的重要表义功能。龙国富（2007）进一步从自身的语义限制和句法环境的限制两方面对"持"不能演变成狭义处置介词的原因进行了解释。

我们认为"持"的词义变化当从"握持"义开始：

［1］握持［动］：［动作：控制］+［对象：物］+［目的：使对象固定］

［2］携带［动］：［动作：控制］+［对象：物］+［目的：使对象位移］

［3］带领［动］：［动作：控制］+［对象：人］+［目的：使对象位移］

［4］处置［介］：［介引：控制］+［对象：物、人、事］+［目的：使对象位移］

由［1］到［2］是因为与位移动词构成连动结构；由［2］到［3］则是"持"的宾语扩展的结果，由可握持之物到不可握持之人；由［3］扩展到［4］是宾语进一步扩展到抽象的言语、信息、事理等。可见，"持"的词义虚化主要是宾语扩展的结果，虚化程度比较有限，故而仅到广义处置介词止。

3. "取"的语法化

曹广顺、龙国富（2005）认为，"取"是从"获得"意义发展为"拿"（"握持"）的意义，然后演变为介词的，并提出"取"最早用作介词的时间是两晋时期，下面两个例子转引自他们的文章：例（34）是两可的例子，例（35）是介引工具或受事的例子。

(34) 设取十方地举着于爪上。（《正法华经》卷六）

(35) 若有众生兴起此念，当拔济饶益此人，取四大海水，高四十肘，浇灌其身。（《增壹阿含经》卷四十八）①

根据曹广顺、遇笑容（2000），"取"字式只见于魏晋六朝时期的佛经文献。曹广顺、龙国富（2005）调查了南北朝时期的五种本土文献和五种汉译佛经，文章所举的介引受事的例子，除开处置（作）[下例（36）]，就是处置（到）了[下例（37）]。

(36) 持薪归家，取此香木，分为十段（《贤愚经》卷六）

(37) 尔时阿阇王即便差守门人，取父王闭在牢狱。（《增壹阿含经》卷四十七）

我们认为，"取"也是一个语法化不彻底的动词。

首先，动词"取"的宾语的泛化在西汉就已经开始了，这个时候它的动词性已经开始弱化。它可以带不可握持的对象，并出现在连动式里，如：

(38) 乃取汉王父母妻子于沛，置之军中以为质。（《史记·高祖本纪》）

(39) 将军取舍人中富给者，令具鞍马绛衣玉具剑，欲入奏之。（《史记·田叔列传》）

---

① 例（35）的"取+N"和VP之间比较疏离，"高四十肘"是对"四大海水"的补充说明，这一说明提升了"取+N"在句子中的地位，也疏远了"取+N"和VP之间的距离。"取"在这样的结构里，虚化程度不高。我们认为，句子结构的简化对于处置介词的语法化也起到了很重要的作用。如果存在"取/持/将/捉/把+N"和VP之间还可以插入补充成分或者VP也是一个连动结构等情况，"取/持/将/捉/把+N+VP"就不能说已经完成语法化。

此外,"取"的意义本是"从无到有"的"握持"过程,即"获得",如果句子中的"取"的对象是一个本来控制在手的事物,对它加以处置,"取"的动作性就进一步弱化了。如下例(40),"笔"本来就是"执"在手中的,又是句子的旧信息,可以算是处置(到)了。

(40)恕又性急,尝执笔作书,蝇集笔端,驱去复来,如是再三。恕恚怒,自起逐蝇不能得,还取笔掷地,蹋坏之。(《三国志·魏书·刘司马梁张温贾传》裴注引《魏略》)

其次,虽然动词"取"从上古就已开始虚化,有比较多的"取+N+V+之",但"取"的"获取"义还很强,这样的"取"不能看作介词。

(41)始皇闻之,遣御史逐问,莫服,尽取石旁居人诛之,因燔销其石。(《史记·秦始皇本纪》)

(42)乃夜往鹅栏间,取诸兄弟鹅悉杀之。(《世说新语·忿狷》)

"取+N+V+之"脱落"之"就变成了"取+N+V",和狭义处置式的结构形式一样了。

(43)取后亡从孙黄与合葬,追封黄列侯。(《三国志·魏书·后妃传》)

(44)充乃取女左右婢考问,即以状对。(《世说新语·惑溺》)

不过这种"取"字句应该还不是狭义处置式,而应该看作连动结构。我们调查了《增壹阿含经》中的"取"字句,其中的"取+N+V"共有14例。但是这种句子和"取+N+V+之""取+V+之""取+V"是并存的,如:

(45)a. 王报长生:唯愿垂济,吾终不取汝杀。(《增壹阿含经》卷十六)

b. 若不尔者,尽当取汝杀之。(《增壹阿含经》卷二十六)

(46)a. 尔时,彼人即拔利剑取妇刺杀。(《增壹阿含经》卷六)

b. 此是沙门瞿昙弟子中,无有出此人上。我等尽共围已,而取打煞。(《增壹阿含经》卷十八)

（47）a. 此儿薄福之人，无益于身，当取杀之。（《增壹阿含经》卷二十五）

b. 我今不堪取此儿杀。当更问余沙门婆罗门，令断我疑。（《增壹阿含经》卷二十五）

这些例子往往在同一篇里出现，表述同一个事件，是同一个意义的不同表达。下面是《增壹阿含经》和其他几种文献中"取"的相关用例的数据列表：

表1 "取"的相关用例

文献	取+N+V+之	取+N+V	取+V+之	取+而+V+之	取+N$_1$+而+V+N$_2$
《增壹阿含经》	24	14	41	1	1
《六度集经》	2				
《出曜经》		8	8	1	1
《生经》	1	1	1		
《贤愚经》	2	2	4	2	3

《增壹阿含经》中还有"取+N+而+V"1例，"取+V"6例，"取+N+而+V+之"1例，可见包括"取+N+V"在内的这些"取"字句还只是同一语义的不同结构形式的表达，其中的"取+N+V"还不能算是真正的狭义处置式，"取"应该看作连动结构中的前一个动词。

当然，由于"取+N+V"和狭义处置式的结构形式一样，结构中的N既是"取"的受事，也是V的受事，所以少数用例确实与后代"将/把"字句的狭义处置式没有什么差别，如：①

（48）是时目连即前捉手将至门外，还取门闭，前白佛言：不净比丘，已将在外。（《增壹阿含经》卷四十四）

（49）时月光长者发遣诸人，还来入家，见夫人取婢鞭打，即问之曰：以何因缘，而鞭打此婢？（《增壹阿含经》卷五十）

---

① 以下三例据蒋绍愚、曹广顺（2005：366）引。

（50）念汝取母害，折伏犹汝奴。（《出曜经》卷四）

不过，一方面这样的"取"字句很少见，似乎只见于少数几种汉译佛典；另一方面，在同一文献中，有大量的"取＋N＋V＋之""取＋V＋之"等结构与"取＋N＋V"同时使用且表达差不多的意义，所以不能说"取"完全失去了动词性，它也不能和后世典型的狭义处置介词"将/把"相比。曹广顺、遇笑容（2000）认为"取＋N＋V"的出现是受了梵文的影响，"是一个错误的变体"，是有道理的。

入唐以后，处置介词"将"和"把"已经产生，"取"就不再有什么发展空间了。敦煌变文中，"取"字句仍只能分析为连动结构，例如：

（51）知弟渴乏多时，遂取葫芦盛饭，并将苦苣为荠。（敦煌变文《伍子胥变文》）

（52）今取你父骸骨，及你生身，祭我父兄灵魂始得。（敦煌变文《伍子胥变文》）

因此，我们有理由相信，"取"应该是一个未完成语法化的动词。这可能跟"取"语法化时，前有"以""持"，同时有"捉"，后有"将""把"，导致其缺乏意义和功能发展的空间有关。

4."捉"的词义虚化

"捉"，《说文》："搤也。从手，足声。一曰握也。"而"搤"释为："捉也。从手，益声。"《广韵》释"搤"为"持"也。可见"捉"与"持"也是同义词。《左传》和《史记》中"捉"各只1例，皆为"捉发"，表"握持（＋固定）"之义。[①]中古时，"捉"也主要用作动词。《贤愚经》中有"捉刀""捉手""捉弓""捉镜""捉足""捉衣"等，常独立充当谓语中心词。"捉"的用例在同义类动词中不算多，虚化速度却很快，下面的"捉"就已有词义虚化的倾向：

（53）时诸捕鱼人捉网捕鱼。（《摩诃僧祇律》卷十四）

---

① 刘钊、张传官（2013）认为"捉发"的"捉"是握紧并拧干水的意思。

（54）世尊复更捉一骷髅授与梵志。（《增壹阿含经》卷二十）
（55）目连有大神力，知我不可，或能捉我掷他方世界。（《摩诃僧祇律》卷十四）
（56）作是念已，便捉牸牛母子各系异处。（《百喻经·愚人集牛乳喻》）

我们在《百喻经》里发现了类似狭义处置式的例子，不过这里的"捉+N"与VP之间的关系还比较松散，"捉"的词汇意义还比较强，"捉"的宾语还是可握持的事物。

（57）譬如一师有二弟子，其师患脚。遣二弟子人当一脚随时按摩。其二弟子常相憎嫉。一弟子行，其一弟子捉其所当按摩之脚以石打折。彼既来，已忿其如是，复捉其人所按之脚寻复打折。（《百喻经·师患脚付二弟子喻》）

隋时的"捉+N+VP"句稍多，但"捉"的动词词汇义还是比较强，注重"捉"的动作性质，当然要看作连动式，但N都是已知信息，将"捉"分析为处置介词，并不改变句子所表达的意义。如：

（58）遂捉使女苦加打缚。时彼使女遂即高声作大啼哭。（《佛本行集经》卷四十八）
（59）当于尔时，将罗睺罗卧息彼石。于后捉石掷着水中，遂立誓言。（《佛本行集经》卷五十一）
（60）汝等相共，或有捉我置髆上者，或有取我而背负者。自余皆悉为我左右，围绕而行。（《佛本行集经》卷五十九）

唐代的例子有所增加，《全唐诗》里我们找到3例，敦煌变文中找到7例（其中《燕子赋》5例）。

（61）爱捉狂夫问闲事，不知歌舞用黄金。（卢纶《古艳诗》）
（62）自拳五色裘，进入他人宅。却捉苍头奴，玉鞭打一百。（贯休《少年行》）
（63）良由画匠，捉妾陵持。（敦煌变文《王昭君变文》）

（64）凤凰嗔雀儿："何为捉他欺？"（敦煌变文《燕子赋》）

（65）者贼无赖，眼恼蠹（妒）害，何由可耐，胥是捉我支配。（敦煌变文《燕子赋》）

例（61）"捉"显然是动词，处于连动结构中的前一动词位置，且"捉"和"问"各自带宾语。例（62）则可作两可分析：既可以分析为连动结构的前一动词，也可以分析为表狭义处置的介词。后三例"捉"都应该看作狭义处置介词。

相比于同时期的"以""持""取"字各式，"捉"具有如下特点：第一，从"捉"字式在某些作品中高频率出现、在其他同时期作品中却完全不见的情况来看，它应该是带有方言特色的处置式，这种处置式在现在的湘方言（如湖南益阳话）和安徽安庆话［见蒋冀骋、吴福祥（1997）］还可以见到，不过使用范围不如现代汉语"把"广泛；第二，VP部分一般是一个简单的动词；第三，总的看来，"捉"字式大多数表达出一种消极、不快的意味，其动作行为常常是鞭打、问讯、欺辱、行刑之类，这表明"捉"的动词义（"捉取"）并未完全虚化。正因为此，"捉"字式的发展受到很大限制。

我们认为"捉"的词义虚化也是在连动式中实现的，过程当如下所示：

［1］握持［动］：［动作：控制］+［对象：物］+［目的：使对象固定］

［2］处置［介］：［介引：处置］+［对象：物、人］+［目的：使对象位移］

［3］处置［介］：［介引：处置］+［对象：物、人］+［目的：主体实现对对象的改变和影响］

"捉"的词义虚化比"以""持""取"更进一步，从广义处置介词发展到了狭义处置介词，表现为"目的"由"使对象位移"转化为"实现对对象本身的改变和影响"，同时，"捉"和谓语动词的受事是相同的。

5."将"的语法化

"将"，《说文》释为"帅也。从寸，酱省声"。《左传》中有60例动词"将",都表"率领"义,其中90%左右都是充当谓语中心,仅10%左右位于连动结构的VP₁位置;与同样表"率领"义的"以"(约220例)相比,"将"多与"佐"相对,所"率领"的对象主要是"中军""左军""右军"等,功能较有限。到《史记》,动词"将"出现340多例,处在连动结构VP₁位置的有250多例。"率领"义的"以"之意义与功能渐为"将"所承继。

(66)秦皇帝不听,遂使蒙恬将兵攻胡,辟地千里,以河为境。(《史记·平津侯主父列传》)

(67)西门豹曰:"呼河伯妇来,视其好丑。"即将女出帷中,来至前。(《史记·滑稽列传》)

(68)今将(张)辅送狱,直符史诣阁下,从太守受其事。(《汉书·赵尹韩张两王传》)

(69)(赵广汉)令数吏将(杜)建弃市。(《汉书·赵尹韩张两王传》)

(70)(光武)悉将降人分配诸将,众遂数十万,故关西号光武为铜马帝。(《后汉书·光武帝纪》)

上例(66)"将"是"率领"义动词,例(67)—例(70)的"将"则可以分析为广义处置介词。

"将"的语法化也是在连动式中发生的,下面各组的例子a是连动式,b则与广义处置式无别。

(71)a. 将身一切无价璎珞,脱持施与耶输陀罗。(《佛本行集经》卷十二)

b. 将四金钵奉上世尊。(《佛本行集经》卷三十二)

(72)a. 有一婇女自手将一末利华鬘,前出系于太子颈下。(《佛本行集经》卷十六)

b. 将彼魔王波旬掷着无量百千由旬之外。(《佛本行集经》卷十七)

"将"的词义虚化始于"携带""率领",位置是在连动结构中;

虚化的动因是宾语的扩展，从无定到有定，从可握持到不可握持，从具体到抽象；"率领"或"携带"的动词词汇义弱化之后，剩下"控制（＋使位移）"的意义，"将"所在的连动式语法化为广义处置式；"将"的词汇义最后脱落的是［＋位移］，"将"随之进入狭义处置式和致使义处置式（郭浩瑜、杨荣祥，2016）。下面三例，例（73）、例（74）为狭义处置式，例（75）为致使义处置式。

（73）誓将业田种，终得保妻子。（张谓《读后汉逸人传二首》）
（74）唯将山与水，处处谐真赏。（皇甫冉《题高云客舍》）
（75）以此思量这丈夫，何必将心生爱恋。（敦煌变文《佛说观弥勒菩萨上生兜率天经讲经文》）

6. "把"的语法化

"把"，《说文》："握也，从手，巴声。"段注："握者，搤持也。"在"握持"类动词里，"把"的本义与"捉"相类，通常表示一种静止的"执握"，不强调对受事施行位移的动作。

（76）左牵羊，右把茅，膝行而前以告。（《史记·宋微子世家》）

但如果"把"进入连动结构，且后一动词具有位移义，这种带"把"的句子就可以按处置（到）理解，这或许是受到"持""将"等的影响，下面两例就已带有处置（到）的意味：

（77）"臧人"者，甲把其衣钱匿藏乙室，即告亡，欲令乙为盗之，而实弗盗之谓殹。（《睡虎地秦墓竹简·法律答问》）
（78）牛生马，桃生李，如论者之言，天神入牛腹中为马，把李实提桃间乎？（《论衡·自然》）

王力（1985：465）曾指出："一样东西，必须先把握，然后能处理它。"在连动结构中，如果"把"的对象同时就是"处理""处置"的对象，且该对象并不是能够真实握持的事物，"把"字狭义处置式就形成了。"把"作狭义处置介词初唐已经出现：

（79）惜无载酒人，徒把凉泉掬。（宋之问《温泉庄卧病寄杨七炯》）

（80）欲知求友心，先把黄金炼。（孟郊《求友》）

"把"字词义虚化在"以""持""捉""将"之后，其虚化过程与"捉"相似。它继承了"以""持""捉""将"作为处置介词的所有的用法，并进一步发展出"把"字致使义处置式、遭受义处置式等（郭浩瑜，2010），最终成为通用语中最强势的处置介词。

三、处置介词形成的共性与差异

从上一节内容我们可以看到，"以""持""取""捉""将""把"由动词语法化为处置介词，既有语义方面的共性，也有句法功能方面的共性。语义方面的共性是，作为动词，它们都具有"握持"或"携带"义。这种语义特征，使得它们很容易演变为工具介词。吴福祥（2003）已经用跨方言和跨语言的事实证明，"握持"义动词向工具介词语法化，是一种普遍现象。其实道理很简单，人类用手"握持"或"携带"某种事物，往往是以此为工具去进行别的动作行为，这样就容易转化为工具式；人类"握持"或"携带"某种事物（或人），常常是为了将其进行转移，所以这类动词就比较容易语法化为表广义处置的介词，如处置（给）、处置（到）。

但如第一节所述，六个词的动词义是有差别的，在相同的句法环境下，它们发生语法化的途径、语法化的程度和结果也有所不同。携带类动词，很适合向工具介词和表广义处置的介词演变；握持类动词，因为"握持"即表示对握持对象具有很强的控制力，所以更适合向狭义处置介词演变，它们未必要经历工具介词和广义处置介词的语法化环节（详下文）；拿取类的"取"，因有"获取"的意义，动作性很强，所以很难完全语法化为典型的介词，所以虽然历史上"取"一度语法化为广义处置介词，并且有少量类似狭义处置介词的用法，但"取"最终没有彻底语法化为处置介词。

句法功能方面的共性使它们都能进入连动结构中的前一动词位置。很多学者都论证过，在连动结构中，前一个动词因为处于整个事件表达的次要位置，其动作性容易减弱，容易发生语法化演变为功能成分（贝罗贝，1989；吴福祥，2003；蒋绍愚，2005；等等）。"以"等六个动词都是在连动结构中前一个动词位置发生语法化的，这是它们演变为处置介词的共同句法条件或句法环境。但因为各个动词的语义基础并不完全相同，最终语法化的结果不完全一样。

吴福祥（2003）认为，处置式的发展"一以贯之"，"连动式＞工具式＞广义处置式＞狭义处置式＞致使义处置式"是一个连续发展的过程。"连动式＞工具式＞广义处置式"是重新分析的结果，"广义处置式＞狭义处置式＞致使义处置式"是功能扩展的结果。吴文通过语言事实作了很好的论证，就整个处置式的来源和历史演变来看，这种"一以贯之"的连续发展过程应该是存在的。但我们认为，就前述六个词的语法化过程来看，并不一定都经历了这个完整的连续过程。比如"将"，从理论上说，不经历工具介词阶段，也可以直接从连动式演变为广义处置介词。事实上，据蒋绍愚（2005：228），"将"字广义处置式"在西晋就出现了，刘宋也有一些例子……而'将'引进工具的用法直至六朝晚期才出现"。再如"把"，从目前见到的语言材料看，似乎是直接从连动式中经重新分析语法化为狭义处置介词。根据王力（1958）的分析，在"醉把茱萸子细看"（杜甫诗）中，茱萸既是"把"的受事，也是"看"的受事，但对比"醉把青荷叶"（杜甫诗），"把"还是要看作动词，那么"醉把茱萸子细看"只能分析为连动式，是"拿着茱萸而仔细看"的意思。"但是，'拿'是为了'看'的，而'看'的也正是'茱萸'，于是句子的重音逐渐转移到'看'上，'把'字也就渐渐虚化了"（王力，1958：413）。所以，像"但愿春官把卷看"（杜荀鹤诗），"就意义上说，'把卷看'是处置式"（王力，1958：413）。可见，如果在连动式里，"把"的受事同时也是后面动词的受事的话，就可能发生重新分析，"把"由握持义动词直接语法化为狭义处置介词。就目前研究所见到的语言事实来看，"'把'字句初唐就有，而'把'引进工具的用法直到中唐才出现"（蒋绍愚，2005：229）。马贝加（2014）也认为"把"字处置式在形成过程中没有先经过工具语的阶段。而广义处置式"把"字句,前文所举的东汉及以前的两例，还只是形似广义处置式的连动式，即使将其看作广义处置式，也很难与初唐的狭义处置式衔接起来。但是，"把"直接从连动式中语法化为狭义处置介词，并不影响其再从连动式中语法化为工具介词和广义处置介词。如果现在我们见到的语言材料能够真实反映处置介词"把"的形成和发展过程，那么，"把"最先是从连动式中演变为狭义处置介词，然后才有工具介词、广义处置介词的用法，后来经功能扩展，又有了致使义处置介词的用法。

对于汉语史上的处置式这种句式来说，上述六个处置介词的地位是不一样的。"以"早在甲骨文时代就已经虚化，至迟在春秋时期就有了广义处置式的用法，但后来没有进一步发展。大约到东汉时期，"以"已经成为古语成分，失去了向狭义处置介词发展的活力，而且这个时候已经出现了新的广义处置介词"持""将"，因而"以"还没有发展成狭义处置介词就退出了历史舞台。"持""取""捉"虽然都曾有处置介词的用法，但如前文所述，各有各的局限性，都没有得到进一步发展。"将"的兴起，既有自身语法化的基础，同时应该也受到了"以"的影响。先秦时期在"率领/携带"义上"将"就与"以"同义，汉代"将"也可以像"以"一样用作广义处置介词，六朝又有了狭义处置介词的功能，所以相比于"持""取""捉"，"将"不仅使用频率最高，而且功能最全，所以能够在多个处置介词的竞争中获胜，并阻止了其他处置介词的发展。

处置介词"把"唐代才产生，而这个时期"将"作为处置介词已经广泛使用。为什么后来"把"又取代了"将"呢（多数研究已经证明，大约到宋代，通用语中处置式的优势介词已经由"把"替代了"将"）？我们认为，这是因为，"把"从一开始由动词演变为介词，就是用作狭义处置，所以"把"比"将"更合适表示"处置"这种语法意义。"把"后来也可用作工具介词以及广义处置介词，这是动词"把"自身语法化的结果；用于致使义处置式，则是狭义处置式的功能扩展。产生处置介词的功能后，"把"很快具有介词"将"的所有功能，在"趋新"这种语言演变的自然力量的影响下，"把"后来居上，最终成为处置式的强势标记，就成了必然。

第三节　"者"的衰落与"底（的）"的产生[①]

结构助词"底（的）"的产生及普遍使用，是汉语语法历史演变中的重要现象，也是汉语语法史学界非常关注的一个重要问题。关于"底（的）"的来源、"底（的）"与"者"的关系以及"底（的）"的功能扩展，前辈时贤已经有很多研究成果（冯春田，1990、2000；曹广顺，1995；江蓝生，1999；蒋绍愚，2005；刘敏芝，2008；等等），本节所要重点讨论的问题是：（一）上古汉语使用频率极高的"者"经历了怎样的衰落过程？（二）"者"的衰落是否与"底（的）"的兴起有关？二者在语法功能上具有什么样的对应关系？（三）"者"与"底（的）"到底是词汇兴替关系还是音变源流关系？

一、"者"的衰落过程

汉语语法史的研究，人们比较多的关心新的语法成分、新的语法结构形式的产生及其发展演变，而对旧有的语法成分、语法结构形式的衰落及其衰落过程关注得比较少。其实，语法的演变，就是不断地有旧质要素衰落、消亡，新质要素产生、发展，只关心新质要素的形成，不探讨旧质要素衰落、消亡的过程和原因，这对语法史的研究来说是不全面的。

众所周知，语法具有很强的系统性，旧质要素的消亡，语法系统中往往会出现新的代偿形式，新旧形式不一定完全等价，也不一定是一对一的关系。从这个角度讲，描写、分析旧质要素的衰落过程及其原因，有利于我们对新的语法成分和语法结构形式的产生、发展作出更为全面、合理的解释。

上古汉语十分常见的"者"到晚唐五代时急剧衰落，而这时正是"底"兴起的时候，这自然很容易让人想到，"底"的兴起与"者"的衰落是否具有必然的联系。

[①] 本节内容最初以《"底（的）"和"者"的关系》为题在首届中西文化对话国际学术研讨会（意大利威尼斯大学，2013年3月）上宣读，修改后在第七届汉语语法化问题国际学术研讨会（华中师范大学，2013年10月）上宣读。后以《"者"衰"底（的）"兴及二者之间的关系》为题发表于《语文研究》2014年第3期；又载于《语法化与语法研究》（七）（商务印书馆，2015年）。

先看"者"的衰落过程。单从使用频率来看，从东汉开始"者"的使用就在不断减少。据刘一豪（2012），"者"战国时期使用频率最高，以每千字出现次数计，《孟子》13.7次，《庄子》17.6次，《荀子》17.9次，《韩非子》15.7次，《吕氏春秋》12.7次。到西汉《史记》降至8.3次，东汉的《论衡》比《史记》多，有8.7次。[①]到六朝时期，中土文献如《三国志》每千字只有4.1次，《世说新语》每千字只有2.7次；汉译佛经使用频率还比较高，那有其特殊的原因（刘一豪，2012）。唐五代的敦煌变文（限《近代汉语语法资料汇编（唐五代卷）》所收约10万字）每千字1.9次，《北齐书》每千字2次，《祖堂集》每千字2.9次。[②]宋元时期，《三朝北盟汇编》每千字2.2次，[③]宋元话本每千字则只有0.4次。明代《金瓶梅》中，每千字"者"不到0.3次，至此，"者"在实际口语中可能除了作为构词语素外，就不再使用了。

"者"在使用频率不断降低的同时，功能却有所扩展。春秋战国时期，"者"的功能是表示指称：用在谓词性成分（动词及动词性结构、形容词及形容词性结构）之后，一般表转指，提取动作行为或性质状态的施事或当事，少数情况下表自指；用在名词性成分之后，表自指（朱德熙，1983）。但是从西汉开始，"者"陆续产生了一些新的功能：

第一，用在动词之后，表转指，提取动作的受事。如：

（1）五月，懿公游于申池，二人浴，戏。职曰："断足子！"戎曰："夺妻者！"二人俱病此言，乃怨。（《史记·齐太公世家》）

[①] "者"在《论衡》中的使用频率比《史记》高，是因为《论衡》中有一些近似词化的"X者"和特殊的"X者"，如"论者"（46次）、"使者"（16次）、"当道者"（9次）、"实者"（16次）、"说（……）者"（34次）、"古者"（16次）、"帝者"（6次）、"儒者"（74次）、"王者"（68次）等，如果去除这些特殊的用法，《论衡》中"者"的使用频率要比《史记》低一些，约每千字7.6次。

[②] 其中有些高频率的"X者"，如"侍者"100次、"行者"59次、"来者"12次、"智者"23次等。如果去除这些用法，《祖堂集》中"者"的使用频率也只有每千字2.2次左右。

[③] 刘一豪文只统计了《近代汉语语法资料汇编（宋代卷）》收录部分的约5.5万字。其中大部分"者"都出现在叙述性语言中，当是受文言文的影响。

（2）诸侯更强，时菑异记，无可录者。（《史记·天官书》）

"夺妻者"指"妻被人夺走的人"，"可录者"指"可录之事"（与"可"的出现有关）。这种用法先秦已见端倪，但仅见一例：

（3）及吴师至，拘者道之以伐武城。（《左传·哀公八年》）①

"者"的这种用法后来得到了发展，如：

（4）于是至诸屯邸，检校诸顾、陆役使官兵及藏逋亡，悉以事言上，罪者甚众。陆抗时为江陵都督，故下请孙皓，然后得释。（《世说新语·政事》）

（5）后鬼恒在家，家须用者，鬼与之。（《幽明录》卷四，据《太平广记》卷三百二十引）

（6）能问童子："适才诵者，是何言偈？"（《坛经》）

（7）相公问曰："是何经题？"远公对曰："夜昨念者，是《大涅槃经》。"（敦煌变文《庐山远公话》）

（8）融曰："我依《法华经》开示悟入，某甲为修道。"四祖曰："开者开何人？悟者悟何物？"融无对。（《祖堂集》卷三）

第二，"动+者"用在名词前作定语。这种用法传世文献最先见于《史记》，是"者"功能扩展的重要一步。如：

（9）又因厚币用事者臣靳尚，而设诡辩于怀王之宠姬郑袖。（《史记·屈原贾生列传》）

（10）项王怒，将诛定殷者将吏。（《史记·陈丞相世家》）

（11）于是平原君乃斩笑躄者美人头。（《史记·平原君虞卿列传》）

（12）孝文帝梦欲上天，不能，有一黄头郎从后推之上天……觉而

---

① 《孟子》中有"治于人者食人，治人者食于人"（《滕文公上》），"治于人"因为本已用为受动，所以"者"只能提取受事。

之渐台，以梦中阴目求推者郎。（《史记·佞幸列传》）

（13）何太子之遣？往而不返者，竖子也！（《史记·刺客列传》）

据孟美菊、王建民（2002），长沙马王堆汉墓出土的《五十二病方》中有如下用例：

（14）牡痔居窍旁，大者如枣，小者如枣核者方。

（15）牡痔之居窍廉，大如枣核，时痒时痛者方。

此外，俞理明（2001）在《太平经》中也发现了不少"动+者"作定语的用例：

（16）一日而治愈者方，使天神治之；二日而治愈者方，使地神治之；三日而治愈者方，使人鬼治之。（《太平经》卷五十）

（17）地善，则居地上者人民好善。（《太平经》卷四十）

（18）行，为子道学而得大官者决意。（《太平经》卷九十八）

以上这些充当定语的"动+者"，"者"都是表转指，提取动作的施事，到了六朝时期，出现了"者"提取受事的"动+者"作定语的情况。如：

（19）是三千大千世界如树，动之者佛，先度者果熟，未度者果生。（《大智度论》卷八）

（20）时净饭王为于太子，造三时殿……拟冬坐者殿一向暖，拟夏坐者殿一向凉，拟于春秋二时坐者，其殿调适，温和处平，不寒不热。（《佛本行集经》卷十二）

无论是"者"提取施事还是提取受事，"动+者"都和后面的名词所指相同，据此可以说"动+者"都是同位性定语。但换个角度看，这些"者"都可以换成文言中的"之"，似乎只是起着连接限定语和中心语的作用。

这种"者"到唐五代时期更为多见。如：

（21）奉敕，辄到者官人解见任，凡人决一顿，乃至。（《朝野金载》卷三）

（22）（蒋）恒总追集男女三百余人，就中唤与老婆语者一人出，余并放散。（《朝野佥载》卷四）

（23）公既去，而执拂者临轩指吏曰："问去者处士第几？住何处？"（《虬髯客传》）

（24）当时宝塔新修日，此会终无见者人。（《十偈辞》）

（25）其大王见佛化为一千体相，宜悟（疑误）问言大臣曰："那个是前来者一躯佛，交朕如何认得？"……又云："五百生前耶输陀罗合知先来者佛。"……其臣又奏请："罗睺之子合知先来者佛。"（敦煌变文《悉达太子修道因缘》）

（26）左右曰："启将军，西边是掳来者贱奴念经声。"（敦煌变文《庐山远公话》）

（27）你前时要者玉，自家甚是用心，只为难得似你尺寸底。（《云麓漫钞》卷十五）

前五例"者"提取施事，后二例"者"提取受事。

第三，"者"用在名词性成分后表示转指。这种用法先秦已见，但用例很少，且名词性成分限于"形+名"或表方位的短语。如：

（28）楚子享公于新台，使长鬣者相。（《左传·昭公七年》）

（29）故解之以牛之白颡者，与豚之亢鼻者，与人有痔病者，不可以适河。（《庄子·人间世》）

（30）西北方之下者，则泆阳处之。（《庄子·达生》）

两汉以后，这种用法的"者"增多。

（31）秦失其鹿，天下共逐之，于是高材疾足者先得焉。（《史记·淮阴侯列传》）

（32）中国外如赤县神州者九，乃所谓九州也。于是有裨海环之，人民禽兽莫能相通者，如一区中者，乃为一州。（《史记·孟子荀卿列传》）

（33）魏武有一妓，声最清高，而情性酷恶。欲杀则爱才，欲置则不堪。于是选百人，一时俱教。少时果有一人声及之，

便杀恶性者。(《世说新语·忿狷》)

（34）有菜名曰"芸薇"，类有三种，紫色者最繁，味辛，其根烂熳，春夏叶密，秋蕊冬馥，其实若珠，五色，随时而盛，一名"芸芝"。(《拾遗记》卷九)

（35）西有臰玉山，其石五色而轻，或似履舄之状，光泽可爱，有类人工。其黑色者为胜，众仙所用焉。(《拾遗记》卷十)

（36）而彼仙人寻即取米及胡麻子，口中含嚼，吐着掌中，语小儿言："我掌中者，似孔雀屎。"(《百喻经·小儿争分别毛喻》)

（37）我曾所睹，乃为奇特，出过汝今所见者上……我见奇特，出汝者上。(《出曜经》卷一)①

（38）寮友问其故，云："常有妇人来，美丽非凡间者。"(《幽明录》卷四，据《太平广记》卷三百一十七引)

（39）南中桐花有深红色者。(《酉阳杂俎续集》卷十)

（40）大设珍馔，多诸异果，甘美鲜香，非人间者。(《广异记·汝阴人》)

（41）鲁公曰："涤烦疗渴，所谓茶也。"赞普曰："我此亦有。"遂命出之，以指曰："此寿州者，此舒州者，此顾渚者，此蕲门者，此昌明者，此溋湖者。"(《唐国史补》卷下)

（42）杨贵妃生于蜀，好食荔枝。南海所生，尤胜蜀者。(《唐国史补》卷上)

（43）开成初，余从叔听之镇河中，自洛招致饧者，居于蒲，蒲土因有是饧。其法宁闻传得，博军人窃得十八九，故今奉天亦出轻饧，然而劣于蒲者，不尽其妙焉。(《资暇集》卷下)

（44）季和将发，就食，谓三娘子曰："适会某自有烧饼，请撤去主人者，留待他宾。"即取己者食之。(《河东记》)

（45）休祐以己手板托言他人者。(《酉阳杂俎》卷十)

---

① 此例由魏培泉（2004）发现。

（46）禄山曰："某贼人也，不幸两足皆有之，比将军者色黑而加大，竟不知其何祥也。"（《定命录》，据《太平广记》卷二百二十二引）

（47）太宗骇而问之，伏迦曰："只为官木橦贵，所以百姓者贱。"（《大唐新语》卷九）

（48）麦地占他家，竹园皆我者。（寒山诗《贤士不贪婪》）

从以上举例可以看出，"名+者"表转指的"名"从六朝开始范围逐渐扩大，出现了简单的名词和代词，如"凡间、人间、主人、他人、将军、百姓"，还有单音节的地名、代词。

文言与白话分道扬镳从东汉开始就比较明显，六朝后加剧。进入唐代后，文言虚词在实际口语中逐渐消失。为什么"者"到晚唐五代还会保有一定的使用频率呢？我们认为：一方面，今传白话文献并非纯粹的口语，总会夹杂一定数量的文言成分；另一方面，"者"在随着文言衰落的过程中，产生了上述种种新的功能。总的使用频率的消减与文言的命运一致，而新功能的产生，则给了"者"不灭并获得"新生"的可能。

二、"者"与"底（的）"的功能对应

结构助词"底（的）"产生于唐五代时期。已有研究成果提到的"底（的）"的最早用例有：

（49）周静乐县主，河内王懿宗妹。懿妹短丑，武氏最长，时号大哥。县主与则天并马行，命元一咏曰："马带桃花锦，裙衔绿草罗。定知帊帽底，仪容似大哥。"则天大笑，县主极惭。（《朝野佥载》卷四，据《太平广记》卷二百五十四引）

（50）崔湜之为中书令，河东公张嘉贞为舍人，湜轻之，常呼为"张底"。后曾商量数事，意皆出人右，湜惊美久之，谓同官曰："知无？张底乃我辈一般人，此终是其坐处。"湜死十余载，河东公竟为中书焉。（《隋唐嘉话》下，谈刻初印本《太平广记》引作《国史纂异》）

这两例都见于后人辑录的《太平广记》，不是同时资料，且前一例"帢帽底"也可能是"帢帽底下"，"底"是方位词（冯春田，2000）。

接下来是敦煌变文和《祖堂集》中的例子。曹广顺（1986、1995）、梅祖麟（2000）、吴福祥（1996）、冯春田（2000）等已有调查分析。诸位学者在分析早期的"底"的用法时，都会拿吕叔湘（1943/1984）列出的现代汉语中"的"出现的六种格式做对比。刘敏芝（2008：50—51）曾拿敦煌变文和《祖堂集》中的"底"对照六种格式进行了统计，转录如下：

文献 分布		敦煌变文		祖堂集	
N+底		3		17	
N+底+N		0		5	
A+底		0		9	
A+底+N		1		6	
VP+底		3		40	
VP+底+N	VP底O	8	8	27	126
	VP底S	0		89	
	底表自指	0		10	
合计		15[①]		203	

据此，到《祖堂集》中，"底"已经全部具有六种格式，而这六种格式，此前的"者"也都具备。值得注意的是，"底"的六种格式与"者"的用法，在出现时间的先后和使用数量上具有相当整齐的对应关系。

先看"者"出现得最多的典型用法"VP者"和"A者"。在敦煌变文和《祖堂集》中，相应的"VP底""A底"出现得并不太多，这是因为"者"的典型用法在这个时期依然保持其惯性，书写者对这种自古沿袭而来的用法会感到更加自然和习惯。或许口语中说的是"VP+X""A+X"，书写时如果偏重书面学来的用法和习惯，就写成了"VP者""A者"，如果偏重实际语言的记录，就可能写成"VP底""A底"。如《祖堂集》

---

① 原文为"14"，原文误。

中，据刘一豪（2012）统计，"VP者"有382例，"A者"有83例。所以晚唐五代的文献中"VP底"和"A底"还远比"VP者""A者"少。

再看"N+底""N+底+N"对应的"N+者""N+者+N"。如上一节所述，"N+者"先秦就有少数用例，汉代以后逐渐多见，但N限于"形+名"或表方位的短语，而在敦煌变文和《祖堂集》中的"N+底"，N也主要限于这两类。同时，六朝以后N也有了简单的名词和代词，正好《祖堂集》中"N+底"的N也有少量的简单的名词和代词（刘敏芝，2008）。如：

（51）国师云："这个是马师底，仁者作摩生？"（《祖堂集》卷十五）

（52）师云："我不敢瞎却汝底。"（《祖堂集》卷十三）

"N+者+N"历代文献中少见，吕叔湘（1943/1984）曾在唐钺的基础上举出几例，但《战国策》一例存在版本问题，《南齐书》一例可作不同的标点（刘敏芝，2008），剩下的也就是《汉书·艺文志》的"儒家者流""农家者流"等9个很特别的例子，如何训释还值得研究。此外，中古文献中有"所VP+者+N"的用例：

（53）守尸吏暝以为大炷，置卓脐中以为灯，光明达旦，如是积日。后卓故部曲收所烧者灰，并以一棺棺之，葬于郿。（《三国志·魏书·董二袁刘传》注引《英雄记》）

（54）试取上古人所案行得天心而长吉者书文，复取中古人所案行得天心者书策文，复取下古人所思务行得天意而长自全者文书，宜皆上下流视考之，必与重规合矩无殊也。（《太平经》卷三十七）

（55）李德裕作相日，人有献书帖。德裕得之，执玩颇爱其书。卢弘宣时为度支郎中，有善书名。召至，出所获者书帖令观之。（《书断》）

"所VP"虽然不是典型的名词，但毕竟是名词性结构，不过这种用法的"者"文献中很少。与此相对应，"底"产生后，"N+底+N"出现得最晚，《祖堂集》中的用例也最少。如：

（56）师向大王云："世俗中亦有志人底苗稼，佛法中亦有志人底苗稼。"（《祖堂集》卷十）

再看"VP+者+N"和"A+者+N"。前者汉代以后就比较多见了，相应地，"VP+底+N"在晚唐五代用例就比较多。后者文献中极少见，唐钺曾举出《庄子》一例：①

（57）是殆见吾善者机也。（《庄子·应帝王》）

但是这一例很奇怪，《应帝王》篇上下文与"善者机"对应的是"杜德机""衡气机"，所以"善者机"未必能看作"A+者+N"。一直到敦煌变文里，才见到一例"A+者+N"，这也就是许多论著中经常提到的例子：

（58）其王崩后，太子二人，大者不恋云华（荣华），山间修道；小者太子丞（承）王宝位，主其天下。（敦煌变文《悉达太子修道因缘》）

相应地，"底"产生后，"A+底+N"早期也不多见。

根据上面对"者"的六种格式和"底"的六种格式的对应关系分析，我们发现，除了"VP者"和"VP底"，"A者"和"A底"可能因为文言用法惯性前者多后者少，其他四种格式，基本上前代或唐五代用"者"的格式多见，用"底"的格式在唐五代也比较多见，如"VP+底+N""N+底"，相反，前代或唐五代用"者"的格式少见，用"底"的格式在唐五代也比较少见。这种对应关系应该不是巧合，它说明"底"与"者"之间具有必然联系，据此我们有理由推测，"底"可能就是"者"的口语读音的新的书写形式。

三、"底"是"者"的口语音书写形式

关于"底"的来源，早先主要有两种观点：吕叔湘（1943/1984）、太田辰夫（1958/1987）倾向来源于"者"，王力（1958）主张来源于"之"。后来的学者或支持前一种观点，如曹广顺（1986、1995），或支持

---

① 据吕叔湘（1943/1984）引。

后者的观点，如梅祖麟（2000）。也有提出新观点的，如祝敏彻（1982）和俞光中、植田均（1999）主张既来源于"者"也来源于"之"。冯春田（1990、2000）认为来源于指示代词"底"，江蓝生（1999）认为来源于方位词"底"。许多学者都曾引章炳麟《新方言》中的话，说章认为"底"既来源于"者"也来源于"之"，其实章炳麟只是说白话的"底（的）"相当于文言的"者"和"之"，还相当于文言的句尾"只"。[①]

吕叔湘、太田辰夫倾向"底"来源于"者"，是看重二者功能上的对应关系。王力认为不可能来源于"者"，因为语音上不好解释，功能上也并非完全对应，如"底"后可接中心语。主张双来源者实际上是想调和两种不同的意见，但遇到的困难更大：说部分来源于"者"，仍要解释语音上演变的可能性，说部分来源于"之"，那么来源于"之"的部分是怎么与来源于"者"的部分合流的呢，两个不同的来源语音上会完全一样吗？既然说"底"来源于"者"或"之"都无法得到很好的解释，会不会是别的来源呢？于是有了冯春田和江蓝生提出的新观点。

前辈时贤的研究，为探讨"底"的来源打下了很好的基础，不同意见之间的讨论，也揭示了其中的一些值得进一步研究的问题。我们认为，就像许多学者所说的那样，"底"来源于"之"，功能上是无法解释的。"底"是一个功能成分，要探讨其所自来的前身，首先必须看二者在功能上是否有对应关系。从本质上说，"之"作为限定语和中心语的连接标志，是一个前附成分，这是由它来源于指示代词（张敏，2003）所决定的；而"底"从其早期用例来看，是一个后附成分。正因为"之"是一个前附成分，所以它不可能出现在"～之"这样的位置，而"底"因为是一个后附成分，所以既能出现在"～底"这样的位置，也能出现在"～底～"这样的位置。而"底"的后附成分的性质与"者"是一致的。

[①] 章炳麟《新方言》："今人言底言的，凡有三义：在语中者，的即之字；在语末者，若有所指，如云冷的热的，的即者字（者音同都，与的双声）；若为词之必然，如云我一定要去的，的即只字。"早在元代卢以纬《语助》中就有类似的说法："（者）或有俗语'底'（平）字意"（"者"字条），"凡'之'字多有'底'（平）字义。"（"之"字条）。章炳麟、卢以纬并没有讨论"底"的来源问题（刘敏芝，2008），只是比较白话与文言，"底（的）"相当于"之""者""只"，或"者""之"相当于白话中的"底（的）"。

冯春田、江蓝生二位提出的观点，虽然既不存在语音演变解释的问题，也不需要解释结构助词"底"与其前身的功能对应不对应的问题，但是，由指示代词"底"或方位词"底"演变为结构助词"底"的过程并不清楚，缺乏足够的语言实例的支持。我们知道，语法化理论提出了许多语法化原则（沈家煊，1994），其中包括频率原则、渐变原则、保持原则，而说结构助词"底"由指示代词或方位词演变而来，都不大符合这几项原则。先看频率原则，指示代词"底"在结构助词"底"形成之前，用例极少，更难见到适宜于其演变为结构助词的语法分布的用例。方位词"底"的频率也不是很高，特别是同样很少见到适宜于其演变为结构助词的语法分布的用例。一个使用频率不高的成分，是不大容易发生语法化的。再看渐变原则，其实与频率原则相关，语法化是一个连续的渐变的过程，一个语言单位由A转变为B，通常可以找到一个中间阶段既有A义（包括功能）又有B义（包括功能），或者说既可以理解为A义又可以理解为B义。然而我们目前并没有发现这种情况。保持原则是说语法化发生后，B还会多少保留A的一些特点（包括意义和功能），然而我们很难从结构助词"底"的身上看到指示代词或方位词的特点。虽然指示代词和方位词都有可能演变为结构助词，但是就"底"的形成过程来看，因为文献提供的实例太少，目前冯春田、江蓝生二位的论证，其说服力似乎还不太充足。[①]

我们倾向于"底"的来源是"者"，"底"是"者"口语音的新的书写形式。如前文所述，"者"与"底"在功能对应方面不存在问题。以往研究中认为"底"出现之前"者"没有或很少见"N者"（转指），通过文献调查，"N者"并不少见。这就可以解释为什么"N底"出现得早而且早期用例也比较多。问题还是"者"和"底"的语音关系如何解释。

吕叔湘（1943/1984）对"者"变"底"的语音解释说得不是很肯定："底是否之、者的音变，牵涉到古代的语音，难于论证。要是就之和者来比较，之和底韵母较近，者和底声调相同，可能性的大小也差不多。我们现在只从用法方面来考察。"太田辰夫则根本没提"底"与"者"的语音关系。王力明确提出，说"底"来源于"者"语音上解释不通。

---

① 关于来源于方位词"底"之说的疑点，蒋冀骋（2005）辩之甚详。

我们认为，由"者"到"底"，语音上并不是完全解释不通。吴福祥（1996）曾提到，"者""底"可能都已经轻声化，轻声化可能导致二者的韵母趋同。这种假设当然可能存在。除此之外，"者""底"韵母相近甚至趋同并非完全找不到证据。吕叔湘（1985：241）在论证指示代词"底"的来源时曾指出："阿堵的阿是前缀，堵是者（这）的异体。'堵'在《广韵》两见：一为上声姥韵，当古切；一为上声马韵，章也切，与'者'同音。阿堵的堵很可能是后一个音，后来随着者字音变为底，就写成阿底，更后又写成兀底。宋元时代的阿底和兀底就是晋宋时代的阿堵，宋人早已看到这一点：朱翌在《猗觉寮杂记》里说：'王衍见钱曰阿堵物。阿堵如言阿底。'元马永卿的《懒真子》也说：'古今之语大都相同，但其字各别耳。古所谓阿堵者，乃今所谓兀底也。'""堵"从"者"的声，《集韵》中"者"有"董五切"又音（吴福祥，1996）。"堵"能够音变为"底"，"者"当然也可以音变为"底"。

"董五切"与"当古切"同音，属姥韵（模上声）。唐五代时的语音系统中（主要是以敦煌资料为依据整理的西北方音），鱼模韵字与齐韵字（"底"属荠韵，齐韵上声）是有纠葛的。蒋冀骋、吴福祥（1997）曾引周大璞、罗常培、邵荣芬、周祖谟等人的研究成果讨论唐五代的韵母系统，从中可以看出"者"与"底"的语音联系。

《集韵》马韵："者，止野切，《说文》：'别事词也。'"姥韵："者，董五切，语辞。"马韵"者"肯定就是上古沿用下来的文言"者"，姥韵"者"是个什么语词呢？肯定不是文言"者"，有可能就是由文言用法经功能扩展变异的口语读音"者"。这样，如果能够找到唐五代前后模韵与齐韵之间的关系，也就可以解释"者""底"之间的语音联系了。

蒋冀骋、吴福祥（1997）提到，周大璞系联分析敦煌变文用韵得23部，鱼模部中的鱼韵有时与支微部（包括齐韵）通押，虽然没有模韵字与齐韵字通押，但既然是两部通押，说明二者韵母相去不远。

罗常培（1933）根据对音材料得23摄55韵，齐韵在e摄e、ye、we三韵，模韵在u摄u韵，而鱼韵则一半与脂之支（开）同在i摄i韵，一半与虞韵、模侯尤（唇音）、脂之支（合）同在u摄u韵。根据变文的用韵，鱼模同部，脂之支微齐同部，而二者可以通押，说明根据对音分出的e与i、u三韵之间有某种联系。罗常培在分析鱼韵的读音时说，《切韵》时代的鱼韵应读[ĭo]，这个音"读的开唇一点就容易变成[i]，读的合唇一点就容易变成[y]，这两个音在吐蕃人耳朵里都是很难辨别的，所以就拿他自己语言中固有的i、u来勉强替代"罗常培（1933：45）。据此，则模韵与齐韵的分别是清楚的，二者的纠葛是因为押韵系联造成的。但是从罗常培这段话也可以看出，对音受到对译双方语音系统的影响，并不完全能够反映汉语当时的实际音值。既然在对音中鱼韵联系着模韵和脂之支微，脂之支微又与齐韵同部，那么，模韵和齐韵的韵母应该相差不远。

再看敦煌变文的实际用韵，周祖谟（2001）对变文的用韵分析的结果与周大璞大致相同，也是23部，其中之部包括支、脂、之、微、齐几韵系和去声祭韵字，鱼部包括鱼、虞、模三韵系和尤、侯韵系的唇音字。"者"入韵均在"假摄（麻部）"，自然是马韵的"止也切"一读，而在姥韵读"董五切"的语词"者"没有入韵的。但是，之部和鱼部可以通押，虽然未见齐韵系与模韵系直接通押，但有模韵系的字与之部通押，如"步、土、五、度、怒"等，语词"者"的反切下字"五"就可以和之部字通押。据此，"董五切"的"者"与"底"的韵母应该是相近的。蒋冀骋（2005）曾论证："'底'读te，与'者'的姥韵在方言中的读音ti非常接近，可替代。"这个论证是值得重视的。

我们推测，"者"在唐代有文白两读，文读依据语音演变规律读"章也切"，白读依据口语音读"董五切"。"董五切"与"底"声母、声调相同，韵母相近，因与"者"的正常语音演变规律不合，书写时就写成了"底"，而文读音则保持着"者"这一书写形式。

因为"者"有文白两读，在白读音写作"底"后，文献中就出现了"者""底"同现的状况，口语中读"底"的音，书写时则既可写作"者"，也可写作"底"。冯春田（1990）曾列举许多对偶文句、同一文献中同类结构的文句以及不同文献中同类结构的文句中或用"者"或用"底"的例子，据此冯文认为"者""底"之间只有词汇替换关系，没有源流演变关系。我们注意到，冯文所列例句中，用"者"的都是"VP者"和"AP者"，如前文所说，在"底"的书写形式出现后，"者"仍然保持着其文言用法的惯性，特别是其典型用法"VP者"和"AP者"。完全有可能口语中说的是"底"音，书写时却不自觉地写成了"者"。

四、结语

"底"在晚唐五代逐渐普遍使用后，"者"的衰亡速度加快。"底"不是"者"的替换形式（词汇替换），而是由"者"演变来的新的书写形式。新形式产生后，旧形式没有立即消失，其原因是"者"有文白两读，加上文读的"者"借助文言的强大惯性，使其能够在书面语中得到较长时间的保留。而白读写作"底"后，渐渐与"者"的典型用法分家，功能也逐步扩大，特别是到了宋元之际写作"的"后，不仅具有了文言中"者"的功能，同时兼并了文言"之""所"的功能（蒋绍愚，2005）。这种功能的扩展，使得"底（的）"看起来既与"者"有联系，也与"之"有联系，但从早期"底"的用法看，它最先只是继承了"者"的功能。

语法的新陈代谢，可能是词汇替换，如处置式标记"把"替换"取、将"，事态助词"了"替换"已"，新旧形式各自有自己的演化过程；也可能是传承关系，即新形式由旧形式演变而来，只是由于书写符号发生变化，书面上写成了不同的汉字，如第二人称代词"尔"变成"你"，[①]语气词"无"变成"吗"。"底"和"者"的关系应该属于后者。

第四节　近代汉语副词"白"的释义与来源[②]

清代《红楼梦》和《儿女英雄传》中，副词"白"出现频率高，使用范围广泛，其意义很不好把握，不少用法在现代汉语中已经消失。对此，自马思周、潘慎（1981）撰文提出这个问题，至马思周（1990）、胡增

[①] 也有人主张"你"是由"汝"演变来的新的书写形式，见平山久雄（1995）。

[②] 本节内容作为单篇论文于2001年5月写成后，曾请友人审读斧正，中国社会科学院语言所李蓝先生和李明先生对初稿提出了不少修改意见，李明先生后来还给笔者提供了张谊生《近代汉语情态副词"白"再议》一文打印稿（第七次近代汉语研讨会论文），对李蓝、李明两位先生的帮助，深表感谢。本节内容曾以《近代汉语副词"白"的释义与来源》为题在第三届汉语语法化问题国际学术研讨会（解放军外国语学院，2005年10月）上宣读，后载于《语法化与语法研究》（三）（商务印书馆，2007年）。

益(1995)再作讨论,共发表了六篇比较有影响的文章(马思周、潘慎,1981;钟兆华,1987;郭良夫,1988;胡增益,1989、1995;马思周,1990)。此后似无人作进一步的探讨。[①]本节我们先简单介绍这些文章的内容,然后根据我们对近代汉语语料的调查,结合语法化理论,对清代高频出现的高度语法化的副词"白"的语法化过程和语法化机制进行探讨,并对如何给近代汉语副词"白"进行释义提出自己的看法。

前述六篇文章主要讨论两个问题。一是"白"的来源。马思周、潘慎(1981)认为副词"白"的词汇意义来源于"白"的"净"义和"空"义,钟兆华(1987)认为《红楼梦》《儿女英雄传》中用法特殊的"白"可能来源于满语[pai],胡增益(1989)认为"满语的baibi、bai来自汉语",胡增益(1995)进一步说:"满语的baibi和bai来自汉语的'白白'和'白'。'白白'和'白',特别是'白'借入到满语之后,产生了新的词义。汉语又从满语回借了这个'白'字。"二是"白"在清代(有些文章讨论到清代以前)文献中的各种用法及意义。各家分析出的"白"的意义(或用法)多寡不一,如郭良夫(1988)分出八种意义,胡增益(1989)分出九种意义,马思周(1990)将"白"字不见于现代口语的用法归纳为"三个限制领域"六小类用法。释义差别也很大,同一个例句,释义往往不同,甚至意义完全相反。

以上六篇文章对正确认识近代汉语副词"白"具有一定的启发性。但有几个问题需要进一步讨论清楚。(1)一个副词,怎么会有那么多的意义?怎么可能同时有马思周(1990)所说的三组互相对立的意义?(2)为什么"白"的意义会让人产生歧解,同一个例句,不同人的解释竟然会完全不同?(3)为什么到明清时期"白"变得用法复杂,意义不易索解?(4)"白"到底是汉语词还是满语词?(5)如果"白"是汉语词,其来源是什么?(6)副词"白"的所谓众多意义有无共同特点,相互之间有无联系?对于这些问题,我们的基本看法是:"白"肯定是一个汉语固

---

① 上注提到的张谊生《近代汉语情态副词"白"再议》,后以《近代汉语情态化副词"白"再议——兼论副词"白"的虚化方式和内部差异及联系》发表于《乐山师院学报》2003年第1期。张文在前述文章的基础上,采用不同的研究方法和视角对"表示主观意愿的情态化副词""白"(张文简作"白[2]",张文认为副词"白"可以分为三个)作了多方面的分析。

有词，清代文献中的副词"白"有其历史来源；"白"的所谓众多意义有共同特点，这些共同特点与其来源有关；一个意义很虚的词，不可能在同一时期分出众多的义项，对于虚词，应该通过归纳大量的例句作尽可能概括的解释，切不可随文释义；清代的"白"还在进一步虚化，及至虚而又虚，便走向消失，所以有些用法现代汉语没有了；语言接触无疑对汉语的演变产生重大影响，但就某个具体的问题，究竟是汉语本身演变的结果，还是外族语言影响的结果，抑或是汉语本身的演变与外族语言影响共同的结果，这需要通过语言事实来论证。

一、副词"白"的释义

综合《金瓶梅词话》《红楼梦》《儿女英雄传》中的大量用例来看，明清时期副词"白"的基本意义是：动作行为的实施是没有根据和理由或没有条件限制的。各家分列的副词"白"的所有各种用法和释义都可以用这种基本义作出解释，所不同的只是"白"在句子中和别的成分的语义搭配关系不同或出现的语境不同罢了。根据不同语境，"白"可以理解为"不合情理""出乎意料"或"不经意、随便"（即"没有条件限制"）。下面用"白"的基本义来解释各家提出的"白"的种种不同用法和释义，也包括《汉语大词典》的释义，[①]所用例句部分转引自前述文章。

(1) 那金莲满眼流泪，哭道："三姐，你看小淫妇今日在背地里，白唆调汉子打了我恁一顿……"（《金瓶梅词话》第十二回）

(2) 这些人家的女儿，他也不知道造了什么罪了，白叫人家好端端议论。（《红楼梦》第七十九回，庚辰本）

这些用例的"白"，一般都解释为"平白，无缘无故地"。按，这类"白"是最接近基本义的。

---

① 《汉语大词典》在"白"的副词一项下列七项意义。(1) 不付代价；无偿地。(2) 枉空；徒然。(3) 平白地；平空地。(4) 容易地；轻而易举地。(5) 总是；老是。(6) 只是；光是。(7) 随便；稍微。

（3）金家的道："平姑娘不在跟前，远远的看着倒像他，可也不真切。不过是我白忖度。"（《红楼梦》第四十六回，乾隆抄本）

（4）宝玉忙按他，笑道："别生气，这原是他的责任，生恐太太知道了说他。不过白说一句……"（《红楼梦》第五十一回，乾隆抄本）

（5）宝玉忙道："没有吃冷酒。"凤姐儿笑道："我知道没有，不过白嘱咐你。"（《红楼梦》第五十四回，乾隆抄本）

这类用例，郭良夫（1988）说意思是"瞎"，胡增益（1989）释为"随便"，马思周、潘慎（1981）认为表示特定的目的，有"特意"的意思。按，这些"白"都表示其后的动作行为的实施没有根据或根据不足。郭良夫（1988）说庚辰本《红楼梦》中的"白"在乾隆抄本中有改作"瞎"的，但这并不能作为给"白"单立一个义项的依据。

（6）成日家我说叫你们查一查，都归拢在一处。你们白不听，就随手混撂。（《红楼梦》第七十七回）

（7）我且养病要紧，便是好了，我也作个好好先生，得乐且乐，得笑且笑，一概是非都凭他们去罢。所以我只答应着知道了，白不在我心上。（《红楼梦》第七十四回）

（8）就是仪门首那堆子雪，我分付了小厮两遍，贼奴才，白不肯抬，只当还滑倒了。（《金瓶梅词话》第二十一回）

（9）经济道："……昨夜三更才睡……险些儿没把腰累罗锅了，今日白扒不起来。"（《金瓶梅词话》第八十二回）

（10）天色不晴，街上泥泞也深，白没个人儿来耍耍。（《歧路灯》第五十七回）

马思周、潘慎（1981）说这种"白""大约等于书面语的'竟'"，郭文引《国语辞典》，释为"竟，竟自"，钟兆华（1987）举例（6）、例（7）说，"庚辰本这两例的'白'字都经人点改，例（1）[1]点改为'总'，例（2）点改为'也'。戚蓼生序本把'白'字当作'自'；而乾隆抄本则抹去'白不在我心上'六字。可见，早已有人觉得这并非习惯用法……《国语词（辞）典》当有所本"。马思周（1990）说"'白不听'即'总不听'"，"白"表范围的低级限制，用"总"表示。这些"白"真是如此这般不能作出统一解释吗？其实"白"表示的就是动作行为的实施是没有理由的，不合情理的，或没有条件限制的。"白"修饰的是"否定+VP"（指包含否定词的动词性结构，下同），用"白"就表示对"否定+VP"不满意，在说话人看来，"否定+VP"的事实违背了说话人的主观愿望和期望，是没有理由的，不合情理的。如例（6）"白不听"即表示"不听"是没有理由的，不合情理的；例（8）"白不肯抬"即"不肯抬"是没有理由的，不合情理的。有些"白"修饰"否定+VP"表示的是动作行为的实施是没有条件限制的，如例（7）"白不在我心上"即不在我心上是没有条件限制的，亦即"轻易/随便"不在我心上，去掉双重否定，就是有条件限制便"在我心上"，例（9）、例（10）与此同。"没有条件限制"和"没有理由"意思是相通的，所不同的只是上下文语境不一样。"白不……"即"没有理由不……"或"没有条件限制不……"，因为用在否定式前，所以"白"表示的是达到肯定的结果是有理由的、合情理的（有时只是主观的看法），或是有条件限制的（也就是"不着力/随便/轻易不……"）。"白"修饰"否定+VP"，在《金瓶梅词话》《红楼梦》《儿女英雄传》中都很多，郭良夫（1988）就列举了《金瓶梅词话》中的31例。所有例句都可以作如上解释。当然有些"理由"只是主观的看法，有些"条件"是永远无法满足的，这时"白"可以用现代汉语的"怎么也（不）""竟然（不）"对译，但这与语境和动作行为的实施者的主观意愿有关，不是"白"本身固有的词汇意义。

（11）迎春道："我们又不大会作诗，白起个号作什么？"
（《红楼梦》第三十七回，庚辰本）
（12）晴雯道："好妹妹，别生气。因我出去了不知里头的事，

---

[1] 例（1）即本节例（6），下文例（2）即本节例（7）。

白问问你。"(《红楼梦补》第十五回)

(13) 早有那些关切些的亲友,得了信遣人前来探听,也有就白来看看的。(《儿女英雄传》第三回)

这些"白"多释为"随便",应该说,这是最符合现代汉语的理解的。明清时期语料中的很多"白"都可以如是理解,包括修饰肯定形式和否定形式。如:

(14) 也没甚话,白问问他这会子疼的怎么样。(《红楼梦》第三十四回)

(15) 雪娥道:"原来教我只顾认了半日,白想不起,既是旧儿女,怕怎的?"(《金瓶梅词话》第九十回)

例(14)马思周、潘慎(1981)说有"特意"的意思,马思周(1990)仍坚持说"白"有"特意"一义,但我们实在看不出例(14)与前面解释为"随便"的"白"有什么区别。马思周、潘慎(1981)举了14个所谓表"特意"的用例,马思周(1990)又举了6例,但正如胡增益(1989)所说的,"'白'不会有'明白''仔细''认真''特意'的意思"。这些例子中的"白"的基本意义都是表示没有条件限制地、无须着力地实施某一动作行为。马思周、潘慎(1981)和马思周(1990)所举"特意"义例中,有两例《汉语大词典》举作"随便;稍微"义用例,相对来说,《汉语大词典》要准确一些。

马思周(1990)举了三个"白"表语气低级"用'竟'表示"的例子。但仔细推敲,"白"本身不是表示语气,其基本意义仍是"没有理由,不合情理",整个句子的语气是由句子的内容决定的。先看这三个例句:

(16) 人家奶了哥儿姑娘,再没有不是知冷知热护着妈妈的,就是我倒运,费了千辛万苦领你大来,白不相干,到同那些妖精一个个的鬼鬼祟祟。(《红楼复梦》第七回)

(17) 白什么活儿不会做,南西门外头托土坯。(《升平署岔曲·霓裳续谱所收岔曲辑录·说老西了》)

（18）白没事怎将人轻薄，肯干休？（《红楼梦戏曲集·红楼梦传奇（仲著）》第七出）

"白不相干"即没有理由不相干，亦即"不相干"是不合情理的，"白什么活儿不会做"即没有理由什么活儿不会做，亦即"什么活儿不会做"是不合情理的；"白没事怎将人轻薄"即没有理由没事怎将人轻薄，亦即"没事怎将人轻薄"是不合情理的。其实这三个句子中"白"修饰的也都是"否定+VP"，与前文分析的马思周（1990）说"用'总'表示"的"白"修饰"否定+VP"没有什么不同。

下面看马思周（1990）说"用'绝'表示"的6例"白"。《醒世姻缘传》例原文作"百"，与副词"白"无关（"我百没话说"犹"我一万个没话说"），其他5例都是"白不中用"，与上面举的"白不相干"根本没有区别，都是表示"否定+VP"违背了说话人的意愿，是没有理由的。

钟兆华（1987）所列"仔细、认真"的意义，马思周（1990）以为与自己所列"特意"相近，对此胡增益（1989）已驳。我们认为，钟兆华（1987）所举各例，若用翻译的方式来释义，倒是释为"随便、轻易"更合原义。如：

（19）奶母丫鬟，伏侍小姐的人也不少，怎么这些书上，凡有这样的事，就只小姐和紧跟的一个丫鬟？你们白想想，那些人都是管什么的？（《红楼梦》第五十四回）
（20）难道我通共一个宝玉，就白放心，凭你们勾引坏了不成？（《红楼梦》第七十七回）
（21）谁知湘云有择席之病，虽在枕上，只白睡不着。（《红楼梦》第七十六回）
（22）妹子你白想想，我们这位二叔在你跟前，心思用的深到甚么分儿上？意思用的厚到甚么分儿上？（《儿女英雄传》第十九回）

如前所述，"随便、轻易"就是没有条件限制。

被释为"无代价、无报偿"和"没有效果、徒然"义的"白"，现代

汉语沿用下来了,《现代汉语词典》也分为二义。但依我们的观点,这两项意义是相通的。先看例句:

> (23) 应伯爵道:"哥你不要笑,俺每都拿着拜见钱在这里,不白教他出来见。"(《金瓶梅词话》第二十回)
>
> (24)(陈经济):"……你是我老婆,不顾瞻我,反说我雌你家饭吃。我白吃你家饭来?"(《金瓶梅词话》第八十六回)
>
> (25)(陈经济):"……你家收着俺许多箱笼,因此起的这大产业,不道的白养活了女婿……"(《金瓶梅词话》第八十九回)
>
> (26) 连他的岁数也不问问,别的自然越发不知了。可见他白认得你了。(《红楼梦》第十九回)

例(23)、例(24)是"无代价、无报偿",例(25)、例(26)是"没有效果、徒然"。但仔细考察,"白"本身并没有这两项对立的意义,这两种对立意义是句法结构中主语("白"前的名词性成分,一般为施事)和谓语("白"后的动词性成分)的语义关系所表示出来的:如果谓语表示主语有所获(取得义),"白"就是所谓"无代价、无报偿"义;如果谓语表示有所付(付与义),"白"就是所谓"没有效果、徒然"义。可见,"白"的所谓两种意义,其分布是互补的。例(23)"(俺每)不白教他出来见"、例(24)"我白吃你家饭来"中,"俺每"和"我"有所获而没付出代价;例(25)"(你家)白养活了女婿"、例(26)"他白认得你了"中"你家"和"他"有所付而没有效益,都是对施事者实施动作行为后的结果的主观评价,如果句子中没有"白",这种主观评价就体现不出来,可见,这种"白"的意义实际上就是表示主观评价:谓语表示的动作行为是没有理由的,不合情理的。因为根据常理,有所获就必然要付出代价,有所付就必然会有效益。正因为"白"本身只表示"没有理由、不合情理",所以不考察主语和谓语之间的语义关系,有些句子的意思就不容易把握准。如:

（27）乔大户家一日一遍使孔嫂儿来看，又举荐了一个看小儿的鲍太乙（医）来看，说道："这个变成天吊客忤，治不得了。"白与了他五钱银子，打发去了。（《金瓶梅词话》第五十九回）

（28）（陈经济）于是顿开喉音唱道："冤家你不来，白闷我一月，闪的人反拍着外膛儿细丝谅不彻……"（《金瓶梅词话》第三十三回）

郭良夫（1988）认为例（27）表示的是"无代价、无报偿"，例（28）表示的是"没有效果、徒然"，但根据我们上文的分析，例（27）是有所付而没有效益，例（28）是有所获而没付出代价，与郭良夫（1988）的理解正好相反。关于"白"后谓语表示"取得"义或"付与"义带来的所谓"白"的两种对立意义，郭良夫（1988）有一段很好的论述："此方不付代价而得益，就隐含着彼方付出了代价；此方付出代价而无益，就隐含着彼方不付代价而得益，或者徒然付出了代价，而无效果。"我们认为，所谓的两项意义，确实是反映了一个事件的两个方面，但这两个方面是由"白"后的谓语动词的语义特征决定的，不是"白"有两项对立的意义且两项对立的意义可以互相转化。郭良夫（1988）还举了"白吃"来说明"白"因两项对立的意义而造成歧义，要是在上下文中歧义就消解了：

（29）贾母道："今儿原是我特带你们取乐……他们白听戏，白吃，已经便宜了，还让他们点戏呢！"（《红楼梦》第二十二回，乾隆抄本）

（30）刘姥姥诧意道："真是茄子，我白吃了半日！姑奶奶再喂我些，这一口细嚼嚼。"（《红楼梦》第四十一回，庚辰本）

上下文是怎样消解歧义的呢？上面两例的上下文并不能帮助识别"白"有两项不同的意义，但可以帮助确定"白"后的"吃"是取得义还是付与义。例（29）表取得，即不付代价而吃（食物），例（30）中"吃"表付与，即付出劳动（进行了"吃"的动作）而无预期的效益。这进一步说明，把句子中的"白"解释为"无代价"还是"无效益"，完全是由"白"后的动词性成分的语义特征决定的，不是"白"本身固有的意义。

胡增益（1989）所举的"只"义例比较特别：

> （31）赶到该着月分儿了，大家都在那里掐着指头算着盼他养，白说他可再也不养了。大是过了不差甚么有一个多月呢。这天他正跟着我吃包，只见他才打了个挺大的包搁在嘴上吃着，忽然"嗯"了一声，说是"不好"，扔下包往屋里就跑。（《儿女英雄传》第三十九回）

细核《儿女英雄传》的上下文，这个"白"还是"无根据，无理由地"之义。这段话是邓九公向安老爷述说老年得子的曲折过程，邓九公一生盼生儿子，九十岁了，没想到姨太太（二姑娘）怀上了，不巧四五个月时站在凳子上拿东西时摔了下来，因此一事，大家"白说他可再也不养了"，但结果却顺利生下了一个儿子。事实的结果说明，"说他可再也不养了"是没有根据、没有理由的。

胡增益（1989）还列了"不过是"义、"稍微"义，其所举例中，"白"都是"没有条件限制地"义（可用"随便"对译）。

上面的分析证明，副词"白"的基本意义就是"动作行为的实施是没有根据和理由的，或没有条件限制的"。"白"的这种基本意义的特殊性在于它包含一个［否定］语义特征，有人称之为"预设否定"（张谊生，1999），就是说，用副词"白"就表示了对"白"后动作行为的某一方面（如动作行为实施的根据、理由或条件限制等）予以否定。那些被释为"特意""只""瞎""不过是""略微""随便"等意义的"白"，如果用现代汉语对译，译为"随便"比较合适。"随便"就是不经意、不着力，也就是没有条件限制。那些被释为"竟""总"等意义的"白"，基本上都是修饰"否定+VP"，"白"的意义确实有些特别，但之所以特别，是因为后面跟的是否定形式。因为"白"包含了一个［否定］语义特征，后面跟"否定+VP"时，整个"白+否定+VP"就成了"否定之否定"，正是这一点，使人对"白"的释义容易产生迷惑。比如"白睡不着"，就是"没有理由地睡不着"，即睡不着是不合情理的，睡得着是合乎情理的（有时只是说话人的主观评价）；"白不在我心上"，就是"没有条件限制不在我心上"，即不在我心上是没有条件限制的，在我心上是有条件限制的。那些被释为"无代价""无报偿"的"白"，如前所述，表示的都是其后动作行为的实施是不合情理的（客观常理或说话人主观认定的情理）。我们认为副词"白"并不表示范围、程度、语气，而是表示情状方式。考察所有"白"的用例，"白"所修饰的都是动词性结构，而范围副词、语气副词基本上都既可以修饰动词性结构，也能修饰形容词性结构，有些还能修饰主谓结构、数量（名）结构，程度副词主要修饰形容词性结构，现代汉语和近代汉语都是如此（杨荣祥，1997、1999），而情状方式副词只能修饰动词性结构。可见，被认为意义众多的副词"白"，不仅有共同的基本意义，也有共同的功能特征。

需要说明的是，近代汉语特别是明清时期的副词"白"，意义是相当虚的，把一个意义相当虚而现代汉语又使用范围变得很窄了的词，用现代汉语中不同的词语对译出来并不是不可以，但翻译不能代替一个词的释义，前述文章和《汉语大词典》给副词"白"分立出众多义项，在某种程度上说，正是翻译的影响造成的。王力（1986：2）曾明确指出："同一时代，同一个词有五个以上的义项是可疑的（通假意义不在此例），有十个以上的义项几乎是不可能的。"对于虚词，更应该克服传统训诂学那种随文释义、将句子或句法结构的意义指派为虚词的意义的毛病，应该通过排比、分析用例，归纳、概括其基本意义。

二、副词"白"的来源

钟兆华（1987）说清代的副词"白"可能来源于满语的[pai]，胡增益（1989）则倾向于满语的bai、baibi来自汉语，后来又指出满语bai、baibi来自汉语，但清代汉语又从满语回借了"白"的意义和用法（胡增益，1995），张谊生（2002）的观点与胡增益（1995）相似，马思周（1990）对副词"白"是汉语固有词作了十分肯定的结论，并探讨了"白"的早期用法。我们同意马思周（1990）的观点，下面试作进一步论证。

副词"白"为汉语固有词至少可从三个方面加以论证。（1）"白"

作副词,并不是只见于满族统治中国的清代,更不是只见于满人或与满清统治者关系密切的人的笔下,而是至迟在宋代就不乏用例了,而宋代汉语向当时北方的满—通古斯语族借用一个虚词的可能性实在太小。①(2)副词"白"的基本意义是从形容词"白"发展来的,其词义演变和虚化的脉络很清楚。就是说,副词"白"的来源从汉语自身的发展是完全可以解释清楚的。(3)"白"在中古是並母陌韵入声,元代北方话中的浊音清化,入声消失,按照语音演变规律,明清时期"白"的读音为[pai],从语音上讲,"白"[pai]也是由汉语自身发展来的。更能说明问题的是,明代冯梦龙的作品中也有副词"白",冯梦龙是今江苏苏州人,属吴语方言区,吴方言至今还保存全浊声母和入声韵尾,明清时期吴方言中的"白"字不能标记满语的[pai]。②

　　副词"白"是由形容词"白"发展来的。《说文》:"白,西方色也,阴用事,物色白。"③作为一个表颜色属性的词,"白"所表示的就是"无色之色"的属性。如《论语·阳货》:"不曰坚乎,磨而不磷;不曰白乎,涅而不缁。"可见,形容词"白"原本就包含一个[否定]语义特征,这一特征在"白"和别的词组合时看得很清楚,如"白丁""白民"为[没有]功名的人,"白手"为手上[没有]任何东西,"白布"为[没有]颜色的布,"白田""白地"为[没有]种庄稼的土地,"白板"为[没有]油漆的木板,"白空"为[没有]云雾的天空,"白页"为[没有]写字的纸张,"白脚"为[没有]穿鞋袜的脚等。以上是"白"修饰名词性成分作定语,"白"修饰动词作状语同样包含[否定]

---

① 满族的前身是女真族,后来灭辽,建立金国,与南宋对峙,宋金时战时和,但文化上没有发生互相融合,即使有文化和语言上的接触,一般来说,弱势文明对强势文明在语言上的影响也是极其有限的。

② 我们同意胡增益(1989)的观点,倾向于满语的bai[pai]来自汉语。据胡文的研究,满语中bai的意义和用法与汉语几乎完全相同,这不可能是巧合。满语词的音节结构以开音节占优势,所以即使宋代从汉语中借入"白",用bai来标记也是正常的。从满语bai的形容词义(见胡文)来看,我们推测可能早在明清以前,满语就从汉语借入了"白"这个词。

③ 郭沫若(1954)认为,"白"之本义为拇指之象形,引申为伯仲之"伯",用为白色字是假借。

语义特征，如"白打"（徒手相搏）为[不]使用任何工具打，"白煮"为[不]加入别的东西煮（《齐民要术·作脺奥糟苞》："《食次》曰：'苞脺法：用牛、鹿头、肫蹄白煮。'"），"白晒"为[不]加别的调料晒（《荔枝谱》卷六："白晒者正尔，烈日干之，以核坚为止。"），"白立"为[不]伴随别的动作立（《五灯会元》卷四："众僧侍立次，师曰：'只怎么白立，无个说处，一场气闷。'"），"白撰"为[没有]根据地议论（《寓简》卷一："今之俚谚谓白撰无所本者为杜田。"）等。一个形容词如果经常出现在状语位置上，随着其意义发生变化，就有可能演变为一个副词（杨荣祥，2001），"白"正是经常用在状语位置上，意义由表示事物的属性变为表示动作行为的情状方式，最终演变为副词的。《朱子语类》中有一例"白"可以帮助我们看出其由形容词向副词转变的痕迹：

> （32）先生曰："公看文字，好立议论。是先以己意看他，却不以圣贤言语来浇灌胸次中，这些子不好。自后只要白看，乃好。"（《朱子语类》第一百一十四卷）

所谓"白看"，就是不加进自己的观点看。

早期的副词"白"，多可以用"平白"释之，所谓"平白"，就是"没有根据和理由"，如"白撰"之"白"就具有副词性质了。较早的副词"白"如：

> （33）相看月未堕，白地断肝肠。（李白《越女词》之四）[①]
> （34）盖其抛死牛马，已是下民之苦，更不支得价钱，令人户白纳。（欧阳修《乞放行牛皮胶鳔》）
> （35）人白瞎不得，要将圣贤道理扶持。（《朱子语类》第八卷）
> （36）人生天地间，都有许多道理。不是自家硬把与他，又不是自家凿开他肚肠，白放在里面。（《朱子语类》第九卷）

[①] 王琦注："白地，犹俚语所谓'平白地'也。"《汉语大词典》从之。江蓝生、曹广顺（1997：10）释为"忽地，陡然"。我们认为这里的"白地"是"无来由，平白地"之义。

（37）福建赋税犹易辨，浙中全是白撰，横敛无数，民甚不聊生……盖始者一疋，官先支得六百钱；后来变得令人先纳绢，后请钱，已自费力了；后又无钱可请，只得白纳绢；今又不纳绢，只令纳价钱，钱数又重。(《朱子语类》第一百一十一卷）

（38）通老问："孟子说'浩然之气'，如何是浩然之气？"先生不答。久之，曰："公若留此数日，只消把《孟子》白去熟读……"(《朱子语类》第一百二十卷）

（39）昨宵烧夜香，西厦内着眼频观，见一条蛇儿金色甚分朗，更来往打盘桓。白走上青春布衫，认得新来底那汉，向鼻窍内胡钻。客人又不曾番转。此般希差事，我慈父你试猜团。这翁翁闻说道，姓刘人，那底久后必荣显。(《刘知远诸宫调》第一）

（40）料来想必定是些儿闲气，白瘦得个清秀脸儿不戏。(《西厢记诸宫调》卷五）

例（34）"人户白纳"可对比例（37），无论是释为"平白"还是释为"付出而无所获"，"白"都是"没有根据和理由"之义；例（38）的"白去熟读"，用"只""随便""稍微""仔细、认真""特意"对译，似乎都说得通，但准确的理解我们认为是"无条件限制地去熟读"。例（39）马思周（1990）举作最早的"特意"义例，我们把上下文补全了看，"白"实际上就是"没有根据和理由"之义。如果用现代汉语中的一个词来对译这个"白"，用"无端（地）"恐怕是最准确的。例（40）《汉语大词典》举作"枉空；徒然"义例，如果对译为"竟""平白地"也未尝不可以，但本质上这个"白"与例（39）的"白"没有区别。

副词"白"至迟在宋代已经不难见到，元杂剧、明代小说中就很常见了，而且似乎没有什么方言限制，如《张协状元》、元曲、《水浒传》、《西游记》、《三言》中均有用例。但就目前所见材料来看，明末的《金瓶梅词话》和清代的《红楼梦》《儿女英雄传》中，副词"白"出现得最频繁，而且也必须承认，这一时期副词"白"的意义越来越虚，不像早期副词"白"的意义与形容词义的关系那样明晰，有些用例中去掉"白"对句子的意义表达似乎影响不太大，如：

(41) 宝玉听了有理，便唤一个老嬷嬷，吩咐道："你回大奶奶去，就说晴雯白冷着了些，不是什么大病……"(《红楼梦》第五十一回，庚辰本)

(42) 我们家里，自从先夫去世，家计也着实艰难了，全亏这里姑爷帮助，如今姑爷家里有了这样大事，我们不能别的出力，白看一看家，还有什么委屈了的呢？(《红楼梦》第六十四回，庚辰本)

(43) 公公白瞧，他这一开脸，瞧着也还不算黑不是？(《儿女英雄传》第四十回)

以上三例，因为"白"的词汇意义已高度虚化，有无"白"对句子的意义表达影响不大，但仍可以追索其与基本意义的联系。例(41)"白"表示说话人认为晴雯"冷着了些"是不合情理的；例(42)、例(43)"白"表示其后的动作行为是没有条件限制的。正是因为意义已经高度虚化，所以清代文献中的有些"白"不易索解，造成同一个句子中的"白"，不同的人会作出不同的训释。也正是因为高度虚化，"白"在句子中的表义作用成为可有可无，所以清代以后"白"开始衰萎，到现代汉语中其使用范围越来越小。但高度虚化的"白"不是突然产生的，它是由早期意义还比较实在的副词"白"进一步虚化的结果。由于使用范围不断扩大，"白"的意义越来越泛化、虚灵，但基本意义没有改变，"白"在不同的具体的句子中可以用不同词语对译，那都是同一个义位的变体，作为一个义位，其构成成分(义素)没有发生明显的变化(如增减、改变)(蒋绍愚，1989)，所以不应该分立为不同的义项。下面举例来分析"白"逐渐虚化的过程：

(44) 先生曰："公看文字，好立议论。是先以己意看他，却不以圣贤言语来浇灌胸次中，这些子不好。自后只要白看，乃好。"(《朱子语类》第一百一十四卷)

(45) 人生天地间，都有许多道理。不是自家硬把与他，又不是

自家凿开他肚肠，白放在里面。（《朱子语类》第九卷）
（46）见一条蛇儿金色甚分朗，更来往打盘桓。白走上青春布衫，认得新来底那汉，向鼻窍内胡钻。（《刘知远诸宫调》第一）
（47）那金莲满眼流泪，哭道："三姐，你看小淫妇今日在背地里，白唆调汉子打了我怎一顿……"（《金瓶梅词话》第十二回）
（48）应伯爵道："他今日不知怎的，白不肯吃酒，吃了没多酒就醉了……"（《金瓶梅词话》第十三回）
（49）这些人家的女儿，他也不知道造了什么罪了，白叫人家好端端议论。（《红楼梦》第七十九回，庚辰本）
（50）难道我通共一个宝玉，就白放心，凭你们勾引坏了不成？（《红楼梦》第七十七回）

例（44）"白看"即不加进自己的观点看，与"白打""白煮""白晒"等性质差不多，"白"可以看作形容词作状语；例（45）"白"表示"放在里面"的方式，是"没有根据和理由"的意思，即所谓"平白"之义，演变为副词，但与形容词义的联系是显而易见的；例（46）"白"表示"（蛇儿）走上青春布衫……"在说话人看来是没有根据和理由的，所以仍是所谓"平白"义，但因为隐含说话人的主观评价，即"（蛇儿）走上青春布衫……"是出乎意料的，也就是主观上认为没有理由的；例（47）"白"同样表示其后的动作行为是没有根据和理由的，但和例（45）相比，意义就更虚了；例（48）"白"修饰"否定+VP"，表示"否定+VP"是出乎意料的，在说话人看来是不合情理的；例（49）"白"在列宁格勒藏本《石头记》和乾隆抄本《红楼梦》中都被删去，可见其意义更虚（郭良夫，1988），但"白"仍是表示没有根据和理由的，也是出乎意料的。例（50）"白"庚辰本改作"这么"，但不能说"白"有"这么"义，"白"表示的是"没有条件限制"，"白放心"的意思是没有条件限制地放心，因为是用在反问句中，所以全句的意思要倒过来，即要放心是有条件限制的。前面说过，"没有条件限制"与"没有根据和理由"是相通的，因为按常理，任何动作行为都是有条件限制的，没有条件限制就不合情理，就是没有根据和理由的。我们承认例（49）、例（50）的"白"较之早期的副词"白"意义更虚灵，但它既没有脱离和基本意义的联系，也没有改变词性功能，所以应该概括为一个义位。

应该指出的是，对于一个高度虚化的词语，要训释其在每一个具体句子中的意义是很困难的，但也是没有必要的。传统训诂学习惯用"某，某也"的训释方式，往往导致一些虚词无法作出概括一致的解释，这种方法显然是不可取的。

三、余论

词义虚化是一步一步实现的，在整个虚化过程的不同阶段，虚化的程度不一样。刚开始虚化时，虚化义和源义的关系很容易看出来，但随着虚化进程的继续，虚化义和源义的关系就会越来越疏远，以致很难对其作出准确的训释。但如果能追寻虚化义和源义的关系，把握其基本语义特征和功能特征，是并不难对一个虚词作出概括性强而又合理的解释的。"语法化"理论总结的实词虚化规律中有一条"保持原则"，即实词虚化后，其意义在虚词中仍有所保留（沈家煊，1998）。用这一规律反过来看问题，我们可以根据虚词所保留的原实词义，准确把握虚词的意义，从而避免犯随文释义的错误。如"白"即使高度虚化后，仍保留着原实词（形容词）的[+否定]语义特征，而且这就是其基本本义。同时，虚词也会多少还保留原来实词的一些功能特点（沈家煊，1994）。根据我们的考察，实词"白"作状语只可以修饰动词性成分，不能修饰形容词性成分、数量（名）结构、主谓结构，虚化为副词后，保持了只能修饰动词性成分的特点，因此"白"始终没有演变为语气副词。也正因为这一功能限制，副词"白"始终能保留其源词的部分语义特征。

实词虚化实际上就是语言中普遍存在的一种"抽象化"演变，一方面抽象化使得某一语言成分的应用范围越来越广，另一方面该语言成分也越来越显得缺乏具体的意义，即意义越来越泛化、虚灵，而且这两方面又互为因果。对这一点汉语语法史的研究者早有明确的认识，而西方的语法化理论在谈到语法化的特征、规律时，也与此不谋而合（孙朝奋，

1994）。由于词义虚化和使用范围扩大不断地互为因果，所以就如同实词虚化没有目的性，虚化具有机械性一样（沈家煊，1998），实词虚化的进一步发展也是不可控制的，就是说，一个实词虚化后，还会不断地继续虚化下去。传统训诂学和20世纪开始的汉语语法史研究讲虚化，主要讲实词演变为虚词，所以有人径称"实词虚化"，语法化理论则认为，实词变为虚词是语法化，虚词变为更虚的成分也是语法化。20世纪60年代Jerzy Kurylowicz就给虚化下了一个至今还为语言学界认可的定义："虚化就是一个语素的使用范围逐步增加较虚的成分和演变成一个较虚的语素。或者是从一个不太虚的语素变成一个更虚的语素，如一个派生语素变成一个曲折语素。"（孙朝奋，1994）汉语中的虚化没有印欧语那样多的明确的层级，如实语素、虚语素、派生语素（词缀）、屈折语素（屈折形态）等，但一个虚化的语言成分，其意义总是会越来越虚。这种不断虚化的最终结果，便是由极而衰，即意义泛化到"不为义"的程度后，便会逐渐衰萎，直至消亡。副词"白"就是这样。形容词"白"虚化为副词后，其意义进一步虚化，使得"白"的使用范围越来越广，意义越来越泛化、虚灵，以至"不可捉摸"，或对句子的意义表达来说可有可无，所以"白"到明清时期发展到高度虚化后，势必走向衰萎。用这种观点来看待明清文献中的"白"，就不难解释为什么有些句子中的"白"很难训释，为什么清代以后"白"的使用范围变得越来越窄。语法化理论提出了一个"循环原则"，用来解释高度虚化的语言成分走向消失（变成零形式）：

自由的词→黏附于词干的词缀→与词干融合的词缀（→自由的词）

或者：

话语（章法成分）→句法（句法成分）→形态（词法成分）→音位语素（形态音位成分）→零形式（→章法成分）

副词"白"的衰萎虽然不完全符合这一循环过程，但符合"循环原则"的基本观点：一个成分虚化到极限后就跟实词融合到一起，自身变成了零形式;[1]虚词使用了一段时候后将为新的虚词所取代而消失。

关于"白"的语法化过程，还涉及语言接触的问题。如前所述，有人认为汉语的副词"白"借自满语，有人认为满语的副词"白"借自汉语，有人则认为先是满语借自汉语，而后汉语又从满语借过来。语言接触是导致语言变异的重要因素（吴福祥，2004），满族曾一度入主中原，汉、满语之间相互影响是必然会发生的。但就某一具体问题而言，是否语言接触引起的，还需要通过对语言事实进行全面调查之后才能作出准确的判断。我们既不能漠视外族语言对汉语的影响，也不能夸大这种影响。国外语言学研究语言接触时提出了"句法借用"（syntactic borrowing）和"句法影响"（syntactic influence）两个概念（吴福祥，2004），通俗地说，"借用"就是"无中生有"，即完全从外族语言中借过来；"影响"就是"推波助澜"，即本来有的某种语法现象在和外族语言的接触中加速了其演变过程。就汉语副词"白"的语法化过程来说，我们认为肯定与借用无关，但副词"白"在清代的快速语法化或许与和满语的接触有关[但并不是像胡增益（1995）所说的那样，汉语又从满语"借"回来]。

参考文献

贝罗贝（1989）早期"把"字句的几个问题，《语文研究》第1期。
曹广顺（1986）《祖堂集》中的"底（地）""却（了）""著"，《中国语文》第3期。
曹广顺（1995）《近代汉语助词》，语文出版社。
曹广顺、龙国富（2005）再谈中古汉语处置式，《中国语文》第4期。
曹广顺、遇笑容（2000）中古译经中的处置式，《中国语文》第6期。
崔永东（1994）《两周金文虚词集释》，中华书局。
戴维·克里斯特尔编（2000）《现代语言学词典》，沈家煊译，商务印书馆。
冯春田（1990）试论结构助词"底（的）"的一些问题，《中国语文》第

---

[1] 汉语中一个成分不断虚化的最终结果很多都是走向衰亡，只有少数演变为跟实词融合在一起的词缀，就副词的进一步虚化来看，有演变为连词的，如"但、只是、就是"等，也有少数演变为词缀的，如"自、复"（杨荣祥，2002），而绝大多数是走向衰亡。

6期。

冯春田（2000）《近代汉语语法研究》，山东教育出版社。

管燮初（1981）《西周金文语法研究》，商务印书馆。

郭浩瑜（2010）近代汉语中的一种特殊"把"字句——遭受义"把"字句，《语文研究》第2期。

郭浩瑜、杨荣祥（2016）试论早期致使义处置式的产生和来源，《语言科学》第1期。

郭良夫（1988）近代汉语副词"白"和"白白"，《中国语言学报》第三期，商务印书馆。

郭沫若（1954）《金文丛考》，人民出版社。

郭锡良（1988）先秦语气词新探（一），《古汉语研究》第1期。

郭锡良（1989）先秦语气词新探（二），《古汉语研究》第1期。

郭锡良（1998）介词"以"的起源和发展，《古汉语研究》第1期。

郭锡良、唐作藩、何九盈等编（1983）《古代汉语》（下册），北京出版社。

何　容（1985）《中国文法论》，商务印书馆。

何亚南（2001）汉语处置式探源，《南京师大学报（社会科学版）》第5期。

胡增益（1989）满语的bai和早期白话作品"白"的词义研究，《中国语文》第5期。

胡增益（1995）满语"白"同汉语副词"白"的借贷关系，《中国语言学报》第五期，商务印书馆。

江蓝生（1999）处所词的领格用法与结构助词"底"的由来，《中国语文》第2期。

江蓝生、曹广顺编著（1997）《唐五代语言词典》，上海教育出版社。

蒋冀骋（2003）论明代吴方言的介词"捉"，《古汉语研究》第3期。

蒋冀骋（2005）结构助词"底"来源之辨察，《汉语学报》第1期。

蒋冀骋、吴福祥（1997）《近代汉语纲要》，湖南教育出版社。

蒋绍愚（1989）《古汉语词汇纲要》，北京大学出版社。

蒋绍愚（2000）论词的"相因生义"，载《汉语词汇语法史论文集》，商务印书馆。

蒋绍愚（2005）《近代汉语研究概要》，北京大学出版社。
蒋绍愚（2012）打击义动词的词义分析，载《汉语词汇语法史论文续集》，商务印书馆。
蒋绍愚、曹广顺主编（2005）《近代汉语语法史研究综述》，商务印书馆。
黎锦熙（1924/1992）《新著国语文法》，商务印书馆。
李晶晶、杨荣祥（2021）上古汉语语气词"乎"与疑问代词的共现，《汉语学报》第4期。
李小军（2013）《先秦至唐五代语气词的衍生与演变》，北京师范大学出版社。
刘敏芝（2008）《汉语结构助词"的"的历史演变研究》，语文出版社。
刘晓南（1991）先秦语气词的历时多义现象，《古汉语研究》第3期。
刘一豪（2012）《结构助词"者"的历史演变》，北京大学硕士学位论文。
刘钊、张传官（2013）谈"一沐三捉发"的"捉"，《复旦学报（社会科学版）》第6期。
刘子瑜（1995）唐五代时期的处置式，《语言研究》第2期。
龙国富（2007）试论"以""持"不能进入狭义处置式的原因，《古汉语研究》第1期。
吕叔湘（1942/1982）《中国文法要略》，商务印书馆。
吕叔湘（1943/1984）论"底""地"之辨及"底"字的由来，载《汉语语法论文集》（增订本），商务印书馆。
吕叔湘（1985）《近代汉语指代词》，江蓝生补，学林出版社。
罗常培（1933）《唐五代西北方音》，《"中研院"历史语言研究所单刊》甲种之十二，"中研院"历史语言研究所。
马贝加（2002）《近代汉语介词》，中华书局。
马贝加（2014）《汉语动词语法化》，中华书局。
马建忠（1898/1983）《马氏文通》，商务印书馆。
马思周（1990）再论近代汉语副词"白"，《中国语文》第5期。
马思周、潘慎（1981）《红楼梦》《儿女英雄传》中的副词"白"，《中国语文》第6期。

麦梅翘（1987）《左传》的"乎"，载中国社会科学院语言研究所古代汉语研究室编《古汉语研究论文集》（三），北京出版社。

梅祖麟（2000）词尾"底""的"的来源，载《梅祖麟语言学论文集》，商务印书馆。

孟美菊、王建民（2002）帛书《五十二病方》"者"字用法浅析，《黔西南民族师范高等专科学校学报》第2期。

裴学海（1954）《古书虚字集释》，中华书局。

平山久雄（1995）中古汉语鱼韵的音值——兼论人称代词"你"的来源，《中国语文》第5期。

裘锡圭（1992）说"以"，载《古文字论集》，中华书局。

沈家煊（1994）"语法化"研究综观，《外语教学与研究》第4期。

沈家煊（1998）实词虚化的机制——《演化而来的语法》评介，《当代语言学》第3期。

石毓智（2004）疑问和感叹之认知关系——汉英感叹句的共性与个性，《外语研究》第6期。

孙朝奋（1994）《虚化论》评介，《国外语言学》第4期。

孙锡信（1999）《近代汉语语气词——汉语语气词的历史考察》，语文出版社。

太田辰夫（1958/1987）《中国语历史文法》，蒋绍愚、徐昌华译，北京大学出版社。

王　力（1943/1985）《中国现代语法》，商务印书馆。

王　力（1944/1984）《中国语法理论》，《王力文集》（第一卷），山东教育出版社。

王　力（1958）《汉语史稿》（中册），科学出版社。

王　力主编（1981）《古代汉语》（修订本）（第一册），中华书局。

王　力（1982）《同源字典》，商务印书馆。

王　力（1985）《王力文集》（第三卷），山东教育出版社。

王　力（1986）《诗经词典·序》，四川人民出版社。

魏培泉（1997）论古代汉语中几种处置式的分与合，《中国境内语言暨语言学》第四辑，"中研院"历史语言研究所。

魏培泉（2004）《汉魏六朝称代词研究》，"中研院"语言学研究所。
吴福祥（1996）《敦煌变文语法研究》，岳麓书社。
吴福祥（2003）再论处置式的来源，《语言研究》第3期。
吴福祥（2004）近年来语法化研究的进展，《外语教学与研究》第1期。
杨伯峻译注（1960）《孟子译注》，中华书局。
杨荣祥（1997）《近代汉语副词研究》，北京大学博士学位论文。
杨荣祥（1999）现代汉语副词次类及其特征描写，《湛江师范学院学报（哲学社会科学版）》第1期。
杨荣祥（2001）汉语副词形成刍议，《语言学论丛》第二十三辑，商务印书馆。
杨荣祥（2002）副词词尾源流考察，《语言研究》第3期。
杨树达撰（1928/1986）《词诠》，上海古籍出版社。
杨永龙（2003）句尾语气词"吗"的语法化过程，《语言科学》第1期。
姚振武（2015）《上古汉语语法史》，上海古籍出版社。
叶文曦（2006）"手持"类动词的语义演变和"把"字的语法化，《语言学论丛》第三十四辑，商务印书馆。
俞光中、植田均（1999）《近代汉语语法研究》，学林出版社。
俞理明（2001）《太平经》中的"者"和现代汉语"的"的来源，《汉语史研究集刊》第四辑，巴蜀书社。
俞理明（2005）从东汉以前的文献看"者"介入定中之间的过程，《中国语文》第1期。
袁毓林（1993）《现代汉语祈使句研究》，北京大学出版社。
张　敏（2003）从类型学看上古汉语定语标记"之"语法化的来源，载吴福祥、洪波主编《语法化与语法研究》（一），商务印书馆。
张谊生（1999）近代汉语预设否定副词探微，《古汉语研究》第1期。
张谊生（2002）近代汉语情态副词"白"再议（稿）。
钟兆华（1987）《红楼梦》"白"字来源探疑，《中国语文》第1期。
周祖谟（2001）敦煌变文与唐代语音，载《周祖谟语言学论文集》，商务印书馆。
朱德熙（1982）《语法讲义》，商务印书馆。

朱德熙（1983）自指和转指——汉语名词化标记"的、者、所、之"的语法功能和语义功能，《方言》第1期。

朱冠明（2004）中古译经处置式补例，《中国语文》第4期。

祝敏彻（1982）《朱子语类》中"地""底"的语法作用，《中国语文》第3期。

后　记

　　2004年春季学期快结束的时候，教研室根据学校研究生培养方案的调整变化，规划给博士生开设几门新的专业必修课，其中的"汉语语法史专题研究"必修课安排我来承担。我很高兴教研室委我重任，同时也感到压力非常大。我读博士时，是没有专业必修课的。那现在我要给博士生上课，该如何讲啊？

　　那时候，北京大学中文系汉语史专业的硕士生，有一门必修课"《马氏文通》研读"，这门课是20世纪80年代就开设了的，要求学生结合通读《马氏文通》，阅读一系列的汉语语法史、现代汉语语法以及语法理论的经典论著。假设博士生都修过了这门课，再讲语法史研究的课，应该讲什么？怎么讲？我苦苦思索了好长一段时间。幸好从2003年春季开始，我给中文系语言专业本科生讲授汉语语法史，备课中重新研读了一遍汉语语法史研究的重要文献，对汉语语法史研究的现状有了大致的了解，对汉语语法历史演变的主要事实也有了大致的把握，这可以当作研究生课程的备课基础。于是，我根据汉语语法史备课中发现的一些问题和自己的一些思考，暑假期间拟出了专题课的十几个专题提纲，并写出了绪论和两个专题的主要讲授内容。2004年秋季开学后，一边讲课一边备课，总算顺利地把一个学期每周三课时的课讲下来了，学生的反响似乎还不错。

　　博士生这个层次的课程，肯定不能简单地贩卖已有的知识，也不能只讲自己的那一点点研究心得。我想主要是提出一些值得关注和思考的问题，还有就是介绍当前学界研究的最新动态，介绍一些新的理论和研究方法，开阔学生的眼界。限于自身的学识和能力，我不敢说完全达到了这个要求，但随着后来继续讲这门课，我不断地更新专题，努力给学生提供一些值得研究的课题，努力引导学生参与课堂讨论并形成自己的学术思考。这两个努力的目标，还是大致实现了的。在历届选听我这门课的博士生中，有些博士生的学位论文，其选题的确定，或许与我这门课程有些关系。

在给学生提供值得思考的问题的同时，一些问题我自己也在不断思考，结合备课，有些专题的讲稿就改写成论文拿出来单独发表了，现在收入这本书中的专题，每个专题的主要内容，都是作为单篇论文发表过了的。还有一些专题，或讲过一次，或讲过多次，但是因为没有成熟的思考，所以没有收入本书中。需要特别说明的是，本书中各部分的内容作为单篇论文发表，有近二十年的时间跨度，前后发表的文章，观点或有不一致的地方，这次编入本书时虽然作了一些调整，但是一些相关联的问题，在不同的章节中的表述可能还是有所不同，当以最晚发表的文章中的表述为准。又，第三、四、五、六章，涉及的问题具有关联性，所以表述中难免会出现各章互相重复的地方，这一点还要恳请读者原谅。

"汉语语法史专题研究"课后来不限于博士生选修，很多语言专业的硕士生也会选这门课。除了北大中文系语言专业的博士、硕士生，还有北大其他专业的研究生，校外如北京师范大学、清华大学、中国人民大学、中央民族大学、北京语言大学、社科院语言所等高校和研究机构的一些博士、硕士生，京外一些高校的研究生以及不少访问学者、进修教师也旁听过这门课。感谢所有选课的研究生积极参与课堂讨论，有些讨论对我很有启发。

20世纪80年代读硕士时，很多专业课，都是老师开个头，后面就是师生讨论或辩论。我最先设计的"汉语语法史专题研究"课，也是希望充分调动课堂讨论，老师提出一种观点，大家一起讨论、辩论，在讨论辩论中产生思想，我认为这是比较理想的研究生课程。按说，这种课程，老师准备若干问题，提出一些研究思路，提出一些重要的可能涉及的参考文献，调动学生进行课堂讨论，就可以了。但是我自己有个缺陷：没有比较完整的讲稿，不敢上讲台讲课；同时，也担心万一学生讨论不起来，自己如果不准备好讲稿，课堂就会冷场。所以这门课我还是认真准备了讲稿的。为了保证选课的学生能够在课堂上充分展示各自的研究能力，能够积极参与课堂讨论，我后来就设计了一些题目，这些题目涉及语法史研究中争论比较多的问题、比较前沿的研究课题、某个语法史专题的研究综述等，每个题目后附若干种重要参考文献，开学初就发给选课同学，每个同学选择一个题目，到后半个学期，同学们陆续进行课堂报告。要求每个选课的学生，除了报告自己所选题目，还要参与别的同学的课堂报告的讨论。这样做的效果很不错，很多同学通过完成课堂报告，对某一语法史的问题有了比较全面深入的了解，特别是学会了如何做文献综述，这对选课学生完成学位论文是很有帮助的。

《礼记·学记》云："是故学然后知不足，教然后知困。知不足，然后能自反也，知困，然后能自强也。故曰：教学相长也。"经过近二十年讲授"汉语语法史专题研究"这门课，我对《学记》的这段话有了更深刻的体会。这门课，与其说我给学生传授了什么知识，毋宁说是我和学生们在共同提高。为了让每个学期的课都能够有点新意，我要不断地跟进阅读新的文献；同时，我要对每一个学生的课堂报告提出意见，或与学生进行讨论，这对我自己来说显然也是一种提高。

收入本书的各专题，虽然主要内容都在专业学术刊物上发表了，但这并不能说明其研究方法、学术观点就一定没有问题。现在按照专题编辑在一起出版，一是对这门课程做一个交代，二是借此就教于大方之家。

北京大学出版社责任编辑赵明秀女士耐心细致地审读、校改、编排书稿，付出了辛勤劳动，对此深表感谢！

杨荣祥

2025年6月

于东莞松山湖畔大湾区大学

北大中国语言学研究丛书

王洪君　郭　锐　主编

《普通话"了$_1$""了$_2$"的语法异质性》
范晓蕾　著

《白语方言发声的变异与演化》
汪锋　著

《汉语方言的共时分类与历史层次》
李小凡　著

《玛丽玛萨话语法研究及标注文本》
李子鹤　著

《汉语语法史专题研究》
杨荣祥　著

《汉语名词和动词向形容词转变的历史考察》
宋亚云　著